基于岭南文化的广州设计产业发展战略

王娟 等 著

中国轻工业出版社

图书在版编目（CIP）数据

基于岭南文化的广州设计产业发展战略/王娟等著．—北京：中国轻工业出版社，2024.4

ISBN 978-7-5184-4426-7

Ⅰ.①基… Ⅱ.①王… Ⅲ.①地方文化—关系—工业产品—产品设计—研究—广州 Ⅳ.①G127.651 ②TB472

中国国家版本馆CIP数据核字（2023）第078900号

责任编辑：徐　琪　　　　　责任终审：张乃柬　　整体设计：锋尚设计
策划编辑：毛旭林　徐　琪　　责任校对：吴大朋　　责任监印：张京华

出版发行：中国轻工业出版社（北京鲁谷东街5号，邮编：100040）

印　　刷：艺堂印刷（天津）有限公司

经　　销：各地新华书店

版　　次：2024年4月第1版第1次印刷

开　　本：889×1194　1/16　印张：12.5

字　　数：300千字

书　　号：ISBN 978-7-5184-4426-7　定价：69.80元

邮购电话：010-85119873

发行电话：010-85119832　010-85119912

网　　址：http://www.chlip.com.cn

Email：club@chlip.com.cn

版权所有　侵权必究

如发现图书残缺请与我社邮购联系调换

221265W3X101ZBW

前　言

设计的核心和根基是文化，只有以深刻的思想文化价值观为支撑，设计才能发挥巨大的引领和辐射作用。在经济全球化背景下的区域经济发展过程中，以文化为资源，以设计为核心发展创意产业的做法已成为许多国家和地区实现产业转型、创立地区品牌和增强国家竞争力的重要途径。岭南文化是粤港澳大湾区设计产业创新发展的源泉和动力，作为岭南文化中心地的广州拥有独特优厚的文化资源，本书正是力图构建岭南文化的广州设计产业发展战略，探讨广州在粤港澳大湾区建设中，如何将文化资源转化为有效的创新驱动力，结合设计人才培养和服务产业对接的策略和措施，发挥广州在文化创意和设计产业发展中的示范引领作用，推动粤港澳大湾区设计文化与设计产业发展，进一步提升广州文化创意和设计产业的竞争力，推动广东制造向广东创造转变，打造更多享誉世界的"中国品牌"，同时促进广州城市文化综合实力出新出彩，带动大湾区协同创新和共同发展。

本书第一章聚焦于广州设计产业的发展历史，分析其发展现状、发展特征以及存在的问题，通过对经济环境、社会环境、政策环境的调查研究，探讨粤港澳大湾区设计产业的发展现状与趋势，较为全面地呈现出广州设计产业的发展面貌。第二章则将广州设计产业置于比较的上下文中，对国内外具有代表性的城市发展设计产业的思路和方法进行了分析和对比，从中寻找可供广州设计产业发展借鉴的经验，并结合广州设计产业实际发展情况，分析其在粤港澳大湾区的优势，探索广州设计产业的发展目标和定位。第三章结合文化史视野，将基于岭南文化的广州设计产业的发展思路定位于当下全球性设计策略的文化转向之中，初步分析岭南文化的形成、来源、特征、民系结构、研究对象等方面内容，探讨其与广州设计产业的关系，以及对广州设计产业与城市发展的重要意义。第四章运用设计学、文化学、人类学、品牌学、传播学、市场营销学、心理学、符号学、图像学、民俗学等多学科理论，以广彩、广绣、通草画、古法造纸为例，通过艺术层面的分析，探索应用层面的现代设计转化和产业层面的品牌传播，探讨现代设计驱动岭南传统文化资源创造性转化的实践模式。第五章具体从民俗文化发展与创新、文商旅产业融合发展、纪录片产业融合发展等角度，探讨如何以现代设计产业融合优化粤港澳大湾区传统文化产业，促进广州设计产业与文化创意和相关产业融合发展，提升自主创新能力。第六章提出基于岭南文化的广州设计产业发展的基本原则，并从设计生产模式、设计消费市场、设计人才战略、高水平设计企业和明星设计品牌培育方面探讨广州设计产业发展的关键策略，尝试归纳出一系列广州设计产业发展的主要举措。第七章将广州设计产业视为整个粤港澳大湾区设计产业的重要的有机组成部分，探讨广州应当如何发挥核心引领作用，联合深圳、香港等国际设计之都和创意城市，整合文化资源产业，推进文化科技融合，建构新岭南设计产业品牌，从而带动粤港澳大湾区设计产业的发展，加快实现"中国制造"向"中国创造"、"中国产品"向"中国品牌"的转变。

　　本书是广东省社会科学普及基地"粤港澳设计文化传承与创新基地"研究成果之一。该基地以推动粤港澳设计文化资源的发掘与保护、设计创新与设计治理、数字化传播与科普服务为宗旨，持续推进优秀传统文化传承、社会可持续发展，增进人民健康福祉，提高人民生活品质。基地每年以学术研讨会、论坛、设计大赛、设计展览、设计工作坊等形式，推动粤港澳优秀设计文化的创造性转化与创新性发展，并向全社会科学普及。这些活动与相关成果也是本书写作的重要资源，本书部分呈现了该基地的工作方向与价值，力图更好地传承与传播粤港澳设计文化，为讲好大湾区故事、实现老城市新活力贡献设计文化的智慧和力量。

目 录

第一章 广州设计产业的发展现状与特征

一、广州设计产业的发展历史与现状　2
（一）广州设计产业的发展历史　2
（二）广州设计产业的发展现状　3

二、广州设计产业结构和竞争力分析　6
（一）广州设计产业结构类型　6
（二）广州设计产业竞争力分析　7

三、广州设计产业的发展特征和问题　9
（一）广州设计产业的发展特征　10
（二）广州设计产业存在的问题　11

四、广州设计产业发展现状小结　12

第二章 国内外典型城市发展设计产业的经验借鉴

一、国内典型城市发展设计产业的经验　15
（一）深圳——活力四射的后起之秀　15
（二）上海——中西结合的国际都会　16
（三）北京——古今交融的魅力之都　17
（四）武汉——老城新生的中部枢纽　18
（五）香港——魅力四射的东方之珠　19
（六）国内典型城市发展设计产业的经验小结　20

二、国外典型城市发展设计产业的经验　20
（一）芬兰赫尔辛基——设计主导的智慧之城　21
（二）德国柏林——兼容并蓄的设计之都　22
（三）美国底特律——产业转型的创意城市　23
（四）日本神户——震后复兴的创意之城　26

　　　　（五）韩国首尔——披荆斩棘的设计奇迹　　27
　　　　（六）国外典型城市发展设计产业的经验小结　　28

　　三、广州大力发展文化创意和设计产业的重要意义　　28
　　　　（一）促进广州经济发展与城市转型，提升城市软实力和综合竞争力　　29
　　　　（二）促进粤港澳设计文化的国际交流，推动国际合作和共赢发展　　29

　　四、广州设计产业在粤港澳大湾区的优势和定位　　30
　　　　（一）人口和地理区位优势　　30
　　　　（二）历史和文化优势　　31
　　　　（三）经济实力优势　　32
　　　　（四）设计人才优势　　32
　　　　（五）创意产业优势　　33
　　　　（六）大型展会优势　　33
　　　　（七）文化设施优势　　34

第三章　岭南文化对广州设计产业与城市发展的重要意义

　　一、现当代设计策略的文化转向　　37
　　　　（一）现代主义设计的去地域性特征　　37
　　　　（二）后现代语境中的设计策略　　39

　　二、岭南文化与广州设计产业发展　　42
　　　　（一）岭南文化的形成、来源和特征　　42
　　　　（二）岭南文化的民系结构和研究对象　　46
　　　　（三）岭南文化与广州设计产业发展的关系　　49
　　　　（四）基于岭南文化的设计产业对广州发展的意义　　53

第四章　以现代设计驱动岭南传统文化资源创造性转化

　　一、广绣在现代设计中的传承应用与品牌传播策略　　59
　　　　（一）广绣的艺术特征和文化解读　　59
　　　　（二）实用性广绣在现代设计中的创新应用　　62
　　　　（三）构建广绣工艺的文创品牌形象　　66
　　　　（四）广绣文创品牌视觉系统的设计实践　　77

　　二、通草纸画在现代设计中的创新应用　　81
　　　　（一）通草纸画的工匠文化　　81
　　　　（二）通草纸画在现代的文化传承与教育　　84
　　　　（三）通草纸画图案艺术的创新再设计　　85

三、广彩的艺术价值及其创新再设计　88

（一）广彩的艺术形态特征　88
（二）广彩中西融合因素及艺术表现　93
（三）广彩创新再设计方法及应用　97

四、广东古法造纸工艺的技艺活化与设计应用　105

（一）广东古法造纸的历史和现存状况　105
（二）广东古法造纸的现代设计应用方法　111
（三）广东古法造纸与岭南文化的传承机制　115

第五章　以现代设计产业融合优化粤港澳大湾区传统文化产业

一、广州设计产业融合优化广府民俗文化产业　120

（一）广府民俗文化历史与发展状况　120
（二）广州设计产业在广府民俗文化中的应用　125
（三）以设计驱动广府民俗文化产业发展的方法　133

二、广州设计产业融合优化粤港澳大湾区文商旅产业　136

（一）粤港澳大湾区文商旅产业发展现状和面临的问题　136
（二）设计产业与文商旅产业融合发展的已有经验　138
（三）广州设计产业融合优化粤港澳大湾区文商旅产业发展的策略　140

三、广州设计产业融合优化纪录片产业　143

（一）新世纪以来世界纪录片的发展与品牌设计　143
（二）广州纪录片产业发展基础优势及定位内涵　144
（三）广州设计产业融合纪录片产业发展路径　148

第六章　基于岭南文化传承与创新的广州设计产业发展思路

一、基于岭南文化的广州设计产业发展的基本原则　153

（一）差异性原则　153
（二）整体性原则　154
（三）协同性原则　156
（四）生态性原则　158

二、基于岭南文化的广州设计产业发展的关键策略　160

（一）打造支撑岭南文化的设计生产模式　160
（二）培育崇尚岭南文化的设计消费市场　162
（三）实施传承岭南文化的设计人才战略　164

（四）培育传承岭南文化的高水平设计企业和明星设计品牌　　165

三、基于岭南文化的广州设计产业发展的主要举措　　167

　　（一）加强设计产业与其他文化资源产业融合　　167
　　（二）构建广州新媒介创意设计产业生态系统　　169
　　（三）促进广州国际知名品牌展会与活动整合　　170
　　（四）构建以文化传承为中心的设计教育系统　　171

四、基于岭南文化的广州设计产业发展的保障措施　　172

　　（一）制定利好政策和制度　　172
　　（二）优化产业结构与业态　　174
　　（三）完善科技的支撑体系　　175

第七章　广州设计产业与粤港澳大湾区设计产业协同发展机制

　　（一）粤港澳大湾区设计产业的发展现状与趋势　　179
　　（二）粤港澳大湾区设计产业联动机制建设的思路　　182
　　（三）粤港澳大湾区设计产业发展机制建设　　185
　　（四）粤港澳大湾区设计产业支撑平台　　187
　　（五）构建粤港澳大湾区创新人才教育联盟　　188

结语

第一章

广州设计产业的发展现状与特征

中共中央、国务院于2019年2月18日印发的《粤港澳大湾区发展规划纲要》中指出，"到2035年，大湾区形成以创新为主要支撑的经济体系和发展模式，经济实力、科技实力大幅跃升，国际竞争力、影响力进一步增强；……社会文明程度达到新高度，文化软实力显著提高，中华文化影响更加广泛深入，多元文化进一步交流融合"。设计和创新的关系从来都联系紧密，相辅相成。作为一种思维决策能力和具体执行能力相互交融的智力资源，设计可以使抽象的科学研究成果向实际生产力转化，在当今知识经济时代生产要素中至关重要，也是国家提升产业竞争力与创新升级乃至提升文化软实力和国家竞争力的关键要素。根据各国的设计产业政策导向，设计产业政策主要分为科技创新和文化创意两种倾向，其中文化作为设计的核心和根基，将文化资源转化为有效的创新驱动力贯穿设计的始终，并将持续指导设计的未来。通过携手保护、活化和运用三地共同的文化根脉，粤港澳大湾区着力构造文化共同体，以孵化一种既深耕于中华优秀传统文化土壤，又展现创造性转化与创新性发展成果的新型国际湾区文化形态。

广州是粤港澳的核心组成部分，整个大湾区的经济与文化背景为广州设计产业提供了可蓬勃发展的广阔空间。广州大力发展设计产业，这对整个大湾区的锐意创新具有引领作用。本章通过回溯广州设计产业的发展历史，分析其发展现状、发展特征以及存在的问题，从而较为全面地呈现广州设计产业的发展面貌。

一、广州设计产业的发展历史与现状

现代设计产业是伴随着新经济革命出现的新兴产业，由于自身条件和国情不同，世界各国的产业化水平存在着巨大的差异。中国设计的产业化在市场、人才、政策、法规、经营等方面都处于初级水平，对设计产业本身的生产组织、运作方式、销售市场行情、经营方式等问题的研究也不够全面、透彻。

改革开放头30年，广州经济依托"广州制造"迅猛发展，经济总量大幅增长，创造了世界经济发展史上的奇迹。广州设计产业的兴起正是得益于广州经济的蓬勃发展和广州对设计风尚的先觉先行。从最初服务于市场竞争需要的平面设计、广告设计的诞生，到金融危机后应对产业转型升级的工业设计引进，以及当下为满足人民群众物质文明和精神文明需求的各种设计崛起，广州设计产业发展的每一时期无不与经济社会发展密切相关，既契合了经济社会发展的需要，又为其发展提供了内生动力和支撑[①]。

（一）广州设计产业的发展历史

广州设计产业于改革开放时期兴起，大致经历了三个不同的发展时期：第一个是起步时期。1978年之后，广州首先开放销售市场、分布位置和信息数据，依托自身的基础以及政府与产业的

---

① 陈静，肖怀宇. 中国设计产业发展报告（2014~2015）[M]. 北京：社会科学文献出版社，2015：162-174.

扶持，发展成为我国率先引进当代设计思想和发展设计有关产业的区域之一。为适应市场竞争的需要，广州企业以平面设计为基础并将其运用于商业广告，其中包装设计尤为突出。在这一时期，广州设计企业的数量、规模和设计服务质量在全国各大城市中均处于领先地位。第二个是加速发展时期（20世纪90年代）。广州制造业的不断优化与提升加快了设计产业的发展，到这一时期广州已初步建立起具有一定规模、行业门类齐全、服务种类齐全的设计产业系统。在这一时期，平面设计、广告设计、工业设计、装潢设计、景观设计、艺术设计等各种类型设计业态如雨后春笋般涌现；设计专业人员、设计工作室、设计部门和设计企业等不同规模的设计从业者为适应不同的设计需求而存在；来自院校和各类社会培训机构的设计教育也相继展开。20世纪90年代的广州设计产业在全国独领风骚。第三个是调整扩张时期（2000年以来）。广州设计产业已然取得了一定的成绩，形成了自己的发展特点和优势，但也存在着无法回避的问题。例如：市场需求大，而人才供不应求，人才主要集中在广告设计领域；设计和实际需求脱节，绝大多数设计专业人才缺乏对产品生产环节的了解；设计模仿多，创新少，缺乏文化内涵和民族特性；缺乏行业规范管理机制，引发设计领域的不良竞争等。一边重新探索和思考广州设计产业的未来，一边持续调整扩张成为当下广州设计产业发展的基本态势。

需要注意的是，近年来，粤港澳大湾区设计产业为广州设计产业提供了丰富的文化资源、国际性的交流平台和广阔的消费市场，广州设计产业得以有了更进一步的发展动力。在此背景下，广州充分利用粤港澳大湾区设计产业所带来的丰富资源，紧紧围绕创新驱动发展战略，以改革创新、科技进步为驱使，以知识产权保护利用与发展创新型人才为中心，以文化为设计的根基，将推进文化软件服务、建筑设计服务、专业设计服务、广告服务等文化创意和设计服务与装备制造业、娱乐业、影视业、建筑业、旅游业、信息业、农业和体育产业等领域的整合发展作为核心重点，使"广东制造"向"广东创造"转型升级，努力打造"广州设计"新名片。

（二）广州设计产业的发展现状

广州设计产业在全国处于领先地位。广州住房和城乡建设委员会总经济师赖慧芳在2018年的一次访谈中说："广州的设计产业具有显著的人力资源，与设计有关的园区超过70个，而动画工业的产值更是国内最高。广州具备发展设计行业的实际条件和实力。"广州市统计局发布数据称，2022年广州市规模以上文化及相关产业法人单位3220家，同比增加146家。有必要说明的是，上述总量指标仅仅涵盖了专业设计企业。虽然广州不少工业企业也有自己的设计部门和设计师，甚至也为其他企业提供专业设计服务，但这些企业在国民行业分类和统计中被归入了制造业，因此难以估算这些工业企业设计业务和设计人员的总量指标。

广州拥有良好的设计产业发展服务平台，有效推动了设计的产业化发展，规范了设计市场的竞争秩序[①]。2011年，广州设计产业协会成立，这是国内第一个设计行业服务组织，为推动广州设计产业的整体发展和成果转化等提供了服务平台。2012年，广州工业设计行业协会成立，其在服务企业、对接政府、集聚资源、汇聚人才和构筑平台等方面发挥了积极作用，为提升广州工业设计产业的综合竞争力做出了积极贡献。2018年，根据白云区"1358"发展思路及八大产业园区的"园区–协会–政策"的产业发展规划，"广东设计产业联盟"作为"广州设计之都"项目的运营协会也应运而生。联盟以"广州设计之都"园区为根基，对标联合国全球创意城市网络，目标是将园区打造为世界级设计之都，力争五年内助力广州申请联合国"设计之都"称号。它的主要职责是引入优质设计及上下游企业、策划设计展览活动、活跃学术思想、培养扶植发育设计人才以及筹集联盟活动经费。同样在2018年年底，广东省粤港澳大湾区文化创意产业促进会建立。该会力图打破壁垒，通过多元协作促成文化产业共赢。

广州设计产业园区已形成规模和效益，产生了聚集发展效应。以广州科学城为例，不仅培育了毅昌科技、广电运通等国内知名设计企业，还孵化了无线电计量所、威凯检测技术研究院、医药工业研究所等一批工业设计服务平台和珠江钢琴、欧派家居等众多工业设计企业。这些设计企业和服务平台研发的一大批"广州设计"产品，为国内多家企业如海尔、康佳等在工业设计方面提供了良好的革新服务，创造了惊人的利润和价值。此外，荔湾区光电科技产业基地、广州设计港、信义会馆、越秀区创意产业园、海珠区"文化星城"、T.I.T创意园、天河区羊城创意产业园、番禺区巨大创意产业园以及白云区广州设计之都等一大批具有影响力的创意产业园区，既为广州发展设计产业夯实了基础，也为粤港澳大湾区的设计企业注入了持续的活力。其中，广州设计之都被定位为"粤港澳大湾区产业聚集的'国际品牌摇篮'"。它着力培育广州设计产业集群，建设设计产业总部基地，集研发、设计、展览、公共服务于一体，导入设计产业完整的链条，吸引全球高端设计产业要素集聚发展，擦亮了广州设计的名片。按照白云区的规划，广州设计之都将不再局限于城市设计、建筑设计等产业链条，而将成为粤港澳大湾区乃至国内知名设计行业的重要基地，集研发、设计、展览和教育于一体，成为各类大型设计行业博览会、研讨会、学术交流会等活动的集中地。

广州的各类设计产业活动频繁，辐射面广，影响力大[②]。中国会展经济研究会于2021年发布的《年度中国城市会展业竞争力指数（CCCECI）报告》显示，广州名列中国最有竞争力会展城市第三名，仅次于上海和北京。广州会展业基本实现会展产业化，知名的有中国进出口商品交易会（简称广交会）、广州国际照明展、中国国际标签展、广州美博会、广州家博会、广州建博会、国际印花展，等等。成立于1957年的广交会，是中国历史最悠久、规模类型最大、销售品种类最齐全的交易会，是参展企业数量最多、地域最广、成交效果最好、信誉最好的大型综合性国

[①] 陈静，肖怀宇. 中国设计产业发展报告（2014~2015）[M]. 北京：社会科学文献出版社，2015：162-174.
[②] 莫岸华. 与京沪比较视野下的广州会展业发展国际化程度研究[J]. 广州城市职业学院学报，2020（2）：56-63.

际商贸盛会。受疫情的影响和时代的号召，2020年广交会以网上办展替代实体展，主要包括线上展示对接平台、跨境电商专区、直播营销服务三部分内容，继续发挥贸易展的优势。2021年广交会首次采用线上与线下交互融合办展模式，这一举措不仅使数字化转型的速度加快，而且开启了广交会线上线下办展的全新模式、全新常态以及全新场景，并且向来自全球各地的采购商家完美地展示了中国制造与创造、中国品牌以及中国技术的全新力量。2022年广交会延续了双线办展的形式，并通过多次成功办展的经验，向业内展示如何有效推动贸易大会与数字化技术的融合，也为会展相关行业开拓出一条面对疫情防控常态化下办展的可行性道路，打造出会展行业的数字化形式"模范样板"。

从2006年开始的广州国际设计周是中国第一个设计周，历经十余年已成为亚洲首屈一指的设计产业盛会，且每年都在刷新纪录。2019广州国际设计周以"新生FRESH"为主题，参与人次达310000+，参展商达1000+，场地面积达120000+平方米，专题策展达10+个，围绕"设计驱动产业升级"的目标和使命在全市多个分会场举办了120场主题活动，包括设计、文创、地产、新商业、艺术、时尚、人工智能、生活美学等众多领域。2020年以来，广州国际设计周改变传播策略，通过发起线上分享会和策划线上公开课赋能设计产业。2021广州国际设计周的展览面积由去年的15万平方米增加到18万平方米，充分反映出当今市场对于"设计"的庞大需求，这也让人们逐渐深刻地意识到设计对促进制造业发展，特别是家具制造业的产业升级有着重大意义，也为改善和提高人们的生活幸福指数起到了非常关键的作用。2022年3月18日，设计之春·中国家博会"当代设计展"在广州召开，该展致力于打造中国顶尖设计引领平台，创造更绿色、更美好的设计时代。再有，2014年世界室内设计大会首次落地中国就选择了广州，这也充分表明了广州设计产业发展的成效和影响力。在生态设计领域，世界生态设计大会也选择在广州召开，自2018年起始至今已成功举办两届，来自全球30多个国家的设计组织、机构、企业及院校在此针对可持续发展等主题分享想法、贡献策略，围绕生态设计向世界发声。此外，规模和影响力比较大的活动还有"省长杯"工业设计大赛——我国首个以省长名义设立、政府主导的工业设计大赛。20年的耕耘和发展使得"省长杯"作为重要抓手在设计方面为广东推广理念、树立标杆、挖掘人才，在推动企业自主创新、转型升级上做出了极大贡献。

在设计教育方面，广州是广东省政治、经济、教育和文化的中心，集结了全省80%的高校、97%的国家重点学科，也是设计人才培养的摇篮。广州拥有82所大学，在校大学生总数超120万人，数量居中国省会城市第一。在现代设计教育改革上，广州曾是领先全国的先锋。例如，广州美术学院在1981年就率先开设了工业设计专业，尹定邦更率先在广州美术学院工艺系创建教学、科研、设计产业一体化的现代设计教育体系。华南理工大学、中山大学、广东工业大学、暨南大学、华南师范大学、广东轻工职业技术学院等众多高校均开设与设计有关的专业和课程，且重视产、学、研的合作培养，为广州设计产业输送了大量创意设计人才。2022年北京冬奥会的吉祥物——"冰墩墩"的设计团队就来自广州美术学院视觉艺术设计学院院长曹雪领衔的14人团队。

"冰墩墩"作为2022年年初的"顶流",不仅在国内受到人民的喜爱,也揽获了海外大众的大量追捧,甚至造就了"一墩难求"的热潮①。

广东工业大学艺术与设计学院是我国设计实践与创意产业融合得最好的设计类学院之一,也是华南地区学术研究最强的艺术类学院之一,是广东省人才培养模式创新实验区,也是世界艺术、设计与媒体院校联盟其中一员。该学院具备本、硕、博完整的艺术与设计人才培养体系。自2019年4月开始,教育部启动一流本科专业建设"双万计划",致力于全面振兴本科教育,提高高校人才培养能力,实现高等教育内涵式发展。广东工业大学艺术与设计学院至今获评6个国家级一流本科专业建设点,1个省级一流本科专业建设点,实现了设计学类与工学类两大学科类别的一流专业建设点全覆盖,设计类相关专业的覆盖率与专业入选的数量均名列全国综合类院校上位水准。2020年,工业设计专业在全省率先通过了IEET设计教育国际认证,环境设计与数字媒体艺术专业的申报认证也已获得受理,并且近三年稳居软科"中国最好学科"排名A类。2023年广东工业大学设计学位例全国前3%,首度跻身"中国顶尖学科",成为广东省内10个中国顶尖学科之一。

在长期的办学过程中,广东工业大学艺术与设计学院充分发挥"艺术+科技"的工科院校背景优势,始终坚持"艺术与设计融合科技与产业"的办学理念,打造"集成新工科,实践新范式,教研国际化,服务大湾区"的学科特色,进一步加强"艺工融合",培育了一大批具有高度社会责任感、拥有开阔的全球视野、勇于创新的奋斗精神的高素质设计与艺术人才。

二、广州设计产业结构和竞争力分析

广州设计产业的发展现状与其产业结构和竞争力密切相关。产业结构和竞争力是影响设计产业发展的关键因素,探讨广州设计产业发展现状与特征,有必要着重对其产业结构和竞争力进行讨论与分析。本节将首先分析广州设计产业的产业结构类型,继而主要从设计基础、设计环境和设计产出三个方面来分析广州设计产业的竞争力。

(一)广州设计产业结构类型

当前,我国各省份关于设计产业的范围和界定还没有实现统一口径。不过,借鉴国内外的相关分析可以发现,尽管目前国际上关于设计产业的相关界定较多,定义和分类不尽相同,但均关注了设计产业的核心特征,即富有创造性,集文化、科技、市场因素于一身。设计产业是创意产业的一个重要组成部分,它以设计师的理念创新为基础,基于产品设计、产品经营与概念创新,为机构部门、企业单位与家庭提供设计的专业化服务。其目的在于提升设计目标的应

---

① 周滋浦. 北京冬奥会吉祥物"冰墩墩"媒介形象及价值内涵解析——以央视新闻微信新媒体平台报道为例[J]. 视听,2022(5):7-10.

用价值、文化价值与美学价值，促进产品价值的提升，改善人们的居住环境，提高公共性活动的组织建设水平。其经营范围涵盖工业设计、产品设计、服装设计与服饰、环境设计、建筑设计、装饰设计、景观设计、包装设计、广告设计、软件设计、旅游品设计与动漫设计等众多的创造性活动。参考2015年北京市统计局对外正式发布的《关于印发设计产业统计分类（试行）的通知》中的分类办法，以及2017年的《广州推进文化创意和设计服务与相关产业融合发展行动方案（2016—2020年）》中提到的重点发展领域，本课题将设计产业分为产品与服装设计、建筑与环境设计、媒体与视觉传达设计和其他设计4个大类，如表1-1所示。其中，产品与服装设计包含工业设计、服装设计、工艺美术设计、时尚设计等。建筑与环境设计包括建筑设计、工程设计、规划设计、景观设计、室内装饰设计、公共艺术设计等。媒体与传达设计包括数字媒体艺术动漫设计、视觉传达设计、展览展示设计、文化创意设计等。其他设计包括上述三大类中未包含的设计活动，主要指随着社会经济发展而最新产生的设计活动，如商业模式及服务设计、体验设计等领域。

表1-1　　　　　　　　　　　　　设计产业分类

设计产业类别	具体设计业务举例	典型企业或机构
工业与产品设计	工业设计（含汽车设计、模具设计、家具设计、家电设计、消费电子设计、机器人设计、智能装备设计、体育器材设计等）、产品设计、服务设计、体验设计等	工业设计公司、工业企业内部设计部门、产品设计公司等
时尚与服装设计	服装设计、服饰设计、工艺美术设计、时尚设计（含皮具设计、箱包设计、鞋履设计、珠宝设计等）	服装设计工作室、服装企业内部设计部门、皮具设计工作室、珠宝设计工作室等
建筑与环境设计	建筑设计、环境设计、工程设计、规划设计、景观设计、室内装饰设计、园林设计、公共艺术设计等	建筑设计院、建筑师事务所、室内设计公司、环境景观设计公司、园林设计院等
媒体与传达设计	动漫设计、视觉传达设计（含广告设计、品牌设计、网页设计、信息设计、包装设计、书籍装帧设计等、UI设计等）、文化创意设计、新媒体设计等	网络游戏企业、动漫设计公司、广告公司、企划设计企业等
其他设计	展览展示设计、商业模式创新设计、设计咨询与管理等	会展企业、管理咨询公司等

（二）广州设计产业竞争力分析

在产业经济学中，产业竞争力是一个产业或整个产业通过整合和转换各种生产要素和资源来获得超过竞争对象的资本。其反映的是在市场中的价格、成本、质量、品牌、服务水平和差异化等方面优于其他竞争者的关系。根据波特价值链理论中的观点,设计产业的竞争力是其重要组成部分,它包含了设计产业的政策和法规、产业形态和管理、品牌和文化资产、人才资源培训和创新体系等。国际上各个国家的设计产业整体竞争能力多为这几个价值链环节共同作用的结果[①]。因条件受限,本章对广州设计产业竞争力的分析主要从设计基础、设计环境和设计产出三个方面着手,均选取可量化的数据与北京、上海、深圳三大发达城市进行对比分析。具体数据详见表1-2。

表1-2　　2022年国内主要城市设计竞争力对比

	对比项	广州	北京	上海	深圳
设计基础竞争力	人均GDP(元/人)	153600	190300	179900	183300
	教育支出(亿元)	626.94	1171.1	1122.57	965.3
设计环境竞争力	近五年设计产业相关政策发布数量(项)	9	9	17	1
	博物馆和纪念馆个数(个)	72	215	148	59
	高校在校生(万)(含本专科和研究生)	165.9	103.8	79.97	18.53
设计产出竞争力	专利授权数(件)	189000	203000	178300	275774
	第三产业增加值(亿元)	20600	34900	33100	20000

资料来源:人均GDP、博物馆和纪念馆个数、高校在校生、专利授权数、第三产业增加值数据来自各城市2022年国民经济和社会发展统计公报;互联网生态指数来自《寻找中国互联网的"第五极"新一线城市互联网生态指数报告(2019)》教育支出和近三年设计产业相关政策发布数量数据来自各城市官方政府网站,其中教育支出数据同样为2022年数据。

1. 设计基础方面

针对设计基础选取了三个指标:人均GDP、R&D经费支出(研究与试验发展经费)和公共教育经费支出,体现设计发展的经济基础和资金投入。人均GDP指标上,广州虽然排名最末,但与另外三个城市差距不大,已经达到波特所说的创新成熟阶段的水平(大于1.8万美元/人)。2022年,广州R&D经费支出占GDP的比例为2.80%,约661.6亿元,比上年提升0.17个百分点,呈现加速上涨的态势,但与另外三个城市比起来仍有很大差距。在"2019界面中国城市创新竞争力排名"中,总排名第四的广州在R&D投入强度这一项上仅排名12;而在公共教育经费支出上,广州领先北京和上海,仅次于深圳。

[①] 邹其昌. 关于中外设计产业竞争力比较研究的思考[J]. 创意与设计,2014(4):19-27.

2. 设计环境方面（主要指政策环境和社会环境）

（1）近五年设计产业相关政策发布数量

以设计产业、创意产业和设计等关键词在各城市官方网站进行搜索，广州共九项，分别为2020年5月发布的《关于印发广州市黄埔区广州开发区促进文化创意产业发展办法实施细则的通知》，2020年9月发布的《关于印发广州市从化区支持生态设计小镇发展的若干措施的通知》，2020年9月发布的《关于印发广州市白云区促进文化产业发展专项资金管理办法的通知》，2022年4月发布的《关于印发广州市战略性新兴产业发展"十四五"规划的通知》，2022年6月发布的《荔湾区文化创意产业扶持办法的通知》，2022年8月发布的《关于印发广佛全域同城化"十四五"发展规划的通知》以及《关于印发广州市对口帮扶梅州市助推老区苏区全面振兴发展规划（2021—2025年）的通知》，2022年10月发布的《关于印发广清一体化"十四五"发展规划的通知》，2023年3月发布的《关于印发广州市建设国际消费中心城市发展规划（2022—2025年）的通知》。近五年设计产业相关政策广州发布的数量与北京相同，但离上海还有一定差距。北京共九项，例如：2023年7月发布的《关于2023年度北京工业设计促进专项征集的通知》，2023年8月发布的《张家湾设计小镇产业项目准入管理暂行办法》，2023年10月发布的《关于开展工业设计助力中小企业高质量发展优秀案例征集工作的通知》等相关政策；上海共十七项，例如：2023年6月发布的《关于组织申报2023年松江区产业融合发展专项资金（工业设计能力提升）的通知》，2023年8月发布的《关于组织开展第六批国家级工业设计中心申报推荐和第一批、第二批、第四批复核初审工作的通知》等相关政策；深圳为1项，为2020年5月《关于进一步促进工业设计发展的若干措施》。

（2）博物馆和纪念馆数量

在这方面，广州远远低于北京和上海，略高于深圳。这与广州所拥有的深厚文化底蕴不相匹配。

（3）高校在校生数量

对于设计来说，高校在校生是设计的源头，高校在校生数量指标不仅关乎设计环境，也是设计产业可持续发展的重要因素，广州远超另外三个城市。

3. 设计产出方面（即设计产业的贡献）

此处选取了两个指标：专利授权数和第三产业增加值，而这两项指标广州分别排第2与第3。

总体来说，广州的设计产业竞争力与另外三个城市相比整体正逐渐加强，但在教育支出方面有明显的不足。因此，广州亟需大力发展设计产业，提高综合竞争力。

三、广州设计产业的发展特征和问题

广州设计产业在保持良好发展态势的过程中呈现出了鲜明特征和众多问题，而这些特征与问题是观看广州设计产业发展现状的另一重要角度。因此，本节将首先分析典型的广州设计产业发展特征，然后根据广州设计产业发展现状，分析其目前在发展过程中存在的标志性问题。

（一）广州设计产业的发展特征

1. 产业发展不均衡

广州设计产业呈多类型共同发展趋势，涵盖了服装设计、产品设计、视觉传达、环境设计、建筑设计等诸多领域，但产业发展并不均衡，主要集中在汽车、通信、电器及电子网络等技术产业领域[①]。细分领域内如文化创意设计同样存在不均衡现象突出的问题，广告动漫影视几大板块发展快速，传统文化创意如绘画等则往往处于被忽视的境地。

2. 数字创意文化产业引领广州文化产业进军中高端价值链

据统计，2017年、2018年广州文化及相关产业增加值分别为1161亿元、1260亿元，占GDP比重为5.4%、5.48%。而到2019年，文化创意与设计产业增长8.6%，成为合计增速超8%的八大新兴产业之一。2022年，广州数字出版、动漫以及电影票房总收入产值等多项指标都处于全国榜首，文化及相关产业增加值达到全省GDP的5.59%，占全国同产业总量的13.8%，实现连续18年居于全国首位。广州文化产业呈现结构持续优化和发展逆势上扬态势。一大批以互联网和移动互联网为特征的数字创意文化企业地位突出，涌现出网易、腾讯微信、广州酷狗计算机科技有限公司、广州市动景计算机科技有限公司、广州荔支网络技术有限公司等一批地位突出的文化类企业。目前，广州地区有多达30家文化上市公司，"文化板块"特色鲜明优势凸显[②]。

3. "定制经济"构建广州产业新优势

2020年初，广州被联合国工业发展组织授予"全球定制之都"的荣誉称号。这标志着国际高度认可广州的定制行业在融合先进制造业和现代服务业方面的杰出表现，一个新的优势业态——定制经济由此产生，整个时尚产业、消费经济和定制行业都因此获得全新的发展机遇，更进一步推进与相关产业的深度融合，如广州时尚周将开拓5G新零售模式助推5G建设，绿色印染高科技工程项目也将落地广州继而推动整个设计产业的可持续发展[③]。目前，在定制经济领域内广州有两大行业发展突出：服饰定制与家居定制。据统计，市内有多达700家从事时尚服装、珠宝、皮具、箱包类的定制销售、研发、设计、制造及其上下游企业，已形成服饰定制产业集群效应。此外，广州在设计定制服务领域同样资本雄厚，拥有5个国家级的工业设计中心。在这一背景下，大力发展定制经济，擦亮"全球定制之都"名片，为促进制造标准体系优化革新和提升"广州制造"美誉度提供了新途径。

---

① 曹小琴，杨小静. 设计服务业区域中心城市发展研究——以广州为例［J］. 湖南包装，2019（4）：72-74.
② 卜松竹. 2019广州文交会11月5日启幕：十大系列文化活动等你来［N］. 广州日报，2019-11-1.
③ 张强. 以"定制经济"构建广州产业新优势［N］. 广州日报，2020-1-13.

（二）广州设计产业存在的问题

1. 产业扶持政策有待完善

广州制定了一套面向设计服务业的政策。广东省早在2012年就出台了《关于促进我省设计产业发展的若干意见》，之后于2017年11月又出台了《广州推进文化创意和设计服务与相关产业融合发展行动方案（2016—2020年）》。但正如前文提到的，广州近五年的相关政策共有九项，而上海却有十七项之多。这在一定程度上体现出上海比广州更为重视设计产业。并且，广州的设计政策仍需在已有政策基础上进行细化，否则难以落地；设计政策还缺乏知识产权保护、融资贷款和人才引进等具体详细激励机制。同时，政府要紧密关注广州设计产业链整体的发展和改革，制定整体的设计服务业的发展和改革方案，尤其是对设计产业一体化的概念提出相应的指引，然后做出对政策性措施、法律建设、教育培训、财税金融、公共服务等方面的扶持。

2. 产业发展环境亟待优化

广州虽然在高校数量和在校生数量上占有优势，但仍存在设计产业高端人才匮乏、跨学科的知识累积和再创造能力不足等问题。设计是科技与文化的融合，广州设计教育在复合型人才培养方面还有欠缺。创意人才培养与需求错位，引才聚才氛围不浓，人才评价和激励机制不完善，这些都导致广州人才外流深圳、北京、上海等地。

3. 产业链整合能力较为薄弱

广州设计产业的主要影响力仍然局限于国内市场，缺乏具有国际影响力的优质原创品牌和精品IP（知识产权）。由于我国整体产业格局中文化制造业的比例偏大，设计企业还处于产品设计开发的初级阶段，产业协作程度不强，设计创新并未达到与技术创新、管理创新同等的位置。设计开发、品牌营销管理、产业链整合等制造业高端环节链条的缺失直接影响企业从产品竞争力向品牌竞争力过渡的能力，因而阻碍制造业创新能力的升级[1]。

4. 设计园区整体分布呈现"小、散、缺"特点

广州的设计产业集聚性较好，根据政府"退二进三"政策的总体布局，以中心城区为重点发展第三产业服务业，在荔湾、海珠、越秀、天河等区设立了一些设计服务业集聚区。但对比佛山、顺德、中山等珠三角工业设计集聚区，广州的重点设计产业区域在园区蓬勃发展的过程中，存在园区分布散乱、园区特色亮点不够明显、产业链不够完整等不利因素。

5. 文化资源开发深度和广度不足

广州作为广府文化的发源地，有丰富的文化资源，却未能释放它应有的潜能，向外输出的文化产品数量不多、质量不高，与广东深厚的历史文化底蕴、经济发展水平不匹配。文商旅融合度不高，整合资源的能力不足。文化资源尚未完全转化为具有竞争力的文化产业，资金和人才也难以被这一领域吸引。例如，广州具有历史传统商圈的北京路历史街区和上下九商业步行街，但这

---

[1] 曹小琴，杨小静. 设计服务业区域中心城市发展研究——以广州为例[J]. 湖南包装，2019（4）：72-74.

两个地方除了尚保留的传统的骑楼外，商业气氛过于浓厚，缺乏广府特色文化符号与现代创新设计的智慧结合。

6. 设计展览品牌效力不足

以更具影响力的年度设计品牌盛会——广州设计周为例，由于广州这片土地上较为浓重的实用主义以及承办方资金有限等原因，其在不断刷新纪录的同时亦存在诸多问题。

（1）承办方一般为私企，私企的个人力量有限，虽有探讨行业、社会问题的意愿，但整体主要以盈利为驱动，对参展商缺乏筛选，策展内容学术性含量不高。

（2）广州设计周混淆了展博会与设计展之间的区别，例如2023年广州设计周的展览方向主要为当代人居家生活美学新业态的设计及选材，这一方向更多聚焦在产业问题与商品交易上，对城市问题与设计问题的深度讨论、思考尚有欠缺。"它不太关注设计可能性的探讨，而更多是在于设计的时下应用，在设计选材、装饰设计、新产品展示上，给观展者提供可行的解决方案。"以商业驱动为设计出发点，重视商务谈判与达成交易的意愿，这是广州设计周的重点①。

（3）涉及的设计领域较为单一，目前主要集中在展示室内设计、建筑设计领域品牌。

（4）对设计新生力量的扶持力度不足，广州的新生设计品牌缺乏展示的机会。

（5）广州设计周作为广州一年一度盛大的设计交流活动，却没有承担起美育的角色，主要面向的是材料商和设计师，对普通市民不算友好，还没有将设计融入日常生活之中。

（6）虽然已经是17年的老牌设计周，也具备一定的国际影响力，但相比北京国际设计周、深圳设计周、上海双年展等，广州设计周的品牌效力较弱，影响度不够高。

四、广州设计产业发展现状小结

综上所述，依托其特殊区位和经济环境，广州的设计产业发展历史虽不算太长，但态势迅猛，某些细分领域如工业设计基本长期居于全国领先地位，在服务平台、产业园区、专业活动、设计教育等方面都有丰富的产出，表现出较大优势；此外，近年崛起的数字创意和"定制经济"为广州设计产业注入了新活力。但论总体竞争力，广州仍略逊于北京、上海、深圳等设计之都，在产业均衡、政策扶持、原创生态、园区分布、文化开发、展览效力等方面亟待优化。

主要参考文献

[1] 陈静，肖怀宇. 中国设计产业发展报告（2014~2015）[M]. 北京：社会科学文献出版社，2015.
[2] 周滋浦. 北京冬奥会吉祥物"冰墩墩"媒介形象及价值内涵解析——以央视新闻微信新媒体平台报道为例[J]. 视听，2022（5）.

---

① 燎原：《广州设计周的得与失》，搜狐网，2018年11月30日，https://m.sohu.com/a/278839559_258403。

［3］曹小琴，杨小静．设计服务业区域中心城市发展研究——以广州为例［J］．湖南包装，2019（4）．

［4］韩望喜．设计为"深圳奇迹"提供源源不断的生产力［J］．艺术市场，2019（12）．

［5］莫岸华．与京沪比较视野下的广州会展业发展国际化程度研究［J］．广州城市职业学院学报，2020（2）．

［6］田少煦，夏文英．粤港澳大湾区设计产业的发展趋势［J］．湖南包装，2019（2）．

［7］王晓红．关于建设粤港澳大湾区创新设计圈的建议［J］．开放导报，2017（4）．

（本章执笔：王娟）

第二章

国内外典型城市发展设计产业的经验借鉴

在当今经济全球化的大环境下，以文化为资源、以设计为中心发展的创意产业已是世界各国和各地区实现产业转型、树立地区品牌、提高综合竞争能力的一种有效手段，重视设计、发展设计产业的热潮在全球掀起。所以，广州在发展设计产业的同时，必须认清与其他城市的差异，并吸取他们的成功经验。鉴于上述原因，本章首先对国内外具有代表性的城市发展设计产业的思路和方法进行分析和对比，从中寻找可供广州设计产业发展借鉴的经验，并在此基础上，探讨广州大力发展文化创意与设计产业的重要意义，进而结合广州设计产业实际发展情况，分析其在粤港澳大湾区的优势，探索广州设计产业的发展目标和定位。

一、国内典型城市发展设计产业的经验

国内典型城市发展设计产业的经验对广州设计产业的发展具有重要的借鉴意义，尤其是深圳、上海、北京、武汉和香港这五个具有代表性的城市发展设计产业的经验。本节将主要从理念和措施这两个方面对这五个城市的设计产业进行分析，并对其经验进行概括性的总结。

（一）深圳——活力四射的后起之秀

1980年，随着中国首个经济特区在深圳建立，原本仅是一个边界小渔村的深圳成为中国改革开放政策和现代化建设"先行先试"的城市。后经短短三十年的发展，深圳从一个仅有3万多人口以及两三条街道的小城市，发展成为一座拥有约1400万人口的现代化都市，创造了世界工业化、城市化以及现代化史上的奇迹。如今，深圳已发展为一座创意无限、充满活力的城市，并拥有巨大的创新潜能、出色的发展速度以及大量朝气蓬勃的年轻人口，其设计产业的发展更是引领了整个国家。

1. 深圳发展设计创意产业的理念

深圳早期凭借改革开放"先行先试"的政策优势和香港印刷业务的助益，平面设计得到发展，曾因此被称为"平面设计之都"。2003年，深圳市政府提出了"文化立市"的发展策略与"文化经济"的发展理念[①]，总结出"活的传统、新的文化"这一城市文化精神特质，以"设计"和"创新"作为文化精神的媒介。2008年，深圳获得联合国教科文组织授予的"设计之都"称号，这在中国各大都市中尚属第一次。2009年至2012年，深圳的文化产品和文化相关产品的出口率年均增速超过20%。到了2022年，深圳文化产业增加值突破2600亿元，位居全国前列，占全市GDP比重超过8%，同年年6月，深圳成为全国首批文化和旅游产业发展获国务院督查激励的城市。

2. 深圳发展设计创意产业的措施

（1）多项文化政策助力优化创新创业和投资环境

深圳一直在制订和发布关于创意设计产业的优惠政策，并出台了许多与科技创新相关的政策

---

① 姚正华. 深圳成为中国首个"设计之都"的背景及意义［J］. 装饰，2011（224）：21-24.

和条例。从不全面的数据来看，从2012起，深圳已经制定了55项围绕创新的政策文件。深圳在国内率先推行了商事登记制度改革，为创业投资环境提供了更好的条件。另外，从2011年起，政府每年为创意设计产业提供专项资金扶持，各地区也制定相应的资助、奖励、补贴、贷款贴息等扶持政策。在2022年1月，深圳市人民政府正式印发的《深圳市科技创新"十四五"规划》，明确指出要聚焦软件与信息服务、数字创意、现代时尚等三个战略性新兴产业集群，提升数字与时尚产业发展水平和核心竞争力。

（2）大力支持民营和中小型文化创意企业的发展

政府专门为民营和中小型企业提供发展专项资金，并对专项资金管理方法进行多次修改。资助的形式主要有三种：补贴、奖励和贴息。同时，如果中小型创意企业入驻政府出资的创新型产业用房，政府也会给予一定的补贴，促进其转型和升级。

（3）注重设计方面的教育和促进对创意人才的培养

深圳在推动综合类大学设计学院发展的同时，也积极筹备新型的职业技术类设计学院，为不同产业和设计行业培养技能型的人才。另外，鼓励深圳市平面设计协会大师走进校园授课，这也为在校生搭建了一系列的交流平台。

（二）上海——中西结合的国际都会

上海具有深厚的历史背景、丰富的人文底蕴与文化资源、得天独厚的区位条件以及强大的经济基础等诸多有利条件，而且敢于开拓、锐意进取，形成了中西交融、敢为人先的城市风貌和享有世界声誉的国际地位。早在元朝，上海便开始了城市建设，开放包容兼收并蓄成为上海的精神根基，吸纳和聚集了全球各地的优秀文化和人才资源。坐落在上海的中国工业设计博物馆，从各个角度记录了中国工业设计的发展特征和历程，未来设计的发展和产品附加值的提升可以从经典设计的精粹中汲取营养。这些都为上海发展设计产业造就了理想的基础条件。

上海的创意产业成就卓越，是其支柱产业。2010年，继深圳后，上海成为联合国教科文组织第二个授予"设计之都"称号的中国城市。至2010年底，上海创意产业从业人员多达108.94万人，总产值5199.03亿元，较上年增长11.2%，占上海经济增长比重的11%。面对当年由工业社会发展带来的产业转型升级、中大型企业大面积厂房空置等问题，上海已采取老城区改造与创意城市建设的措施，如将废弃厂房改造成创意产业园区，8号桥、M50、电子坊等因此而生。除此之外，上海市还举办了"上海设计双年展""上海国际创意设计产业周""上海电子艺术节"等大型文化活动，旨在宣传和普及设计文化，同时促进创意设计产业的发展。之后，上海又制定了《上海市创意与设计产业发展"十三五"规划》，指出要进一步充分发挥创意和设计在推动城市建设和产业升级中的先导与引领作用，加快上海国际设计之都、品牌之都与时尚之都的建设，促进创意设计与相关产业的相互渗透与融合。2023年9月26日至10月2日，2023年世界设计之都大会在上海黄浦滨江举办，以上海"设计之都"建设整体布局为主线，打造出世界级设计前沿风向标、创新策源地，新品首秀场。

1. 上海发展设计产业的主要理念

（1）绿色设计与可持续发展

面对城市发展中资源浪费和环境污染等问题，创意产业应该以多元创新、少污染、低消耗为目标，挖掘城市巨大的发展潜能，改变城市发展模式，利用设计与产业相融合的技术层面，在发展创意产业的过程中，解决社会问题。

（2）为以人为本构建宜居城市

城市发展的最终目的是使人们生活得更美好，靓丽悦目的城市景观、美观便捷的产品、规划合理的城市交通都为市民营造了舒适的生活环境，带来愉悦的心情，培养高尚的生活情操。打造宜居城市的重要环节是让设计融入人们生活，服务于人，施惠于人。

（3）跨文化融合发展

自古以来，海纳百川的海派文化就表现出多元包容、开放创新的心态，上海发展的一大亮点就是创意设计与科学技术、金融资本、文化艺术、工业制造的融合发展。

（4）全民参与上海设计活动

民主化创意下，人人都是设计师，如"上海设计之都活动周""上海创意产业博览会""全球创意教育研讨会"等大型活动都让市民有了更多参与设计的机会和平台，让人们更好地融入设计之中，让设计、人类、社会互相促进、共同进步。

2. 上海发展设计产业的主要措施

（1）制定以创意设计牵头的重要战略，提高自主创新能力，加强文化软实力，推动产业升级和经济发展。

（2）推动各大城市之间的交流与合作，扩大创意产业的发展空间，聚集创意资本和人才，将设计意识融入大众之中。

（3）不断促进自主创新型城市建设和创意设计产业的发展，推动社会各界共同建造创意城市。

（4）树立城市文化品牌形象，提升城市整体文化魅力。

（三）北京——古今交融的魅力之都

北京是我国的首都，是首批国家历史文化名城，同时也是拥有世界文化遗产数量最多的城市。北京很久以前就已经完成了从传统工业向新兴产业的转型，以设计为核心的创意产业则成为一股新生力量崛起。政府将发展设计产业作为未来的发展战略的重点，促进科技与文化"双轮驱动"，促使北京成为全球产业中心。北京拥有751时尚设计场、DRC工业设计创意产业基地、798艺术区、国家广告产业园等设计行业的集聚区，拥有清华大学美术学院、中央美术学院等多所开设设计类专业的院校。北京还拥有多个设计博物馆，以文化地产开发管理为依托、秉持坚定原创设计信念的北京亮点设计中心，以多种方式展示文化创意成果、激发灵感的歌华设计馆，集设计、艺术、学术于一体的"+86"当代设计博物馆等，肩负着承前启后的职责携手并进，为中国设计开路扬帆。

1. 北京发展设计产业的理念

北京发展设计产业的理念是"科技+文化+设计"，推动科技、设计、文化与经济建设、城市发展的互相融合。目前，北京的设计产业已形成工业、工程、建筑、服装与时尚设计等12个分支领域，拥有100余所设计院校，800余家规模以上的设计企业。随着城市的发展，设计产业逐步成为经济结构优化的主力，并成为促进首都经济发展的支柱。

2. 北京发展设计产业的主要措施

（1）政府不断推出各种鼓励发展设计产业的政策

《关于促进工业设计发展的若干指导意见》由科技部牵头，在2010年由国家11个部委共同印发，2012年印发了《北京市促进设计产业发展的指导意见》（以下简称《意见》）。《意见》提出，要大力扶持各种设计创新活动，提高北京市的自主创新水平，确立"人文北京，科技北京，绿色北京"为指导思想，并明确目标。除此之外，政府还制定了《北京市创意设计专业职称评价试行办法》等相关政策文件，对促进创意设计产业与现代制造业、商务服务业等融合发展具有重要意义。

（2）建立中国设计贸易市场

2012年12月，由北京市西城区、市科学技术委员会共同推动的中国设计交易市场正式开业，这为中国设计产业资源分散、设计交易对接通道不畅等问题提供了有力的支持，并在推动科技文化融合和促进区域经济发展等方面发挥了重要的载体作用。

（3）品牌活动和展位造福于民

"北京国际设计周"是北京一年一度的品牌活动，每年都有超过800万人次参与，北京文博会、设计博览会也已成为北京活动中有特色的重要的文化活动，推动了北京的文化旅游业的发展，而设计惠民利民的这一属性也促进了北京作为全国文化枢纽的建设。

（四）武汉——老城新生的中部枢纽

武汉是湖北省省会，位于我国中部地区的中心城市，是全国重要的工业基地和综合交通枢纽，有着非常雄厚的产业基础，近年正处于产业结构调整以及升级的关键时期，也蕴藏着大量的创新设计需求。随着近几年武汉工业设计产业的迅猛发展，2017年11月武汉成为我国第四个"设计之都"，在桥梁建造、高速铁路、城市规划等工程领域方面，武汉都具有全球一流的创新设计水平。50%的世界级大跨度桥梁、60%的中国已建成高铁、30%以上的中国重大工程项目都由武汉设计产业完成。工程设计行业长期稳居于国内前三名，国内三分之一以上的重点工程都由武汉设计师所完成，工程类大专院校、科研机构、在校人数规模均位居国内前列。根据2019年末有关部门的报告，武汉的工业设计每年产值达200亿元人民币以上，下游产业的经济价值也超过千亿元。截止2019年，武汉现有国家级工业设计中心5家，省市级工业设计中心59家，工业设计或产品设计公司2000余家[①]，这些设计中心和设计公司均利用工程设计、工业设计以及创意设计产业引导城市的转型与经济发展。

1. 武汉发展设计产业的理念

（1）老城新生

武汉以创意设计作为城市未来可持续发展的一个主要推动力，通过创意设计向老城市的文化、经济、社会、日常生活和自然环境深入渗透，不断加强对老城的基础设施、文化遗产、社区环境的改善，让老城焕然一新。

（2）以人为本

武汉大力提倡和贯彻以人为本的设计理念，通过创新的公共政策设计，使各利益攸关方积极参与城市更新规划、文化遗产保护、生态环境治理等重大城市建设，实现城市共同建设与共同分享。

2. 武汉发展设计产业的主要措施

（1）发挥工程设计产业的优势，持续整合产业发展，逐步形成以综合交通、低碳建筑、水环境、地下空间、节能和新能源等工程设计咨询业为核心的绿色低碳产业集群，并打造工程设计产业创新发展的模范区，使武汉在全国工程设计产业发展中发挥重要的引领作用。

（2）在长江沿岸打造创意城市示范区，将城市生态、历史文化与创意服务融为整体。

（3）优化武汉设计双年展，提升其影响力，建设江滩公园公共环境艺术展览。

（4）加强政府与大学、企业与非政府组织等之间的合作关系，大力支持文化创意和设计领域的青年人才积极参与国内外高水平交流等。

（五）香港——魅力四射的东方之珠

香港作为中国设计起步最早且国际化程度最高的城区，在创新设计的实践上也具有非常典型的参考意义。作为亚洲创意之都，香港的文化创意产业对经济贡献不可替代。香港现代设计仅有40余年历史，时间如此之短，设计却屡屡斩获奖项取得骄人成绩，不仅长于商业，文化上更是打破传统，设计风格中西交融。设计和文化不仅有利于服务业、工业和制造业的良性发展，更是促使香港向知识型经济转型的重要推动力。

1. 香港发展设计创意产业的优势

（1）政府对文创产业资金投入巨大，对富有创新精神或发展潜力的公司、团队以及个人提供支持。

[①] 张芹. 世界设计之都武汉工业设计年总收入逾200亿元［N］. 中国新闻网，2019-12-13.

（2）政府对空置工厦进行活化再利用，改造众多低租金的创作空间。

（3）毗邻珠江三角洲，拥有得天独厚的地理环境。

（4）世界级基建，拥有良好的海陆空交通运输条件。

（5）人才资源众多，拥有数所顶尖高等学府。

（6）拥有完善的知识产权保护体系。

（7）中西方文化交融与多元的社会构成[①]。

在此大背景下，加之特区政府对文创产业发展的重视，以及积极推出各项配套的扶持政策与措施，香港文创产业的发展拥有非常好的环境条件。

2. 香港发展设计创意产业的主要措施

自1998年开始发展创意产业以来，香港的历届特区政府不断投资产业发展所需要的基础设施建设，并提供资金支持，促进创意产业的发展。这些基础设施中包括政府与非政府机构、企业与教育团体等，如香港设计中心、创意香港、香港知专设计学院、元创方和西九文化区，对香港的创意产业发展起到了重要的推动作用。另外，从2012年起，香港特别行政区政府统计局每年都会针对文创产业为地方经济发展及就业的贡献进行统计，并将其作为专题文章向公众发表。这些数据能直观地反映产业的状况，为制定未来的政策提供一定的数据依据。

香港设计协会主席吴秋全认为：香港设计师的国际视野、知识版权保护意识及原创的设计精神，在内地形成了一股"香港势力"[②]。其中，知识版权保护意识对设计行业的健康发展极为重要。在香港，政府、商界、教育界乃至民众整体的各个层面，普遍认可设计与文化的意义与重要性。

（六）国内典型城市发展设计产业的经验小结

通过以上对国内典型城市发展设计产业的经验分析，可以看出其成功的原因主要有以下几点：一是自身具有发展设计产业的良好基础；二是政府主导，很早就确立了设计产业的重要战略地位，将发展设计融入城市规划，后续政策也不断跟进；三是注重构建海纳百川的设计环境，强调人才的培养和吸聚；四是着重促进设计与相关产业的互相融合，如"文化+科技+金融"；五是提倡全民参与，举办大量设计活动，完善文化基础设施，并提倡民众积极参与到设计中来。

二、国外典型城市发展设计产业的经验

芬兰赫尔辛基、德国柏林、美国底特律、日本神户和韩国首尔这五个城市，在设计产业方面拥有着相对较长的发展历史、丰富的发展经验和较为突出的成就，是国外发展创意设计产业的典

[①] 刘雅婷，陈文晖. 基于波特钻石理论的香港文化创意产业竞争力研究［J］. 市场论坛，2020（1）：83-88.

[②] 薛红艳. 工业设计史［M］. 北京：人民邮电出版社，2017.

型城市。对广州设计产业的发展来说，这些城市发展设计产业的经验具有十分重要的参考价值。因此，本节将主要从理念和措施两个方面对这五个城市的设计产业进行分析，然后对其经验进行简要总结。

（一）芬兰赫尔辛基——设计主导的智慧之城

赫尔辛基位于芬兰南部的芬兰海湾沿岸，占地约719平方千米，最早由瑞典国王于1550年创建，后又于1643年南迁至当今位置，是一座历史文化底蕴深厚的港口城市。芬兰成为沙俄帝国所属大公国后的第四年（1812年）时，赫尔辛基成为其首都。如今的赫尔辛基包括埃斯波、万塔与考尼艾宁这三个地区，总共占地约5523平方千米，是芬兰政治、经济以及文化中心，拥有150余万居住人口与7000多万个工作岗位。芬兰作为全世界最发达国家之一的芬兰的首都，古典美与现代文明交织成这个城市独特的面貌。2000年，欧洲9个文化城市赫尔辛基榜上有名，其以设计为核心的创意产业发展进程迅速，拥有规模较大的机器制造和船舶工业中心与印刷和服装工业中心。芬兰赫尔辛基设计博物馆是芬兰设计和历史的真实对话，不仅展现了芬兰历史变革下公众生活方式的转变，而且充分体现了芬兰将设计融入生活、设计为生活服务的宗旨。

今日的赫尔辛基之所以能成为文化气氛浓厚的创意城市，是芬兰政府在20世纪90年代面对能源资源匮乏和严重的经济危机的困境，坚持引导经济向信息化、知识化经济转型而令城市乃至国家摆脱困局而产生的积极的结果，其设计产业的成功离不开芬兰政府长远的规划与战略方针。在20世纪90年代，赫尔辛基制定了"以设计主导城市发展"的战略方针，以文化为资源、设计创新为手段，解决城市困难，推动城市发展。从1997年开始，政府集合各界的相关利益者组成芬兰文化产业委员会，满足政府与各行业时刻掌握全球文化产业发展状况的需要，同时研究并借鉴欧盟各国相关的文化产业的计划，规划出芬兰文化创意产业的发展道路。2009年，国际工业设计协会选定赫尔辛基为2012年的"世界设计之都"。2014年，赫尔辛基加入联合国创意城市网络，再次成为散发着活力的"设计之都"。赫尔辛基发展设计产业的主要措施如下。

1. 促进创意产业发展，打造"设计区"名片

为促进赫尔辛基创意产业的发展，打造城市又一知名的名片，政府规划将当地的创作者集中起来，建立一个文化创意聚集区。在2005年建成后，该设计区跨越25个街区，拥有200家各色各样的店铺，其中包括画廊、设计工作室、古玩店、时装店、博物馆、餐厅以及各种展览场所。该设计区汇集了众多民间工匠和设计师们的本地名牌，不仅能吸引国内外的旅游者来这里购物，还可以把他们的产品推向国外。除了蓬勃发展的创意产业外，设计区还注重设计文化的交流，园区内各种文化活动举办频繁，中心地带有着芬兰设计论坛和各种美术馆，还有赫尔辛基设计周、艺术之夜与时装展示交易会等，紧密联系设计师与公众，并使之展开良性的互动。

2. 营造创意氛围，精心筹划设计活动

赫尔辛基政府通过各种形式的设计论坛、竞赛、展览、设计周等形式的活动，为大众与设计

师们创造国际性的平台和良好的创意氛围。在政府推动经济转型的需求背景下，芬兰设计研讨会于20世纪80年代开始举行，创建国内外展览与竞赛等交流平台，为设计师与企业商家提供了合作的机会。此外，芬兰设计论坛通过举办国际性项目联合企业和设计师一起发布新产品，促进设计产品的出口，扩宽海外市场。在2012年赫尔辛基被评选为"世界设计之都"后，赫尔辛基设计周成为一年一度的设计盛会，涵盖建筑设计、城市规划、室内设计、可持续发展设计、工业设计、视觉传达设计等主题，让设计师们得到充分展示其所长的机会，让大众更好地了解不同的设计文化与产品。除了设计周、设计论坛和研讨会等适合专业人士参加的活动外，各式各样的适合大众参加的小活动也经常举办，例如2022年8月18日举行的艺术之夜活动，是芬兰规模最大的艺术节。节目不仅只有古典音乐，还是一场多元艺术流派的盛会。

3. 政府政策的推动，重视现代设计教育的建立

芬兰政府十分注重产、学、研相结合，它是全球首个运用政府、企业、高校三个层面的"三螺旋结构"来鼓励创新的国家，在培育年轻设计师的过程中，推动了设计行业的发展。在这一模式中，政府承担起规划和统筹的角色，企业则根据产业、研究中心和大学的合作关系进行科研的基金投资，得到资助的高校和研究机构一起进行科研项目的研究。政府、企业和高校在此关系中各自承担重要的角色，相互合作，促进创新成果的开发。

在设计教育方面，芬兰在设计艺术教育与设计人才培养方面已经形成了独特的体系。在小学教育系统中，芬兰的小学生已经开始接触建筑设计方面的内容。初中教育已经形成了完善的现代设计教育系统，中学生可以学习陶瓷设计、家具设计、纺织品及服装设计、工业设计、平面设计等设计学科，包括实践和理论的学习。高校的设计教育更是注重跨边界、跨学科的思维方式的培养，例如赫尔辛基的阿尔托大学，建筑学和设计学并没有明显界限划分，一名建筑学的学生可以同时选择学习室内、灯具、服装甚至汽车设计。在芬兰，小孩子们能在设计氛围浓厚的环境中长大，设计融入生活的每一个部分，不仅让他们从小培养尊重设计的意识，还有助于为日后创意行业储备人才。

（二）德国柏林——兼容并蓄的设计之都

柏林位于中欧平原，于1237年建立于施普雷河边，吸引了众多商人到此地聚居。1640年，威廉一世开创了柏林在文化与艺术建设上的繁荣昌盛，使柏林获得了"施普雷河畔的雅典"的美誉。在17世纪时，柏林已发展成了区域性的政治、经济以及文化中心。作为全国最大的城市，柏林的工业设计始于19世纪，其中包豪斯主义是其发展的基石。在20世纪90年代，柏林市的传统工业发展受到资源短缺与地域环境恶劣的影响，但是工业设计并没有因此没落，柏林的传统工业遗产和廉价的老工厂租金吸引了大量具有创造性的创意设计人才。

1. 柏林发展设计产业的主要理念

①"以高标准的设计规划进行城市再造，以大型创意文化推动经济发展"的理念，汇集了大

批创意设计企业及艺术设计人才成为城市发展的创新文化资源。

②"节能、低碳"的设计思想，将柏林从一个以传统工业和制造业为主的城市转变为生态环保节能的新型文化时尚之都。

③"以创新工业保护设计"的理念，突出创意设计在产品品质管理上的作用，促进创意设计产品的发展[1]。

2. 柏林发展设计产业的主要措施

①政府明确发展策略，促进城市创意产业发展并出台相关政策，明确提出要把柏林经济的发展重点放在文化创意产业上，并因此吸引了大批文化创意产业和设计人才的聚集。

②建立圆桌会议制度，由柏林政府定期主办，目的在于邀请业界专家参加并共同探讨创意设计产业和经济发展的问题。

③完善行业组织机构，建立如柏林国际设计中心（IDZ）、创意工业（CO）、创意柏林联盟（CREATEBERLIN）、创意产业协会等致力于设计领域与其他领域相融的机构。

④落实政府补助政策，政府主要在资金扶持与场地减租两方面予以支持，包括资助如DMY国际设计节、创意柏林及社区创意等活动。

⑤举办如"柏林国际设计节""if设计大奖""柏林国际电影节""柏林跨媒体艺术节"等诸多文化创意活动。

⑥制定相关的政策，健全设计人才培养配套体系。

柏林以其特有的历史文化为依托，并得益于政府及有关部门的大力扶持，建立健全的服务平台，举办创意设计活动，注重创意人才的培育，实施扶持政策，这些措施都推动了创意设计产业的快速发展。由于吸引了大量资金投入，设计产业逐渐发展成为柏林市的支柱产业。

（三）美国底特律——产业转型的创意城市

美国密歇根州最大的城市——底特律，位于美国五大湖工业区的中心位置，曾作为引擎催动了20世纪初的美国现代化工业。但20世纪70年代的全球石油危机和日本、德国等国家汽车工业兴起，重创了只以汽车产业为主导的底特律，使其走向衰败。2013年12月，美国联邦法官正式宣布底特律破产，使其成为美国历史上最大的破产城市，这在美国城市中还属首例。但这座有着创新设计传统的城市并没有因此消沉，在宣布破产后的第二年，底特律成为美国首座加入全球创意网络的城市。

底特律当时面对巨额债务、经济萧条、市民流失、税收骤降、过度开支等社会困境，2010年底特律市长戴维·宾发起了"底特律能行"计划，力图为底特律重构一个可持续发展蓝图[2]。该

---

[1] 褚劲风. 创意城市：国际比较与路径选择［M］. 北京：北京大学出版社，2014：155.
[2] 许伟舜. 底特律创意产业：下一个布鲁克林［J］. 艺术与设计，2014（169）.

计划规划了底特律城市发展的短期行动和长期规划，其中的长期规划演变成后来的"底特律未来都市"计划，为底特律的未来规划提供理论支撑。艺术设计产业是"底特律未来都市"计划中的突破口，成为城市发展的曙光。底特律发展设计产业的主要措施如下。

1. 各项政策促进产业转型

人才的外流、汽车行业的衰退、经济的衰败等种种原因让底特律政府意识到单一的产业结构无法应对市场的变革。从20世纪末起，底特律开展了一系列尝试让城市重新焕发生机。

1994年，新任市长决定大力发展文化产业以复苏底特律的经济，争取州政府的投资，修建大型的体育馆、赌场、剧院、艺术馆和博物馆等，还包括一系列的城市美化项目，如修建公园和重新修整街道。2003年，随着公共空间被压缩，政府决定扩建康普斯马堤斯公园，雕塑、公共空间营造和冬季溜冰场等项目被一一实施。扩建后的康普斯马堤斯公园受到人们的喜爱，催化了周边商业生长，并推动了周边街区的再投资和再开发。除了公共的文化设施外，一些社会组织或企业也重回底特律。2004年，康普科维讯公司投资了八亿元建立总部，直接为底特律带来了数以千计的工作岗位，成为当地一座标志性建筑。尽管各种文化设施依旧在兴建，底特律政府也依然想方设法为对产业进行转型，但此举受到许多人的质疑，种种举措仍无法阻止城市的衰落，2013年7月，底特律发出了破产保护的申请。底特律经济的衰败是由多种原因导致的，包括种族冲突、管理不善和产业布局存在误区等，但不能说明底特律文化经济发展的实践完全失败。

在底特律宣布破产前的2013年1月，为应对城市经济发展的疲惫，让市民重拾信心，政府发布了一份整合资源、改善城市空间布局、实现产业转型的城市发展战略规划——底特律未来都市计划。该战略旨在集中整合有效资源，投资在人口密集区域并配套高质量的公共服务，形成就业中心使之可以辐射到周边区域。数字和创意产业、教育和医药产业、传统制造业和高新技术制造业被列为拉动就业和经济发展的重点产业。这项长期战略计划，囊括了经济发展、土地利用、城市系统、房地产资产、市民计划等，其希望打造可持续城市的目标也与联合国科教文组织的理念不谋而合，虽然20世纪末到21世纪初的种种努力无法阻止底特律破产的局面，但经历了破产重组后，底特律更加清晰认识到单一产业带来的弊端，并希望能借助创意产业复苏经济。

2. 整合优势资源

2010年政府设立了"底特律创意走廊中心（DC3）"，负责底特律在设计领域的推广，为城市的创意经济发展提供必要的指导、资源、数据和分析。DC3的主要目标是让底特律成为全球设计、创新和创意中心，从2014年开始，该中心为底特律的设计产业发展做了一系列的准备，总结出底特律的各种优势资源。

（1）丰富的人才储备

以底特律为中心的密歇根州，有超过9万名工程师、375个研发中心、63个北美排名前一百的供应商和12家汽车总装工厂聚集于此。此外，密歇根州拥有大学37所，不乏像密歇根大学和密歇根州立大学这样的名校。在建筑、办公、家具等领域，底特律出过多名世界顶级设计大师。

（2）产业资源丰厚

底特律拥有17家来自科技、生物、汽车制造等行业的世界500强公司，包括排名全球第8的通用汽车和第10的福特汽车公司，通用电气和惠而浦等公司都在底特律设有主要的设计研究中心。

（3）设计交流推动城市的发展

一年一度的底特律国际汽车工业博览会，吸引了来自世界60多个国家的5000多名参加者。自2010年举办的底特律创意节，每年都在向世界展示大量的新创意和新设计，涵盖工业设计、广告、建筑、室内装修、生态景观、时尚、印刷、摄影、美术、音乐家具和生活用品等众多领域。2015年，为支持底特律的设计驱动型企业，底特律创意走廊中心颁布为期一年的品牌重塑活动。

3. 用廉价废弃用地为创意产业的发展提供条件

底特律经济低迷迁延不愈，致使大量工业用地被返还给市政厅或遭受生产停滞，工厂廉价出租厂房给小商业者以维持其土地所有权，因此造成了废弃工业用地的低廉房价和地价。市政府对厂房的维护更是无能为力，厂房难以被大规模改造。这看似不理想的环境，却成了艺术家们理想的创作圣地。底特律强烈的今昔对比激发了创作者们的创作灵感，描述社会挣扎更成了热门的艺术主题。废弃工业用地也成为不动产开发商的垂怜之物，他们通过修复更新、资金支持，鼓励大批艺术家和设计者入驻。拉塞尔工业中心经过废弃后再开发，已成为超过300家创意公司和艺术家进驻的美国中西部最大的艺术社区。

4. 向布鲁克林的创意产业发展借鉴经验

底特律人意识到布鲁克林产业的源头与底特律颇为相似，便借鉴布鲁克林在建立艺术社区方面的做法，在牺牲部分收益的基础上，有意识地树立以城市为标签的统一品牌并维护社区形象，令更多市民能参与其中。从对布鲁克林的借鉴学习中，底特律吸取了更多现成的经验，从政府到个人都更早地从多方建立介入计划，从业者能更准确预测产业发展方向。大批布鲁克林工作室和生产设备的直接传授，以及底特律本地基础优势，都加速了创意产业的发展。底特律政府建立了土地银行制度以扶持创意产业的发展，该制度致力于控制创意产业的长期地产支出，并鼓励创意产业在工业生产、社会创新和教育行业的植入性结合，使市民能从日常生活中感受到艺术家、设计者的创造行为对环境和城市的积极影响，并惠及后代。

通过发展设计产业实现了经济复苏的底特律，还影响了大湖区各区域间的经济与文化的发展。在经济上，底特律改变了以往汽车产业为主的单一发展模式，工业设计、室内设计和平面设计等多种行业并驾齐驱，并凭借便利通畅的交通，促进交流门槛的降低和大湖区各区域间企业的合作。除此之外，底特律发挥了自身的汽车行业技术优势，努力推动自动驾驶汽车的创新发展。

通过政府投资、政策照顾与校企合作，如今的密歇根坐拥全美最多汽车互联和无人驾驶汽车项目以及移动出行专利。在文化上，底特律积极开展各种设计交流活动，已经连续多年举办北美国际车展，使汽车生产商、零件供应商、高新企业乃至大学和政府组织更好地交流。此外，底特律还致力发展设计教育，其工程教育已位居全国之首，为大湖区及密歇根州创造丰富的人才储备，支撑起未来行业的基础。

（四）日本神户——震后复兴的创意之城

神户作为日本第六大城市，也是兵库县的首府，是日本最美丽且最具有异国风情的港口城市之一。发生于1995年1月的阪神大地震造成了日本约1000亿美元的损失，是自1923年日本关东大地震之后的人员伤亡最惨重的一次自然灾害。面对这一巨大损失，兵库县开始实施长达10年的灾后重建计划工程"不死鸟计划"，并设立"阪神大地震灾复兴本部"，以"不仅要恢复到震前水平，更要超越震前成为使人感到更安心的城市"为目标，将计划分为四个阶段开展。基于1995年《神户市复兴计划纲要》中提出的"创造性复兴"计划的战略构想，神户重点支持了设计、医疗以及器械设计等几个产业。基于这一构想，神户政府将大批制造加工型企业转移到发展中国家，并确立以时尚设计产业作为龙头产业，积极发展第三产业。神户于2008年10月16日获得了联合国教科文组织所授予的"设计之都"称号，成为日本乃至亚洲的文化创意先驱城市之一。自从19世纪60年代神户港成为日本的贸易窗口后，神户吸引了众多外国人到此居住，西方文化得以在日本传播，使神户成为一个对各种文化抱有开放与包容思想的城市，形成了良好的文化创意氛围。

从20世纪70年代开始，政府有意识地采取了逐步实施计划的措施，将神户打造成具有浓郁创意气息的世界级大都会。1972年，政府提出把时尚作为生活方式，提升城市魅力，致力将神户打造为时尚之都。1982年，神户以港湾人工岛博览会为契机，推进会展城市的建设。1991年，神户考虑到城市的宜居环境，打造市民可以永久居住、外国人愿意再度访问的休闲之都。1994年，市政府再次改变了城市的定位，制定以升级产业结构、集聚新兴产业为目标的通信产业发展战略，打造国际多媒体文化都市。自1995年日本神户的阪神大地震后，政府转变产业结构更为活跃，提出"以创造性方式实现灾区复兴"，把绝大部分的第一工业转到发展中国家，以促进第三工业的发展。神户市于2005年推出《神户2010规划：优裕的创意城市神户》，其中指出未来五年要打造"高质量生活"，以创造新价值为特征的创意之都。2006年，神户商工会递交了一份有关于建造设计之都的提案书，以此作为城市转型的契机。2008年10月，神户市正式被联合国教科文组织授予"设计之都"的荣誉称号。

神户政府从在居住空间方面进行宜居城市的设计、在文化方面深入日常生活设计、在经济方面则推进商业设计三个维度来发展设计产业，从丰富生活方式的设计、个性与魅力洋溢的设计、振兴经济的设计、展现创造力的设计、滋养心灵的设计五个方面创造神户独特的城市魅力。在经济方面，政府主导将创意人才与创意公司的资源整合起来，并主动创造创意活动空间，让设计与日常生活相互融合，将各种文化结合起来，形成新价值的源泉。在生活方面，聘请专业设计师团队设计宜居城市，在保护历史景观与延续城市文脉的同时，不断美化城市，塑造城市的真实品牌形象。为汇聚国内外文化艺术之力于神户，促进城市繁荣，激发城市活力，自2007年开始，每两年举行一次的"神户双年展"会场遍及整个城市，这不但是艺术设计师之间的交流活动，更是全城市民众的共同努力，文化创意得以焕发城市活力。

神户重视经济、文化与城市三方面的平衡发展，持续提升城市的居住品质与生活质量，使设计产业发展的成效更好地渗透到民众的日常生活中。

（五）韩国首尔——披荆斩棘的设计奇迹

韩国首都首尔地处朝鲜半岛中部，又因位于汉江之北，曾被称为"汉城"。首尔是韩国的政治、经济和文化中心，也是韩国设计核心所在，约有73%的韩国设计师集聚在首尔。首尔的设计产业分布范围广泛，涵盖各种IT相关设备、数字家电、汽车行业以及各种文化和经济活动，为本市超过1000万居民提供服务。设计行业已成为首尔领先的新增长引擎，将行业与新价值创造者联系起来。首尔政府高度支持设计产业的技术发展，目的是将设计产业发展成该市的主导产业。在首尔市中心建立的东大门设计广场（DDP）值得特别注意，它是世界上第一个践行"设计创造产业发源地"概念的多元文化空间，包含展览厅和研究教育设施，为实现首尔城市的可持续发展源源不断地输出力量。

首尔是一个经历过工业化不利影响的城市，成就过"汉江奇迹"。随着城市人口增长和环境污染日益严重，首尔政府开始将宜居城市的建设放在重要位置。首尔政府认为发展设计和文化将为城市带来新的竞争优势，能够以创意管理政策为基础发挥创意设计的独特价值，从扶持社会弱势群体、实现可持续社区环境建设、提供社会福利等方方面面，给予市民设计关怀。由首尔市举办的首尔设计博览会、设计韩国、首尔设计节、首尔时尚周等多个以设计为主题的大规模文化活动，不仅能向大众、向世界介绍韩国设计，还能让设计更好地融入市民生活，贯彻"设计不是为了美丽，而是为了舒适"的态度，让市民从身边无处不在的设计中感受到设计为日常生活带来的善意。

1. 首尔发展设计产业的主要理念

早在20世纪90年代，首尔政府已认识到设计在打造世界级都市上的重要作用，于是启动了"设计首尔"项目，将设计提升至全国建设的层面，以设计作为支点，发掘全国的发展潜能，增强城市的文化竞争力和经济竞争力。而"设计首尔"确立了以下4大理念：

①绿色，扩大城市绿地面积；

②蓝色，清新的空气，透净的社会环境；

③历史，保护历史文化遗产；

④人文，用户友好性最大化。

"设计首尔"有明确的工作目标：在提升首尔城市吸引力方面，进行街道整治、确立城市固有形象、加大环境保护等；在弱者扶持政策方面，从解决社会问题出发而进行设计；在振兴经济方面，开发和设计更具竞争力的产品和服务以满足市民更高层次的生活需求。

2. 首尔发展设计产业的主要措施

①以创新的方式进行城市设计，如"设计街道"、建设东大门设计方格（DDP）等高品质的设计城市地标，将其打造成旅游热门景区。

②提出以人为本的发展理念，创建绿色城市，提升居住条件。

③推行全民参与的激励制度，组织各类以设计为主的大型文化活动。

④积极推动创意设计的市场化运作。加强对青年设计师和中小型设计公司的支持，促进市场的发展。首尔时装设计中心、首尔数码媒体城等为国内外企业提供了良好的交流合作平台。

⑤积极组织和参加国际交流活动，举办或承办设计论坛、国际会议与设计奥林匹克等重要活动，提升城市和设计师的国际影响力。

⑥通过首尔设计基金、韩国设计促进会、首尔设计中心、首尔时装中心等众多设计机构，为设计行业提供政策推动与经费投入上的扶持。

现在，设计行业已成为首尔的主导产业，在设计界能提供超过170000个就业岗位。首尔把"设计"与居民的日常活动融合在一起，打造一个"为所有人设计"的都市。

（六）国外典型城市发展设计产业的经验小结

创新设计产业基于自身深厚的文化底蕴，运用先进的理念、创新思想和尖端科学技术等核心知识要素，通过在不同类型的创新形式的活动中寻找生产和消费环节的价值增值，从而实现新的财富增加以及提供更多的工作岗位。赫尔辛基、柏林、底特律、神户、首尔等发达国家紧跟时代潮流，积累了丰富的创意与文化资源，顺应时局变化，适时地对城市经济发展模式进行调节，通过政府不断地引导和推动，成功地将创意资源与城市发展相融合，推动了设计产业的发展，促进了产业结构的转变升级与城市经济的发展。其发展理念总体上都是注重科技、文化与设计互相融合，倡导以人为本、可持续发展，并制定和实施各种鼓励设计产业发展的相关政策。

三、广州大力发展文化创意和设计产业的重要意义

国内外典型城市发展设计产业和经验对广州有着重要启示，广州大力发展文化创意和设计产业，不仅能促进广州经济发展与城市转型，提升城市软实力和综合竞争力，还能促进粤港澳设计文化的国际交流，推动国际合作和共赢。

（一）促进广州经济发展与城市转型，提升城市软实力和综合竞争力

广州大力发展设计产业，对促进产业结构和城市规划，构建以人为本的城市公共服务体系具有积极作用，还能够推动广州经济发展与城市转型，加快构建绿色居住环境的国际化大都市，提高城市的综合竞争力。

其一，促进产业结构的优化升级以及产业融合。创新产业的发展规模，是衡量一个城市竞争实力高低的重要指标。设计是所有产业的核心和龙头，欧美和日韩等国家的强国之路都以设计立国作为一项基本国策。广州通过大力发展设计产业，可以将高端产业要素聚集起来，牵动文化、科技与产业互相融合，让传统制造业得到更好的优化升级，同时推动设计业与制造业、服务业的融合，并创造出崭新的业态、生产和服务模式，从而达到共赢的目的，为社会带来更多财富。

其二，推动广州的城市规划与设计。广州积极发展设计产业，不仅有助于激发设计创新的力量，而且能够解决社会问题，提高城市魅力，建设具有国际水准的宜居城市。广州是粤港澳大湾区的一线城市，但并没有向公众传达一个较为统一的城市形象。广州如果能够规划设计充满岭南文化风情的城市风貌景观，形成一个统一的城市形象系统，打造城市地标，则可以增加城市的吸引力，更能在粤港澳大湾区发展中起先导作用，同时提高广州在世界舞台上的影响力。

其三，构建以人为中心的城市公共服务体系，大力提升市民生活品质和生活幸福指数。一方面，可以集聚各种力量，构建良好的公共文化服务体系。近年来，广州不断举办各种文艺活动丰富市民日常生活，如2023年的广州国际灯光节，市民对文化活动的热情与日俱增。政府可借助设计整合文化馆、博物馆、图书馆、文化广场等公共文化基础设施，改善市民文娱活动环境。另一方面，有利于完善就业服务体系，支持创意型产业的创业就业，健全职业培训与就业指导服务系统，推动年轻人、妇女、老年人与残疾人的就业培训，让市民能更直接地享受设计为生活带来的便利，激发市民的创造活力，满足其更高层次的生活需求。

（二）促进粤港澳设计文化的国际交流，推动国际合作和共赢发展

广州大力发展设计产业，有助于营造注重设计的社会文化氛围，提高设计的社会价值，塑造广州品牌，提升城市的国际影响力，从而促进粤港澳设计文化的国际交流，推动国际合作和共赢发展。

放眼国际市场，世界一流品牌均来自发达国家，这与他们重视设计有很大关系。在政府政策的支持下，他们通过成立专业设计协会机构，大量开展设计类文化活动，建立创意活动平台，推广设计知识，提升设计的社会价值和社会影响力。广州既是省会，又是全国中心城市，更是粤港澳大湾区重要的文化纽带，它肩负着创造重视设计的社会文化氛围、促进大湾区创意型产业发展、助力设计新生力量成长的艰巨任务。芬兰的赫尔辛基是全社会注重设计的代表城市，在赫尔

辛基，人们都关注并探讨设计，欣赏甚至批评设计，让设计得到全社会重视，大量设计师诞生，设计产业得到更好的发展，形成一个良好的社会循环[①]。

此外，广州是华南地区最具生命力和创意的中心城市，其开放包容的岭南文化从古至今就在中华大文化圈中有着无可替代的地位，具有很强的开放性。但是广州在国际创意组织及平台上欠缺一定的知名度。若是积极发展设计产业，将当地的文化资源发挥到最大限度，促进本土传统设计与现代创意相融合，形成一个富有广州特色的设计文化品牌，营造品牌效应，则有利于本土文化走向国际，提高本土文化软实力以及国际影响力，对建设广州世界设计名城也具有重大意义。

粤港澳大湾区包含三大区域，有着三种文化，应积极进行跨文化合作，在文化与文化之间形成一张紧密的网格。区域之间加强交往与互动，在差异中寻找灵感，发掘更多发展机遇。积极发展设计产业，促进粤港澳三地的设计文化互融互通，从而与国际接轨并与国际设计组织建立友好的联系，将民族的设计推向世界；加强与设计界其他社会团体的协作，更广泛地整合国际范围的设计资源；通过国际创意型外包模式吸引外资，使创意型产业多方位运营，拓宽国际市场；推动大湾区形成协同创新之力，将其打造成为世界上最有活力的创意中心[②]。

四、广州设计产业在粤港澳大湾区的优势和定位

城市品牌建设的核心是城市品牌的定位。城市品牌定位包括空间产业、产业定位及品类定位。城市产业是城市竞争力的核心，城市产业定位是城市品牌定位的基础。广州在发展设计产业的过程中，可以参考国内外发展设计产业的典型城市的经验，利用设计产业在粤港澳大湾区的优势，以城市品牌为城市设计产业的定位，推动广州产业的发展与转型升级。广州发展设计产业具有明显的优势和地位。

（一）人口和地理区位优势

广州统计局2022年12月发布数据显示，2021年末至2022年初，广州拥有常住人口1881.06万人，城镇化率为86.46%。年末户籍人口1011.53万人，其中，户籍出生人口11.80万人，出生率11.82‰；死亡人口5.55万人，死亡率5.56‰；自然增长人口6.25万人，自然增长率6.26‰。户籍迁入人口24.16万人，迁出人口4.03万人，机械增长人口20.13万人。户籍人口城镇化率为80.81%。但在2020年的广州两会上，政府工作报告中显示广州实际管理服务人口超过2200万。人聚则财兴，研究表明，人口迁移的意愿和城市的经济集聚程度密切相关。另外，实际管理服务人口的存在，既会对城市治理依据和规范产生一定的影响，也会促进由按城市行政级别配置的公共资

[①] 王娟. 北欧旅游纪念品设计面面观[J]. 艺术科技，2015（2）：1-27.
[②] 姜巍. 广州：高水平开放型经济体系构建[J]. 开放导报，2017（2）：102-105.

源向按实际服务人口管理的规模配置转变，这还预示着区域的竞争合作已从城市与城市之间向大都市圈转变，从城市治理转向区域协同治理。2200万的实际管理服务人口，是广州作为国家核心城市的一项成就和责任，既是对广州的城市治理水平的检验，也是其发展的有利条件和机遇。

广州位于粤港澳大湾区的核心区域，邻近港澳，是华南地区不可缺少的物流中心、交通中心以及航运中心，是大湾区联系与辐射内地的重要桥梁，是中国通往世界的"南大门"，从古至今广州就与世界保持着紧密的联系，地理区位得天独厚。近年来，随着粤港澳大湾区城市集群的不断高速发展，众多交通建设也在加快推进。于2017年通车的广深港高铁，从交通方面使粤港密切的联系得到了进一步提升。此外，2020年8月4日，粤港澳大湾区城际铁路建设规划获得国家发展改革委的批复，规划中明确指出要建设13个城际铁路和5个枢纽工程项目，届时大湾区主要城市之间仅需1小时便能通达。"轨道上的大湾区"从蓝图驶向现实，"内湾半小时，湾区一小时"的前景指日可待[①]。因此，广州应充分发挥地理区位优势，借助香港国际信誉程度高、设计历史悠久的优势，与澳门多方合作机制建成的机遇，深化三地间的互动合作，并在全球创意城市网络中发挥枢纽作用，形成辐射效力。

（二）历史和文化优势

广州是国务院1982年宣布的全国第一批历史文化名城之一，集古南越国、岭南文化、近现代大革命等丰富历史文化旅游资源于一体。广州拥有2000多年的建城历史，是古代海上丝绸之路的发祥地，清代十三行时期的广州更是中国唯一的对外通商口岸。广州的旅游资源丰富，它曾是南越、南汉、南明三个政权的都城，历史文化遗存保护较为完善，拥有南越王墓、黄埔古港、粤海关大楼以及陈家祠等众多历史遗迹和文化景观；在近代史中，广州体现着"敢为天下先"的精神，在革命策源中始终充当着关键的角色，农讲所、中山纪念堂以及黄花岗等见证了广州在中国近现代历史上不可磨灭的革命篇章。广州的文化积淀也很深厚，粤剧、书画、民俗等丰富的岭南文化资源彰显出这座城市浓厚的底蕴。广州的饮食文化源远流长，粤菜闻名全国并在世界美食文化中也享有美誉，广式早茶文化是广东饮食文化中的一个重要环节，在现代社会中仍具有十分重要的地位。在新型城市化发展的进程中，广州也以现代化国际大都市为发展目标不断向前，尤其是2010年第16届亚运会在广州的成功举办，使得广州的城市建设水平更上一层楼。广州的建筑风貌多元并存，既有形式多样保存完整的粤派骑楼、中西合璧的东山洋房，又有广州塔、东西塔、珠江新城等大批现代建筑和城市规划设计，吸引着全国乃至世界各地的游客的到来。

---

① 戴晓蓉. "轨道上的大湾区"从蓝图驶向现实2025年铁路网络实现湾区全覆盖[N]. 深圳特区报，2022-8-6.

相比深圳这座年轻的移民城市，广州古老与现代相交融，具有粤港澳大湾区展示文化自信的独特基因，这些都为促进设计产业的发展奠定了良好的文化基础条件。

（三）经济实力优势

得益于得天独厚的地理优势，自古以来广东就是中国首屈一指的经济大省。1978年广东省率先实施改革开放政策，促进了经济快速协调发展，作为省会城市的广州更是成为全国经济最活跃的地区之一，也是华南地区的经济、贸易、文化、交通和教育的中心所在，中心城市功能完善，综合实力雄厚。2022年全市地区生产总值为28839亿元，其中第三产业增加值为20611.40亿元，增长0.97%。广州在吸引外资方面表现极为突出，与全球220多个国家和地区保持贸易往来。广州是区域性综合工业制造中心。近20年来，汽车制造、石油化工和电子产品制造业一直作为最重要的三大经济支柱为广州积累了雄厚的经济基础。近年来，广州不断优化产业结构，现代服务业快速成长，数字变革稳步推进，数字经济推动着广州实现老城市焕发新活力并快步迈向国际大都市。

（四）设计人才优势

广州是广东省的政治、经济、教育和文化核心城市。它拥有着全省七成以上的高校、科研院所及设计研究中心，高校在校生数量超120万，居中国省会城市第一，可以说是粤港澳大湾区设计人才培养的重要摇篮。

其中，广州美术学院、广东工业大学、华南理工大学、中山大学、暨南大学等多所一流高校均设立了艺术设计类相关专业以及课程，每年为大湾区输送大量创意设计人才。除既有的人才资源，广州在引才聚才留才上持续发力，不断优化人才政策体系。继2016年出台产业领军人才"1+4"政策文件、2017年底出台高层次人才支持政策后，2019年6月，为实施贯彻《粤港澳大湾区发展规划纲要》中有关建设国际科技创新中心、打造人才高地等战略部署，广州正式发布《关于实施"广聚英才计划"的意见》，19项创新举措，全力集聚国内外"高精尖缺"人才，全方位优化人才发展环境，为广州发挥好粤港澳大湾区区域发展核心引擎作用提供坚强的人才保障和智力支撑，加快构筑具有高度竞争力、辐射力、引领力的全球创新人才战略高地。在人才引进的方面，广州更多将设计人才与企业联系在一起，并且当企业符合年度纳税总额大于等于500万元等指标，则个人可享受个税、落户、住房等优惠政策①。

（五）创意产业优势

广州拥有众多以设计作为主要推导力的创意型时尚产业，如服装、鞋业、箱包、皮具、珠宝

---

① 宋昀潇. 广州底气十足建设设计之都下"血本"赢得设计人才. 金羊网, 2018-7-24.

首饰、家具等。以广州为中心的珠三角拥有全国1/3的服装生产企业，产量超全国2/3。广州还是中国最大的皮具皮革、鞋类箱包、时尚配饰的生产基地之一。2022年，第十六届中国狮岭皮革皮具节在广州花都区召开，这是一场集国内顶级皮革皮具展览及展示、专业赛事、最新发布以及直播带货等活动于一体的时尚盛宴。广州及周边地区更是聚集了周生生、周大福、六福等近2000家钻石加工、首饰镶嵌和销售企业，年打磨钻石价值超10亿美元，占全国70%以上，带动广东省形成近2000亿元人民币的珠宝产业规模[①]。

除传统的时尚产业外，广州的游戏、动漫行业高速发展。截至2019年底，广州数字创意产业营收突破千亿，多项细分领域稳定发展且稳居全国前列。作为全国游戏企业聚集度最高的城市，广州所创造的游戏产业营收额约占全国的25%、全省的30%。广州还拥有数量可观的设计产业园区，已形成规模和效益。据不完全统计，目前全市约有222个文化创意产业园区（基地），其中包括广东国家音乐产业基地以及广州国家广告产业园区等16个国家级别的文化创意产业园区（基地），广州TIT纺织服装创意园、黄花岗信息园等10个省级别的文化创意产业园区，以及太古仓创意园、1850创意园、珠江·琶醍啤酒文化创意艺术区等20个市级别创意产业园区。2022年，广州人民政府办公厅颁布了《广州战略性新兴产业发展"十四五"规划》，提出广州将要构建"3+5+X"战略性新兴产业体系，体系中第二项第五条明确指出，加快发展数字创意产业是广州战略性新兴产业发展的重中之重。

（六）大型展会优势

广州作为"中国第一展"广交会的举办地点，与全球200多个国家建立起了长期且广泛的商贸关系网络，有着雄厚的会展业根基，在中国会展城市具有特殊的历史地位。广州的会展基础建设非常完备，其场馆的规模和硬件水平已经超过或逼近汉诺威、米兰、法兰克福等国际一流会展中心水平。此外，全市20个主要的场馆能够向专业展览和会议提供50万平方米的使用面积。

近几年，广州以琶洲国际会展中心为依托，出现了一大批具有全球影响力的知名品牌展会，逐步实现了会展产业的规模化发展。而广交会、照明展、家具展、建材展、美容美发展、广州国际服装节、广州设计周、省长杯等国内外知名的大型展会和活动不仅引领全国潮流，还具备一定的国际影响力[②]。2022年，广州重点场馆举办展览合计193场次，展览总面积414.42万平方米，办展数量和面积居全国首位。

---

① 朱伟良. 广州将出台文件推动设计与产业融合[N]. 南方网，2017-4-14.
② 李天研. 广州会展业多项指标领先全国. 中国经济网，2017-11-15.

（七）文化设施优势

多年来，广州对促进文化基础设施与公共文化服务体系发展的建设工作高度重视。多功能现代化都市中心珠江新城已经落成，集饮食、办公、文化、设计和艺术等于一体，公共文化设施网络全面覆盖。广州大型文化基础设施多达数百个，广东当代美术馆、广东美术馆、广东时代美术馆等为推动当代艺术与设计发展定期开展大量高质量的艺术与设计展览、论坛、学术会议和交流活动，并面向社会开放。

此外，备受关注的广州新中轴线文化"四大馆"——广州美术馆、广州博物馆新馆、广州科学馆和广州文化馆的建设正如火如荼。其中，全国最大的文化馆——广州文化馆新馆已在海珠湿地旁完成建设。广州文化广电旅游局党组成员、总工程师李若岚称2022年下半年到2023年年初，广州将陆续开放位于城市中轴线南段的广州美术馆新馆以及珠江新城商务区中的广东粤剧院新地址。届时文化"四大馆"将成为广州的文化新地标，助推老城市焕发新活力，也将极大地丰富市民的精神文化生活。目前，广州还计划设立"全民艺术普及月"，将各级文化馆打造成城乡居民终身的美育学校，各级各类的文化场馆每月将定时开展不少于18000场次的培训活动。广州近年还加大力度提升文化基础设施的电子化水平，大大提高了设施的利用率，使人们更高层次的文化需求得到满足。

城市品牌建设的核心是城市品牌的定位。城市品牌定位包括空间定位、产业定位、品类定位，城市产业是城市竞争力的核心，城市产业定位是城市品牌定位的基础。

在产业上，广州依靠其千年商都的得天独厚的资源，在汽车制造、石油化工和电子产品制造业等工业方面基础雄厚，庞大的制造业的优化升级促进了设计产业的飞速扩张，创造了极大的市场需求和广袤的发展空间，而迅速发展的设计产业又反哺制造业的迭代转型。设计产业作为最具潜力的朝阳产业，与传统产业实现了良性的互动，再加之近年来政府对设计产业的关注攀升，以及其本身多年积累的文化、经济、人才、展会等优势，广州理应以发展设计产业为抓手，深挖文化资源构建城市品牌。如此，既使传统产业焕发新生活力，又拉近广州与国际设计之都的距离，向世界一线城市看齐，促进交流、缩小差距。可将"敢为人先、务实进取、开放兼容"的广东精神融入设计产业的发展理念，提升广州的城市品牌特色，与其他城市形成差异，提高城市竞争力。

文化是一座城市的脉搏，广州应厚植岭南文化，融合科技生态，奋力打造设计产业新高地，集聚各方资源，将独特的岭南文化资源转化为广州设计产业优势。

主要参考文献

［1］褚劲风. 创意城市：国际比较与路径选择［M］. 北京：北京大学出版社，2014.
［2］刘雅婷、陈文晖. 基于波特钻石理论的香港文化创意产业竞争力研究［J］. 市场论坛，2020（1）.

［3］姜巍. 广州：高水平开放型经济体系构建［J］. 开放导报，2017（2）.

［4］王娟. 北欧旅游纪念品设计面面观［J］. 艺术科技，2015（2）.

［5］许伟舜. 底特律创意产业：下一个布鲁克林［J］. 艺术与设计，2014（169）.

［6］姚正华. 深圳成为中国首个"设计之都"的背景及意义［J］. 装饰，2011（224）.

（本章执笔：王娟）

第三章

岭南文化对广州设计产业与城市发展的重要意义

20世纪后期以来，全球设计界出现了一种文化转向，强调在具有明显去地域性特征的现代主义之外，采取一种替代性的设计策略，注重地域人文和传统文脉。发展基于岭南文化的广州设计产业正顺应了当下全球性的设计策略转向。本章将先扼要地介绍现代主义设计去地域性特征，展现在后现代语境中设计策略之文化转向的背景与必要性，继而分析岭南文化的形成、来源、特征、民系结构、研究对象等内容，并在此基础上，梳理岭南文化与广州设计产业的关系，探讨岭南文化对广州设计产业与城市发展的重要意义。

一、现当代设计策略的文化转向

20世纪上半叶，席卷世界各地的现代主义设计倾向强调几何化、无装饰、技术崇拜和功能至上的设计风格，并且从20世纪30年代开始逐渐演变成一种"国际风格"，通过强调抽象形式和普适性而显示出一种去地域性特征。但从20世纪中后期至今，在所谓的后现代语境中，现代主义设计理念不断受到人们的质疑，全球设计界与设计产业都出现了一种越来越向地方传统回归的倾向，由此形成一股文化转向之风。可以说，将岭南文化与广州设计产业融合的举措正是顺应了这一全球性的发展趋势。

（一）现代主义设计的去地域性特征

"现代主义"（Modernism）是一个复杂的术语，其文化表征涉及美术、设计、音乐、文学等多个领域，而在意识形态方面又是由极为复杂多元的因素组构甚至碰撞而成，即使单就设计方面而言，也同样具有难以言说清楚的复杂面貌。但一般说来，现代主义设计往往强调几何化、无装饰、技术崇拜和功能至上，而这些倾向使其最终呈现出一种鲜明的去地域性特征。这种在美学层面上的追求与19世纪后期到20世纪前20年里不断发展的工业技术和机器生产方式是密不可分的，在这段时间里，那些现代主义设计先驱们往往会根据适应机器的生产方式推定出合宜的设计风格，或者直接要求人们放弃既有的一切与机器时代不相适宜的装饰，又或者要求人们应该自觉地推出一种属于新时代的、脱胎于工程技术和机器的美学风格。所有这些，都必然使得关于地域文化和传统文化元素的考虑被有意或无意地搁置在一边。

早在17世纪，在自然科学的影响下，欧洲哲学领域出现了一系列经验主义的思想体系，机械理论发展起来。关于机械的理论思想促使人们不仅想克服材料性能带来的变化和不稳定性，还想克服工人的不同生产方式而造成的产品之间的差异，从而在生产领域出现了产品标准化的倾向，而产品的标准化使劳动分工的原则得以确立和实现。当产品的生产过程被分解为由不同工人执行的不同流程的时候，人们就会发现，非常有必要让一个为工人预备指令的额外步骤从所有生产环节中独立出来，于是，现代形态上的"设计"也就应运而生。

机器化的生产方式和流水线作业的实现为现代形态的设计提供了现实环境，并且还促生了现代设计思想中一个重要概念——模数（Modulor）。最早敏锐察觉并强调模数意义的人可能是荷兰建筑学者约翰内斯·利多维斯·马蒂厄·劳维里克斯（Johannes Ludovicus Mathieu Lauweriks）。他在20世纪第一个十年里就开始强调建筑设计应以基本的系统单元为基础，这些系统单元是按照某些经典的数学比例进行组构，从而满足建筑有机体的功能需要。大致同时，被誉为荷兰"现代建筑之父"的建筑师贝尔拉格（Hendrik Petrus Berlage）基于模数体系建造了著名的阿姆斯特丹股票交易所（Amsterdam Stock Exchange），并在一篇文章中强调应该停止在建筑中使用个性化形式，以免建筑囿于自身个性[①]。毋庸明言，要求建筑应当完全按照"模数"搭建起来并且不能拥有自身个性，其结果往往就是地域文化色彩在建筑中的消退。

1907年10月，德国现代设计的重要人物穆特修斯（Hermann Muthesius）于慕尼黑创建了致力于联合艺术家与企业家推动德国工业设计的德意志制造联盟（Deutscher Werkbund，简称DWB）。穆特修斯认为，建筑艺术相较于其他任何一种艺术类型都更讲究典型性，故而建筑应该领导所有的设计艺术，并且所有的艺术都应该朝向确立起某种标准规则的方向发展。DWB中最著名人物之一贝伦斯（Peter Behrens）受穆特修斯的启发，在设计上倡导"类型艺术"（type-art）的观念，即要求设计风格标准化的作品，它将成为批量生产的原型（prototype）。在他看来，创造类型艺术代表着艺术活动的每个支脉中的最高境界，是对设计一个特定对象所引发的问题的最成熟和最聪明的解答。穆特修斯与贝伦斯的思想影响了许多年轻设计师，其中包括20世纪三位最伟大的建筑师：瓦尔特·格罗皮乌斯（Walter Gropius）、米斯·凡·德·罗（Ludwig Mies van der Rohe）和勒·柯布西埃（Le Corbusier）。穆特修斯与贝伦斯的许多思想在后来经过他们与其他各种设计师的推广与修正，成为现代主义设计的核心理念。

这些在建筑、设计领域对标准化的崇尚得到了艺术领域的鼓励。立体主义以及立体主义之后的各种抽象艺术，尤其是法国的纯粹主义、荷兰的风格派以及苏俄的构成主义的兴起，为现代主义设计提供了观念上与形式上两方面的准备。这些现代艺术运动往往崇尚纯粹的形式，将之视为高于一切具象的再现，是能超越一切具体地域文化之上的具有普适性的抽象语言。大约在1921年前后，风格派核心人物蒙德里安（Piet Mondrian）发展出成熟的新造型主义画风，通常使用横平竖直的粗重黑线配合三原色与黑、白、灰的矩形色块的组合，强调色彩与线条间的张力与平衡。数年后，这种美学在里特维尔德（Gerrit Thomas Rietveld）所设计的位于乌德勒支的施罗德府邸（Schröder House）这一著名风格派建筑中得到淋漓尽致的展现。不过，在很多情况下，这种要与传统划清关系的决绝态度未必是受欢迎的。1921~1922年，风格派另一位核心人物凡·杜斯堡（Theo van Doesburg）为传统砖构建筑设计了众多从室内到外立面的色彩方案，这些建筑主要位于荷兰弗里斯兰省的德拉赫滕城镇（Drachten in Fiesland），他将这些建筑的所有门窗以非对称但又节奏感较强的三原色进行粉刷，以此使得传统外观的朴素沉闷得到缓解。但当地居民无法接受这种前卫艺术理想，讥讽其为"鹦鹉房"（Papageienbuurt），并抱怨色彩过于明亮，不久便将之

---

① 黄虹，颜勇. 西方设计史[M]. 北京：北京大学出版社，2016：79-80.

涂去[①]。

对抽象形式与普适性的孜孜不倦的追求，本身必然与对民族身份和地域色彩的弱化联系在一起，因此不难理解，力图超越区域界线的现代主义设计从20世纪30年代开始就逐渐发展成为名副其实的"国际风格"。无论是在城市规划、建筑设计、景观设计中，还是在室内设计、产品设计、视觉传达设计中，国际风格都基于对普适性法则的信仰，致力于自上而下地传播一种精英式的审美理想。不过，这种理想本身隐含着某种危险可怖的霸权意识，在构建和传播强调标准化的设计理念的同时也对丰富多样的全球文化生态产生了某种威胁甚至破坏。

（二）后现代语境中的设计策略

从20世纪50年代末开始，现代主义设计师所尊崇的普适性法则就不断受到质疑，后现代主义思潮逐渐发展起来。在全球视野范围内，国际风格日渐让人感到厌倦：许多传统建筑被推倒，人文历史景观和自然环境被破坏，人文气息浓厚的老街区被铲平，在这些街区中世世代代建立起的彼此亲近的社会准则也随之瓦解。人们开始反思与质疑现代主义所强调的标准化、去地域性、功能主义、无装饰等设计理念，甚至越来越不厌其烦地赞美旧城表面无序下的美妙秩序，艳羡那充满活力、充满多样性和偶然性的街道生活。

1966年，美国建筑师文丘里（Robert Venturi）与妻子丹尼斯·布朗（Denise Scott Brown）合著的《建筑中的复杂性与矛盾性》（Complexity and Contradiction in Architecture）出版，该书提出了"文脉"的重要性，认为"与庸常与混乱相关的陈腔滥调仍然将是我们新建筑的文脉，并且，意义深远地，我们的新建筑也将成为它们的文脉。"[②]在文丘里看来，建筑师有尊重城市的边界、招牌和广告等本土化因素存在的义务，应当将新事物与旧事物整合起来。很明显地，他的建筑论述展示了一种对历史的或形式的或任何类型的折衷主义的崇尚，而他本人的建筑实践亦是如此。1964年他为其母亲设计的范娜·文丘里住宅（Vanna Venturi House）是20世纪下半叶最著名的建筑杰作。在该作品中，建筑师有意完全回避现代建筑的玻璃盒子，而把正立面、山墙、斜屋顶、线脚、后走廊等历史建筑语汇拈来即用，让室内空间有着出人意料的夹角形，打乱了常规的方形转角形式。很明显，文丘里的这件作品并不像大部分现代主义者那样，试图向居住者强加某种全新的或与原有环境截然不同的居住方式，而是试图创造某种历史联想。

另一位美国建筑师查尔斯·摩尔（Charles Moore）也展示了对如何通过建筑展现历史记忆的强烈热情。摩尔对移情说与格式塔心理学兴趣浓厚，认为建筑就是居住者在物理上与在心理上所占有的一个场所，那些居住者在个体记忆与历史记忆的象征中获得自我身份认同。摩尔喜欢从罗马地中海式的环境中寻找"过去的存在"（the Presence of the Past），正是基于这种观念，他设计了

[①] 黄虹，颜勇. 西方设计史［M］. 北京：北京大学出版社，2016：111.
[②] 黄虹，颜勇. 西方设计史［M］. 北京：北京大学出版社，2016：251~252.

新奥尔良意大利广场（Piazza d'Italia in New Orleans）。在这个公共空间中，各种从意大利古典传统脱胎而来的视觉形式在大西洋彼岸的繁华都市中被组合起来，形成一个全然装饰化与符号化的结构，如同节庆装置一般花哨，为美国的一个意大利人社区提供了一种具有历史温情感的当代街道生活。

对历史文化的缅怀并不仅仅出现在建筑学，在其他设计领域也同样如此。著名的例子有20世纪80年代初异军突起的意大利后现代设计团体"孟菲斯小组"（Memphis Group）。孟菲斯小组的创造活力归因于多种文化渊源的交汇与碰撞，在其作品中可以找到纷繁多样的文化因素，它们来自好莱坞电影、装饰风艺术、美国消费文化、古代文明等有着丰富大众基础的文化"资料库"，被新鲜和奇异的方式组合在一起，表达了某种综合意蕴。孟菲斯小组成员安德烈·布兰兹（Andrea Branzi）曾经这么评论："如果有些东西由孟菲斯设计出来，它不仅意味着去提供光线、一个可以休息的地方或者用来支撑某种东西，设计师还试图使某些东西形象化，并把它通过这么一种方式在形式上设计出来，该方式使设计成为富于表现性的符号学系统，而这一系统包含了部分文化方面的内容。"[①]

"后现代"本身虽然难以界定，但其文化转向却是非常显然的。在后现代语境中，设计师们越来越倾向于远离那种过分推崇功能主义与机器美学而漠视人性与地域人文特征的现代主义美学，而选择一种替代性的设计策略，要求设计应当重新回到地域人文与传统文脉的基点上。

20世纪晚期以来，这种席卷全球的文化转向之风也吹拂了包括中国在内的亚洲各地。比如日本设计师仓俣史朗（Shiro Kuramata）是极简主义设计在东方的代表人物，但他的作品往往将孟菲斯设计小组对文化元素的崇尚与鲜明别致的日本感觉整合起来，那张在设计史上著名的"布兰奇小姐"椅子正是如此，其名字来自美国剧作家田纳西·威廉斯（Tennessee Williams）的剧本《欲望号街车》（A Streetcar Named Desire）女主角的名字，但却让人想起日本的和服。在中国，港台设计界也较早地意识到传统文脉的重要性。例如，20世纪90年代台湾的文创产业兴起，强调将文化和情感融入创意设计之中，尤其重视本土文化的传承和发展，以一批批富有地方特色的设计品促生了产业聚集效应。再如香港著名设计师靳埭强先生主张把中国传统文化的精髓与西方现代设计的理念相融合，每每从中国传统文化元素如水墨、书法、太极等文化形式中提取创新元素。

2014年8月8日，中华人民共和国文化部、财政部联合发布《关于推动特色文化产业发展的指导意见》，提出"传承文化，科学发展。坚持古为今用、推陈出新，努力实现中华优秀传统文化的创造性转化、创新性发展。"就设计领域而言，我们非常有必要将这一政策的具体实施与全球范围内设计的文化转向联系起来。该指导意见明确指出，在产业发展尤其是富有特色的街区、村镇、园区基地建设中，应当注重保护乡村原始风貌、文化特色和自然生态，突出传统特点，而那种大拆大建甚至拆真建假以及各种方式地毁坏古迹和历史记忆的行径都是应当杜绝的。这从政策

---

① 黄虹，颜勇. 西方设计史［M］. 北京：北京大学出版社，2016：256.

层面体现了对传统文化遗产的尊重。该指导意见在号召创意引领、跨界融合时，还具体谈到了文化资源与设计的密切关系，建议加强创意设计，打破行业和地区壁垒，让各种富有特色的文化资源与现代人们的消费需求实现有效对接，让各种特色文化产业与旅游等相关产业能够以优化的方式融合发展，从而使产品品质获得提升，使产品形态更为丰富，使产业链条顺畅延伸，使各种特色文化产业发展空间获得健康拓展。

在后现代语境中，岭南文化与设计产业的结合至少可在以下相互联系的四方面展开：

第一，将独特的岭南文化资源转化为广州设计产业优势。文化资源所呈现的是一种独特的地方文化底蕴，它既是设计产业发展的核心要素，又是城市发展的潜在内动力。因此，广州设计产业可以深入发掘具有岭南文化特色的文化资源，通过设计激发岭南文化资源活力，促使岭南文化资源转化为广州设计产业优势，推进广州设计产业的健康发展，拉动广州经济增长，推动广州经济结构的调整与经济发展方式的转变，进而促进城市的转型升级。设计师可以与民俗学、文化史、工艺研究等领域的学者合作，对粤曲、粤剧、岭南诗歌、岭南建筑、岭南民俗、岭南饮食文化、岭南传统工艺等岭南传统文化资源加以调研、采纳，或关注和发掘岭南"绝学"，亦即那些尚未被广为人知甚至濒临消失的岭南非物质文化资源，设计出富有地方特色与文化创意的设计产品或服务，或开发出具有岭南文化内涵的其他新的文化载体以及文化传播手段。

第二，继承岭南文化传统和历史文脉，强调基于岭南文化元素和传统工艺的设计。在世界范围内，过于激进的现代运动或现代化发展过程中的过度开发已对许多地方传统文化的可持续发展产生了威胁。岭南传统文化是广州设计产业的发展之根，广州设计产业可以尝试寻根之旅，使设计对象与岭南传统、历史文脉巧妙地联系起来，从而提升设计品的传统文化内涵，增强产品在市场中的竞争力，推动产业的高质量发展。设计师可以从岭南传统文化中寻求灵感，在设计中融入岭南传统符号、纹样、图案等元素，展现岭南地区的传统思想、理念和情感，提升设计品的传统文化内涵；同时，还可以发掘岭南传统工艺的当代传承价值，在新的社会环境中，采取新的制造生产技术，对各种优秀岭南传统工艺进行再设计与再生产，让它们以既不失传统灵魂又不乏现代风貌的方式重新进入当代岭南居民的日常生活。

第三，通过融合传统岭南文化、时尚文化与其他当代元素，构造一种能很好地适应当代生活的替代性的岭南设计风格。在后现代语境下，设计策略的文化转向之所以在全球范围内广受认可，是因为它既不过度狂热地崇拜某种单纯、僵化、冷漠的现代主义的样式标准，也不徒怀乡愁地要求重新使用全然与当今时代脱节的传统风物，而是一方面把眼光投向被现代运动所忽略和遮蔽的各种历史文化传统的各个角落，另一方面正视当代大众消费群体的文化需求与心理欲求。基于岭南文化的广州设计产业可以在新的文化语境下，采用新的材料、结构与技术，将各种传统文化元素与时尚因素整合起来，既带有丰厚的传统风韵，又呈现出鲜明的当代感觉，以新潮可喜的设计与服务满足当代消费群体对文化生活、时尚生活的合理欲求。

第四，在与老城区景观和历史记忆直接相关的场所，提倡设计与岭南传统人文环境在风格上的和谐一致，强调设计不破坏原有景观与历史记忆，尽管是当代所缔造，却因与周围协调而具备某种"原真性"（authenticity）。因为这样的场所，往往是一个地方最具原真性的特有文化的存留之地，是一个城市的灵魂所在。在开发各类城市空间时，基于岭南文化的设计产业应秉持人文关怀意识，引入具有岭南生态特色的绿化景观，存留作为广府文化积淀与象征的牌坊、楼塔、名人旧居等重要建筑物，适当配以充满人文艺术感的公共艺术，杜绝败坏人文景观的缺乏美感的盲目扩建。在建筑外观方面，遵循"修旧如旧，新旧融合"的设计理念，一方面保留旧城区建筑的特殊历史感，尊重其原有外观结构、形态、外墙装饰等特征，另一方面在新建筑中强调地域文化气息的新表达，在传统文脉中展现新的技术与结构，实现传统与当代的和谐对话。在室内空间方面，总体上遵循原有建筑内部结构，配合现实需求进行加固与合理的功能划分，然后再根据功能、住户需求等进行适当的内部设施优化设计，使废旧建筑室内环境得到活化并注入新的文化养分。

以上四方面仅是初步分析。关于基于岭南文化的广州设计产业发展的各种具体实践与思路，后面章节将会有更具体详尽的探讨。

二、岭南文化与广州设计产业发展

从全球视野中的现当代设计发展趋势来看，在设计领域成就斐然的地区，设计产业均以某种方式深深地扎根于其独特的历史文化土壤并从中获取养分。为了促进广州设计产业的健康发展，人们有必要对岭南文化进行较深入的分析与研究。本节将首先分析岭南文化的形成、来源和特征，进而分析岭南文化的结构和研究对象，然后在此基础上，寻求整合岭南文化资源、促进设计产业创新的合理路径。

（一）岭南文化的形成、来源和特征

中华文化博大精深，源远流长，岭南文化是其中瑰宝之一。在岭南这片广阔的地域里，由于自然地理环境的多样性，历史进程与经济发展的复杂性，当地文化在形形色色的中原文化和外来文化的不断冲击下，不断融合新的文化因素，最终发展出具有鲜明特色的岭南文化。

1. 岭南文化的形成

在广袤的神州大地上，沿着江西、湖南、广东、广西四省的边界，有越城岭、都庞岭、萌渚岭、骑田岭、大庾岭这五大由东向西北走向的山群形成蜿蜒曲折、绵延不绝的山脉，在西汉时期已被称为"五岭"。五岭在中国南部，亦称"南岭"。五岭或南岭以南，是"岭南"最早的意思。此名始于司马迁《史记·货殖列传》："夫天下物所鲜所多，人民谣俗，山东食海盐，山西食盐卤，领南、沙北固往往出盐，大体如此矣。"此处"领南"即"岭南"，"领"与"岭"字是通用字。其文大概意思是说：各地物产有少有多，民间习俗也因而不同，太行山之东吃海盐，太行山之西

吃池盐，岭南、漠北，有许多地方产盐，情况大致是这样①。

岭南先民长期以来居住在岭南地区，与世隔绝，依山傍海，形成了自己独特的文化特质。目前从岭南先民遗址出土的材料已证明，岭南文化为原生文化。从很早时期开始，岭南先民就已经创造出本土的农耕技艺和手工技艺。据2006年深圳咸头岭遗址第5次发掘报告，咸头岭出土的新石器时期陶器是距今6000年至7000年前岭南居民的杰作，足见岭南文明产生的时间并不晚于黄河文明与长江文明②。近年，广东英德牛栏洞遗址的考古发现还指出，早至距今1.4万年前，岭南先民就已经驯化了水稻并掌握了种植规律，甚至可能是世界水稻文明的源头③。

秦始皇三十三年（公元前214年），秦在岭南地区设立桂林、南海、象三郡，这是岭南历史上第一次设置行政区域，盖即西汉贾谊《过秦论》所云"南取百越之地"。此后，中原先进文化与生产技术不断进入，岭南也逐渐发展为文明社会。秦末楚汉争霸，赵佗在南海郡静观纷争，并在公元前204年建立南越国，定都番禺（今广州），这是岭南历史上第一个割据政权。赵佗及其继任者在统治期间，怀柔境内各居民，岭南经济文化进一步平稳发展。

汉武帝元鼎六年（公元前111年），汉武帝将南越国纳入版图，立番禺为南海郡治，元封五年（公元前106年）将岭南首府设在苍梧郡广信城，其址大致在今广西梧州至广东封开一带。其后三百余年间，广信是岭南中心。三国东吴景帝永安七年（公元264年），吴国将南海、苍梧、郁林、高凉四郡及今两广大部分地区从交州划出，另设广州，州治番禺，广州由此得名。两汉时期尤其是在东汉时，中原陆续派遣良吏前往岭南教化风俗、传播知识并监督生产。南北朝时期，中原战乱不断，岭南政局相对平稳，许多民众为躲避战火纷纷南移至珠江流域，其经济、文化之发展又获良机，尽管文化发达程度与中原仍有差距，但岭南已成为长江以南最重要的经济区域之一，而广州亦重新取代广信成为岭南中心，并逐渐发展为国内最重要的外贸港口。唐代非常重视对岭南的管理，常派遣文官，又着意施行较为宽松的军事政策，再次为岭南文化发展创造了较为良好的环境。

唐亡后，刘氏割据一方，于后梁贞明三年（917年）建立南汉国，直至宋开宝四年（971年）被宋所灭。南汉国存世时间虽短，但在这几十年间，广州发生巨变。南汉政府恢复海洋贸易与采珠业，大兴土木建造皇家行宫，采用科举作为招募当地士人充当高级官员的制度，同时推行佛教与道教。所有这些举措，放在历史上看，似乎都能隐约透露出后世岭南人的一些性格。例如从恢复海洋贸易可见岭南人之务实重商，从采珠宝、建宫室等可见岭南人之爱好享乐，从用当地人为高官可见岭南人之相对不受正统儒家束缚，从佛道并行以及宗教世俗化可见岭南人具有开放的胸

---

① 袁钟仁. 岭南地域文化丛书［M］. 沈阳：辽宁教育出版社，1998.
② 李海荣，谢鹏. 深圳咸头岭遗址的发掘及其意义［J］. 南方文物，2011（2）：122-131. 相关内容可参阅深圳市文物考古鉴定所编. 深圳咸头岭——2006年发掘报告［J］. 文物出版社，2013.
③ 广东省珠江文化研究会岭南考古研究专业委员会等编. 英德牛栏洞遗址. 稻作起源与环境综合研究［M］. 北京：科学出版社，2013：162-196.

怀，以及那种相对缺乏苦修精神而更重视世俗之生活体验的倾向。

在现今人们的头脑中，"岭南"似乎是广东的同义词，但这个概念其实经历了一个相当长的演变过程，并且一直与人们对该地区的认识过程直接相关。从东晋南朝起，人们可能已习惯将五岭山脉以南的地区称作"岭南"。但这个概念在相当长的时间里，都仅仅是"他者"建构和使用的概念，更准确地说，是由身处北方中原的"他者"向南方观看而提出的概念，多少有些居高临下的意味。直至明代中叶以降，岭南人开始在汉语知识界具备一定的话语权，一些岭南知识分子开始以"我者"对这个概念进行自豪的界定。在此基础上，明末清初的广东人屈大均进一步强调了在被称为"岭南"的自然区域中包括多个不同的行政区域，其论述显然凸显了广东文化的优越性。大概也在明清之际，人们日渐习惯将岭南与广东直接等同，已有学者指出，这正是广东经济文化地位提高、广东人地域认同观念加强等因素的结果[①]。

由于独特的地理位置与人文环境，岭南地区是中国受外来思想文化冲击最重要的地域之一。南越国和西汉时期，广州已是岭南的贸易都会，一条往东至朝鲜、日本，往西至黄支国（斯里兰卡）的东方和西方"海上丝绸之路"开始逐渐搭建起来。唐代广州已是最繁盛之对外通商口岸，设立了第一个市舶司以管理海上贸易，而广州与南海、印度洋、波斯湾、东非等地的航线已然确立，丝绸、陶瓷、香料等均是广东对外贸易之大宗，而外商流寓广州，有长达数十年之久者。据史籍载，南北宋时，外国富商大贾来华常以广州为家，其所修筑宅所形制奇异。元代广东广州与福建泉州并为通商巨埠。明代广州的海外贸易航线形成了"广州—蒲哩噜（今菲律宾马拉尼）—拉丁美洲""广州—印度果阿—欧洲""广州—日本长崎"以及"广州—印尼望加锡—帝汶（马来群岛南端）"四条远洋航线。各种外来文化持续不断的输入是明清岭南文化繁盛的重要原因。康熙二十三年（1684年）清廷设立粤、闽、浙、江四海关，即所谓"四口通商"，其中粤海关在广州，设专职监督一人，直接向皇帝和户部负责，而闽、浙、江三海关皆由地方官吏兼管，足见其特殊意义。乾隆二十二年（1757年），清政府宣布仅保留粤海关对外通商，封闭其他三海关，此后广州成为唯一的通商口岸，即所谓"一口通商"。在清廷长期闭关锁国的氛围下，广州口岸就好比一间沉闷屋子在东南面打开的一扇明亮窗口，不仅照亮了东南的一个角落，也将外面的清新空气引入了整个房间。

两千多年来，岭南本地文化与各种不断输入的文化产生碰撞与交流，先是从中原文化中采纳健康养分，继而在中外通商与文化交流环境中汲取外来文化的新鲜血液，兼容并蓄，逐渐形成丰富而有特色的地方文化。

2. 岭南文化的来源

从历史上看，岭南文化有三个主要的来源构成，即百越文化、中原文化、外来文化。

"百越"本是古代中原人用来指代使用钺兵器的族群的称呼，由于其内部有不同种姓，故中

[①] 赵世瑜. 在空间中理解时间 [M]. 北京：北京大学出版社，2017：323-338.

原人称其为"百越",大致居于长江以南至越南北部,其发源在广东一带。尽管如今早已不存在一个纯粹的百越族群,但百越文化事实上已通过各种方式,渗入各种不同民族的文化;而在岭南本土尤其是在珠江流域的百越人,不仅创造了岭南的固有文化或原生文化,而且也是直至今天岭南居民的最重要来源之一。珠江流域和黄河流域、长江流域一样,都是汉民族文明之重要发祥地,其地处亚热带,依山傍海,河汊纵横,生活在此处之百越先民,曾在数万年间以江海渔猎为生,而后来的岭南居民通过水运从事商贸活动,上承古代百越先民以流动不居的靠江海为生的生活方式,如此逐渐形成一种喜流动、不保守的民族特性,有别于内陆文明或河谷文明。

自从秦朝将岭南纳入版图,中原文化便开始不断输入岭南。南汉国治粤政策一方面怀柔岭南人民,以粤人治理粤人,另一方面又鼓励中原冠族与当地居民通婚,这在岭南文化草创期不仅极大地促进了岭南本土文化的发展,而且使古南越国居民与北方民族逐渐融为一体。在此后两千余年间,中原人士陆续迁入,特别是在南宋之后,发生过数次较大的迁徙浪潮,岭南文化充分显示出其开放包容的一面。现今岭南人民不乏历史上自北方迁徙而来的,如潮汕人、客家人等,而其族群定居岭南后,数代而下,已是土生土长之本地人,安居乐业,并无异乡不适感。改革开放以来,有大量外来人士从全国各地至岭南尤其是珠江三角洲工作与生活,作为"新客家"与岭南本地居民一起建设岭南,为区域、国家作出了重大贡献,实际上也已成为当今岭南文化之有机成分。

除了中原文化,还有全世界各地的文化不断地进入岭南尤其是珠江三角洲。南越国和西汉时期,来自南海各种海外奇珍一起从合浦(今属广西北海)、徐闻(今属广东湛江)来到广州,再运往中原,也因此带来了南海的文化。此后,来自东南亚、南亚、非洲、欧洲乃至美洲等全世界各地的文化陆陆续续地进入岭南,并以某种方式被纳入岭南文化之中。明清两代政府采取闭关锁国政策,而广州始终是中国最重要的对外交流城市之一,在欧洲诸国积极谋求海外殖民拓展的历史背景下,大量西洋文化进入珠江三角洲。

3. 岭南文化的特征

岭南文化虽然包括林林总总的芜杂因素,但总是给人一种相当鲜明一致的印象。大致说来,岭南文化的特征有如下三方面:

(1)海纳百川的开放气魄

这一特征似乎在岭南文化草创时期就已经体现出来。岭南地区地形交错纵横,互相阻隔,不利于各地人民沟通交流,于是形成多种不同的语言和文化。也正因此,在远古时代发展出新石器文化之后,岭南地区的文化便长期处于相对停滞的状态,迟迟未能产生特有的文字,文明程度远不能与灿烂的中原地区相比。秦朝在岭南地区设置行政区域后,中原文化开始不断输入,为本土文化带来了新的养分与活力,当地经济、文化霎时面目一新,而岭南居民逐渐形成了一种以开放心态面对外来文化冲击的倾向。其后频繁的贸易交流和人口流动,更使生活在从前"百越之地"的岭南居民又持续不断地接受了中原文化、楚文化、吴越文化、巴蜀文化以及佛教文化、基督教文化、阿拉伯文化、波斯文化、日本文化、东南亚文化、非洲文化、近代西方文化等的影响，最终将各种因素和能量兼容并蓄，升华为独特的岭南文化。

（2）推陈出新的进取精神

秦朝以来，岭南地区从一个原本文化相对落后、既无文字亦无大型村落的地区，逐步发展成为近世直至今日的文化昌盛之面貌，这很大程度上归因于岭南人民勇于推陈出新的精神。由于地形限制，岭南文化虽然受到中原文化的影响，但相对来说，由于远离中原腹心，较少受到传统思想尤其是正统儒家思想的束缚，再加上各种外来事物不断刷新本地居民对世界的认知，使得他们习惯于接受新鲜事物，进而产生大胆创新的进取精神。尤其是近代以来，戊戌变法、辛亥革命、国共合作、北伐战争等重大事件，均从岭南开始，而主其事者亦多是岭南人或曾经长时间在岭南地区活动者；近数十年来广东更是在改革开放中取得令人瞩目的成就。近代岭南培养出了大量具有远见的政治家，如康有为、梁启超、孙中山，还有大量学识渊博的知识分子与才华横溢的艺术家，如陈垣、高剑父、林风眠，等等，他们开风气之先，为岭南文化的发展开辟了道路，对近现代整个中国文化的发展都有着不可磨灭的功绩。

（3）崇利重商的务实态度

中国传统文化自古以来就存在着"重农抑商""贵义贱利"的倾向，岭南文化恰恰在这方面显示出务实的态度。由于得天独厚的地理条件，广东从唐时起已是中国最重要的对外贸易区之一，海外商客络绎不绝地来到岭南地区，至清代，广州甚至成为中国对外交流最重要港口。长久以来，岭南人不断从经商活动中受惠，"崇利"的商品价值观念遍布官员、士绅、农人等各个阶层，务商甚至成为值得尊敬的职业。清中叶以后，珠江三角洲与韩江三角洲的商人的足迹，遍布世界各地。商品经济的先进，逐渐塑造了岭南人讲求实利实惠而不耽于玄远冥思的价值观。一般说来，岭南的普通民众相对较少有超越的思虑与崇高的追求，但往往正视现实生活环境，既顺应又求变地谋取更好的生活。

应该说，上述三方面特征，只要适当加以引导，对广州设计产业都是有利的。因为具有开放性的思维倾向使人们更愿意在设计产业中将多种优秀文化资源纳合起来，创新的精神与务实的态度也使人们更易于放下各种历史负担，并且根据实际情况，为设计产业的良性发展找到突破口，不断优化各种方案与策略。

（二）岭南文化的民系结构和研究对象

若从地理位置上看，岭南文化自然是指五岭以南广东、广西和海南这一带区域的地域文化，故而岭南文化主要分为广东文化、桂系文化和海南文化三种。但这是就广义的岭南文化而言。正如上节所谈到，"岭南"一词的语义经过一个漫长的演变过程，在今天往往被用作广东的同义词。现今人们所谓的"岭南文化"，通常就是指广东文化。

从民系结构看，广东文化可分为广府文化、潮汕文化、客家文化、雷州文化、高凉文化等，而其中的广府文化、潮汕文化、客家文化构成了岭南汉文化的主体。当然，这三种民系文化绝不是孤立存在的，它们在漫长的历史进程中，一直互相影响、渗透，并且也与进入岭南地区的中外各种其他文化发生融合，这种情况在粤港澳大湾区尤其明显。

1. 广府文化

广府文化一般是指以广州为中心的珠江三角洲及其周边的粤西、粤北部分地区为通行范围的粤语文化。2019年2月18日，中共中央、国务院印发的《粤港澳大湾区发展规划纲要》将包括香港、澳门两个特别行政区与广东省下属的广州市、深圳市、佛山市、珠海市、东莞市、惠州市、中山市、江门市、肇庆市等珠三角九市在内的区域划定为粤港澳大湾区，从文化渊源上看，是以广府文化作为粤港澳大湾区的核心文化。此外，也有一些学者认为广义的广府人还应包括其他以粤语为母语的汉族族群，故广义的广府文化范围还可扩展至粤西、雷州半岛、广西东南部等粤语地区。由于历代移民，广府民系还遍布世界各地，在欧洲、澳洲、美洲等地的华人社区占大多数，在东南亚则稍少，但基本居住在大城市中心地带。

广府文化历史悠久，在秦朝占领岭南以前已经有自新石器时期原始文化发展而成的本土百越文化，而秦军进入岭南后，中原文化不断南传并与本土文化融合，形成古广府文化。东吴将政治中心从广信迁至广州后，珠江三角洲对外商业贸易日渐发达，尤其在宋以后，数次中原人迁移大潮与持续不断的外国商船往来和宗教文化交流等，将来自中国内地与全世界各地的文化持续不断地输送至广府，丰富其文化内涵。

自古以来，广府地区与中外各种文化交流不断，广府人在岭南地区诸种居民中尤其具有开明变通的民族性，素来易于接受外来事物及文化，久而久之，更是将各种不同的外来因素采纳、转化为自身独特成分，形成了多元兼容的广府文化，在语言、戏剧、音乐、建筑、工艺、美术、民俗、饮食等方面都呈现出鲜明个性和风貌。

广府文化首先是粤语文化。粤语是汉语的一支，大部分粤语方言包括广州白话（即标准粤语）具有9个声调，极具音韵之美。粤语还保留相当多的古音、古词、古义，一些古典诗词以现代汉语（普通话）读之于音难合、于义难解者，以粤语读之往往音义两畅。方言通常承载着大量的口头文学和戏曲歌谣遗产，粤语也不例外。传统的粤剧、粤曲、粤讴、粤语童谣、粤语山歌、木鱼歌等，都有浓厚的岭南色彩，是广府文化研究的重要对象。

广府建筑文化既有本土色彩，又兼具中原文化与江南文化特征，还融入了一些西洋建筑的风格。以镬耳屋、北京路书院群、西关大屋等为代表的传统建筑，以清晖园、余荫山房、梁园、可园、宝墨园、顺德和园、粤晖园等为代表的广府园林，以粤派骑楼、东山洋楼、中山纪念堂等为代表的广府近代建筑，都是重要的广府文化遗产，亟待研究与保护。

广府传统工艺美术品类繁多，尤以"三雕一彩一绣"即广州象牙雕刻、广州玉雕、广州木雕、广彩、广绣为代表。本书第四章第一、二节将谈到广彩、广绣作为传统岭南文化资源在现代设计中的应用。此外石湾陶瓷、佛山剪纸、佛山彩扎灯色、佛山木版年画、肇庆端砚、肇庆草席、新会葵艺、东莞烟花、阳江风筝、朱义盛首饰等，以及作为各地建筑装饰的木雕、泥塑、灰塑、砖雕等，均极具地方特色。

在美术领域，18~19世纪的广州通草纸外销画和20世纪的岭南画派是近现代中国美术史书写不可或缺的重要篇章。本书第四章第三节会谈到通草纸画在现代的文化传承与设计应用。

在民俗方面，有沙湾飘色、佛山秋色、市桥水色、生菜会、佛山醒狮、龙狮、鳌鱼舞、黄阁麒麟舞、鱼灯、乞巧、除夕花市、中秋灯会、元宵灯会、凤舞、八音锣鼓、龙舟、北帝诞、金花诞、波罗诞、何仙姑诞、郑仙诞、日娘诞、鱼花诞等非物质文化遗产。其中沙湾飘色、乞巧节、龙舟文化、波罗诞、郑仙诞等，在本书第五章第一节会有较详细的介绍。

饮食文化方面，粤菜以其精细选材和清淡口味闻名中外。饮早茶亦是极具广府特色的一种文化现象。

2. 潮汕文化

潮汕文化或称潮州文化，是指粤东潮汕地区讲潮汕话的民系所创造的文化。潮汕地区即今粤东汕头、潮州、揭阳、汕尾四市。秦始皇三十三年（公元前214年）秦设揭阳县，隶属南海郡，其地包括今广东省汕头市、潮州市、揭阳市、汕尾市部分、梅州大部及福建省漳州南部一带。晋安帝义熙九年（413年）以秦汉揭阳县境置义安郡；隋开皇十一年（591年），原义安郡改称潮州，此后历经隋、唐、宋、元、明、清至民国初期，潮汕地区历代行政区名均作潮州，故今港澳台同胞和海外华侨仍多习惯称潮汕地区为潮州。自宋元时期开始，潮汕人大量外迁至东南亚、欧洲、美洲等地，目前海外潮汕华裔基本遍布世界各地。

潮汕民系属于闽南民系的一支，与古代约隋唐时期南下广东的闽南移民同源。潮汕文化由历代中原移民的文化与古揭阳本土文化融合而成，在明中叶基本定型。相比于广府文化，潮汕文化的南方色彩偏淡，可能更多地保留中原汉文化，但又因一些海洋文明的特征而明显有别于内地。潮汕人往往具有团结、拼搏、务实、重商等特征，其于从商方面的才能尤其为世所闻。由于潮汕人一方面勇于前往新世界打拼，另一方面又热爱"自己人"（潮汕话通常以此词特指同乡人），并坚持家乡的许多生活习俗，因此其文化常常清晰地见于遍布海内外的潮汕民系的社会生活中。

潮汕话是汉藏语系汉语族闽语支闽南语的一种方言，具有8个音调，跟粤语一样，也保留着许多现代汉语所没有的古语音、古字音、古词汇和古声调。以潮汕话为载体的文化类型包括潮剧、潮州歌册、潮语讲古等。

潮汕音乐包括潮州大锣鼓、潮阳笛套、潮州弦诗乐、潮州细乐、潮州庙堂音乐、潮州汉调音乐等；民间舞蹈包括英歌舞、双鹅舞、鲤鱼舞、澄海蜈蚣舞、饶平布马舞等。

潮汕建筑文化中，以潮汕善堂、潮汕祠堂、潮汕民居、潮汕土楼等知名，其中潮汕民居有下山虎、四点金、驷马拖车、百凤朝阳等形制。传统工艺有潮绣、潮州木雕、潮汕抽纱、潮汕花灯、潮汕剪纸、潮汕银饰、枫溪陶瓷、潮汕嵌瓷、潮汕石雕等。

潮汕地区民俗繁多，有很多中原地区已然消失的节庆活动，在岭南粤东反而存留至今。如营老爷（春节的游神活动）、出花园（十五虚岁的成人礼）、人节（正月初七）、伯公生（土地公诞）、五谷母生（神农诞）、施孤（中元节）、中秋烧塔等。

饮食文化方面，工夫茶、潮州菜等每令外人印象深刻。

3. 客家文化

客家文化是由客家民系共同创造的文化，主要流行于江西的赣州，福建的龙岩，广东的梅州、河源、惠州、韶关，广西的贺州等地，以及国内外其他客家人聚居地，其中广东的客家文化是岭南文化的重要部分。晚清有许多客家人移民国外，目前海外客家华裔主要分布在东南亚、南亚和欧美等地。

客家人是汉族唯一不以地域命名的汉族民系。关于客家的"客"字的来源，或与自称"山哈"的畲族有关，是畲客、山客之客；或是原本于中原一带的汉人南迁后得到的称呼，应解作"主客"之客。一般认为，客家人主要由南迁的汉族组成，其先民因自然灾害、战争纷扰、瘟疫流行等各种特殊原因而陆续南下迁移，聚集在被大山屏蔽的赣、闽、粤三角地区，在一个相对封闭的社会与自然环境中与当地民族杂居共处，与之融合，形成了兼具汉族文化与少数民族文化的独特民系。客家人是重文教、讲忠义、具血性的族群，与潮汕人一样，客家人也往往具有强烈的乡土认同意识。

客家话亦是保留了大量的古汉语音韵、词汇的方言。以客家语为载体的文化类型包括客家山歌、客家山歌剧、客家歌谣、采茶戏、广东汉剧等。

民间舞蹈包括客家聚居区东部的丰顺浦寨的火烧龙舞、大埔与饶平的花环龙舞、大埔清溪的仔狮灯舞、梅州市槐店的文狮子舞、饶平的布马舞、五华的竹马舞，北部有南雄的香火龙舞、平远的船灯舞、兴宁的杯花舞、韶关的犁春牛、大埔的鲤鱼灯舞，中南部有东源的金龙狮舞、紫金的纸马灯、紫金的花船舞。其他的还有席趣舞、莲池舞、织女穿花舞、落地金钱舞，等等。

建筑文化以客家土楼（围楼）、围屋（围龙屋）最为知名，其中围屋主要分布在广东，现保存最好、规模较大的在香港新界。传统工艺方面，有兴宁版画、英石假山盆景传统工艺、光德陶瓷烧制技艺、五华石雕、兴宁墨烟张制墨条，以及连平忠信花灯、客家龙灯、丰顺埔寨纸花技艺等手扎工艺，等等。

饮食文化方面，以东江菜、擂茶等为代表。

（三）岭南文化与广州设计产业发展的关系

从学科背景上看，"设计学"是从"艺术学"延伸出来并属于"艺术学"的一部分。从社会实践的层面看，设计产业是从艺术产业延伸出来且是艺术产业的一部分。而今天社会中的艺术产业又是脱胎于并仍然属于文化产业，因此不妨说，设计产业是文化产业的一部分[①]。由此可见，

---

① 陈红玉. 消费与身份：20世纪后期英国的设计产业及理论［M］. 北京：知识产权出版社，2016：102.

设计产业和文化紧密相连，它们之间是一种难以分割的关系。岭南文化与广州设计产业之间的关系亦是如此，大致说来，二者之间的关系如下：

1. 岭南文化是广州设计产业发展的核心因素

岭南文化是广州设计产业发展的核心因素，广州本土设计产业的发展方向、结构、水平和规模都取决于此。20世纪80年代，日本学者名和太郎便在《经济与文化》一书中明确指出文化是产业的重要因素。他在书中还提到另一日本学者并木信义撰写的《日本文化的经营学艺术》一书中提出的观点，即："决定一个国家的产业结构发展水平的因素是这个国家的文化内容。"[①] 从这个意义上说，文化不仅是产业水平的关键因素，还是国家经济发展水平的决定性因素。

更具体地说，广州设计产业的发展离开了岭南文化，就会在很大程度上变成无源之水或无本之木。因为设计产业的发展过程实际上就是将文化资源不断转化为文化产品或文化服务价值的过程，而岭南文化是广州本土的文化资源，这种资源正是广州设计产业发展的基础。只有对岭南文化资源进行合理的开发与利用，将广州本土的岭南文化资源转化为该城市的产业优势，才能推动广州设计产业的发展。

事实上，设计产业所推出的产品、服务，不仅需要过硬的质量，还需要具备一定的文化内涵，因为其不仅需要满足消费者在物质、功能方面的需求，还要适应消费者的文化想象与心理欲求。需要注意的是，设计产业的这种文化内涵往往需要具备某种独特而不可替代的性质。因为，随着生活水平的提高，全球范围内的消费群体越来越普遍地将需求转向文化，文化成为人们消费行为的出发点和归宿。在全球化的时代，在同类产业竞争激烈的情况下，很难想象缺乏鲜明独特文化内涵的设计产业能获得长久稳健的发展。因此，对广州设计产业来说，将自身的文化内涵明确联系于作为本土特色文化的岭南文化，这不仅是迎合消费市场的策略，还是获得健康发展的保证。

此外，打地域文化特色牌也是设计产业和经济发展的新趋势。进入后工业化时代之后，众多发达城市早已将地域文化与设计产业相结合，还有越来越多的国家或地方政府将设计产业提升至国家或区域经济建设的战略性地位，并强调在新的经济、技术条件下将地域文化与设计产业的创新融合作为主要发展方向。在此背景下，2019年12月11日中共广东省委宣传部、广东省文化和旅游厅印发《广东省关于加快文化产业发展的若干政策意见》，明确提出"发展工业设计服务业，加强制造业产品外观、结构、功能设计，提高产品文化内涵和附加值。"[②] 广州利用设计产业为本地区优势产业的有利条件，在设计产业中开辟岭南文化与各类高新技术与流行文化结合的新模式，必将有助于生成丰富的岭南文化业态和产业新增点。

---

① 名和太郎. 经济与文化［M］. 高增杰，郝玉珍，译. 北京：中国经济出版社，1987：102.
② 中共广东省委宣传部，广东省文化和旅游厅. 关于印发《广东省关于加快文化产业发展的若干政策意见》的通知［Z］. 2020-1-6. http://www.gzci.gov.cn/202001/06/155515_53013818.htm.

2. 岭南文化是广州设计产业发展的独特优势

文化是设计产业在竞争激烈的市场中拥有竞争力的关键因素，换言之，设计产业的核心竞争力归根到底是产业文化的竞争力。广州设计产业依托本土特有的岭南文化，将能够提升自身的市场竞争力，区别于其他城市所发展起来的千篇一律的设计产业，具有与全球设计产业或其他产业竞争的明显优势。

广州是岭南文化底蕴丰厚的城市，拥有大量独特的历史文化资源。仅在老城区，广州就有包括陈家祠在内的8个国家4A级景区，而在全市26个历史文化街区中，荔湾、越秀两区就拥有22个历史文化街区，包括传统中轴线（近代）历史文化街区、沙面历史文化街区、北京路历史文化街区、耀华大街历史文化街区等。老城区集聚了众多文化场馆，大型现代化博物馆有广东美术馆、广州博物馆（镇海楼）、广州艺术博物院等，还有以广东民间艺术和戏剧为主题的广东民间工艺博物馆、粤剧艺术博物馆等[1]。此外，广州还拥有骑楼、南越王墓、陈家祠、六榕寺、光孝寺、余荫山房等历史古迹，又有中华全国总工会旧址、广州公社旧址、黄埔军校旧址等。在非物质文化资源方面，广州老城区目前所拥有的市级及以上非物质文化遗产名录项目达到29项，其中包括知名的五羊传说、迎春花市、西关打铜工艺等。而著名的粤剧粤曲艺术本身还发源于素有"粤剧粤曲故乡"之称的广州荔湾区[2]。这些丰富的岭南文化资源是增强岭南地区文化软实力，进一步提升居民社会文明程度与精神文明素养，共同塑造和丰富岭南人文精神内涵的前提，也是发展"文化+旅游""文化+创意"等产业的基础，因此必然也是广州设计产业的优势，是确保广州设计产业在全国乃至全球设计产业中拥有长久竞争力的关键因素。

广州设计产业以地域文化特色作为其发展的优势，并不是简单地传承岭南传统文化，而是对传统文化进行创新设计，这也确保了设计出来的产品并非一般的商品或普通仿制类产品，而是具有创意的、独特的、无可替代的文化产品，具有美学价值和精神价值，能让进入市场的消费群体乐意买单。

事实上，目前广州已有一些与设计产业相关的公司和企业从发掘岭南文化资源入手，利用本土文化的独特优势发展具有地域文化特色和时代感的产品和服务。

3. 广州设计产业是推动岭南文化可持续发展的重要动力

设计产业是文化、设计与现代工业文明相结合的产物，是文化发展的重要引擎和途径。当今时代，设计产业已成为世界各国推动本土文化可持续发展的重要引擎。尽管在具体的设计产业运作中，人们将文化与设计相结合的举措未必从一开始就是为了给文化复兴开辟路径，但确实能够在有效促进设计产业发展的同时，为本土传统文化长远健康的可持续发展提供重要动力。各种传统文化遗产，当然是非常有必要予以严肃而完善的保护，但它们本身都是在特定的社会历史条件

---

[1] 郑洁琳，蔡华锋. 文化产业创新让广州更出彩[N]. 南方日报，2019-11-8.
[2] 同上。

下产生发展起来的，而那些特定的社会历史条件在今天往往已经发生了很大的改变，有些甚至已经彻底消失，在这样的情况下，这些文化遗产通常要么被送入博物馆而仅仅得到少数学者的关注与研究，要么被极少一部分人使用或传承，并且难免逐渐湮没无闻乃至彻底消失在人间。设计产业使各种文化遗产以新的形式和面貌去适应当代社会生活，但在不破坏这些遗产的前提下，完全有可能使它们在一个与当代社会生活联系更紧密的广阔天地中获得可持续发展的动力。

2019年12月11日中共广东省委宣传部、广东省文化和旅游厅印发的《广东省关于加快文化产业发展的若干政策意见》也明确提出，要"推动文化创意与建筑设计相结合，鼓励在建筑设计中运用和突出文化元素，完善规划和建筑设计方案比选制度，加大文化内涵审查比重。实施传统工艺振兴计划，促进岭南文化遗产活化利用，引导鼓励工艺美术产业化、品牌化发展。"[①]在设计产业中，人们可能采取的活化岭南文化遗产方式包括：深入发掘岭南传统民俗、传统艺术、传统建筑和传统工艺的理念、思想和文化内涵，并将其与流行文化相结合；继承这些岭南文化的形式，并将其与时尚元素、现代符号和新的表现形式相结合；借助新技术、新材料、新传媒展现传统文化的内容等。无论采取哪一种方式，只要把握得当，都能够推动岭南文化的可持续发展，使传统文化不仅仅是博物馆中的"化石"或极少数人手上的"绝学"。

4. 广州设计产业发展是促进岭南文化广泛传播的有效力量

正如第一章所指出，无论是在设计产业的数量、规模、效益，还是在设计专业人才支撑、交易服务平台建设和行业可持续发展方面，广州均具有无可指摘的优势。由于这种优势的存在，广州设计产业是岭南文化传播的重要载体，是广州实现岭南文化"走出去"的最佳媒介。

设计产业是面向市场的产业，其所产出的产品和服务最终目的是流通在广阔的市场上，因此，只要广州设计产业承载着丰富的岭南文化内涵，就会在其发展过程中自然而然地将岭南文化的形式样貌、精神特征乃至价值观等方方面面带到国内外市场，进而传播到世界各个角落。

并且，设计产业本身并非只包含一种文化传播途径，而是将广告、漫画、动画、书籍、艺术品、电影、摄影、服装、建筑等表现形式整合起来的综合体。因此，具有鲜明岭南文化内涵的广州设计产业的不断发展，将会使岭南文化的传播手段越来越多样化。

此外，由于设计产业本身与众多不同的领域密切关联，比如工业领域、应用领域、科技领域、商贸领域、建筑领域、制造领域、艺术领域等，因此广州设计产业的发展除了能够扩大岭南文化的传播范围、拓展其传播手段之外，也必然促进岭南文化在传播过程与这些相关领域的深度融合。

---

① 中共广东省委宣传部，广东省文化和旅游厅. 关于印发《广东省关于加快文化产业发展的若干政策意见》的通知. 2020-1-6. http://www.gzci.gov.cn/202001/06/155515_53013818.htm.

（四）基于岭南文化的设计产业对广州发展的意义

著名城市理论学者刘易斯·芒福德（Lewis Mumford）将城市文化视为最重要的城市功能，并将文化贮存、文化传播和交流、文化创造和发展视为城市的三项最基本功能[①]。对广州乃至整个粤港澳大湾区的发展来说，基于岭南文化的设计产业在这三个层面都有非常长远而深刻的意义。

1. 有助于延续广州本土文脉，实现岭南文化传承，进而彰显粤港澳大湾区人文精神与文化软实力

粤港澳大湾区世界级城市群建设不能仅停留在城市物质实体的层面，还必须有文化层面与精神层面的建设。《粤港澳大湾区发展规划纲要》明确提出"共建人文湾区"的理念，号召人们共同推进中华优秀传统文化传承发展，采取各种措施与实际行动，例如联合开展跨界重大文化遗产保护，合作举办各类文化遗产展览、展演活动等，从而更好地保护、宣传以及恰当地利用好湾区内的文物古迹、世界文化遗产和非物质文化遗产，并具体提到要支持弘扬以粤剧、龙舟、武术、醒狮等为代表的岭南文化，以彰显独特的文化魅力。正如本章第一、二节的评述所显示，岭南文化历史悠久，举凡建筑、工艺、戏曲、民俗、音乐、方言等，都是极具地域特色的文化资源。要发展基于岭南文化的广州设计产业，首要前提就是对这些岭南优秀文化传统加以保护和传承。这与上述《粤港澳大湾区发展规划纲要》的理念是一致的。

人文精神强调以人为本，讲究人文关怀，重视个体的存在价值。基于岭南文化的广州设计产业，必然要求设计师、设计公司以及其他相关产业机构和职能部门重视岭南文化各民系的民俗风情与生活习惯，并在实际上通过深度融合推出基于地域人文与传统文脉的具有温情感的产品与服务，满足这些居民合理的生活诉求，提高其满意度以及对广州乃至对整个粤港澳大湾区的认同度。比如说，鼓励设计师一方面深入研究广州本土特色建筑，如西关大屋等，另一方面充分了解广府地区城市居民对餐饮空间的本土文化氛围的需求，在此基础上推出具有浓厚西关风情的餐饮空间。这种设计不仅满足广州人民的文化需求，还能提升世界各地游客对西关文化乃至整个岭南文化的关注与喜爱。又比如说，通过调研潮汕功夫茶习俗与在广州等一级城市生活的潮汕人生活习惯，而设计出相应的茶具，或为广州的潮汕餐饮业提供系列服务设计。这样的设计与服务，并不仅仅对广州和粤港澳大湾区内的居民具有吸引力，也必然打动世界各地的潮汕民系，并且还能使除了潮汕人之外的其他民系对岭南文化和广州设计产生深刻印象。再比如说，通过深入调查和研究岭南地区之客家婚庆文化习俗和生活在广州等大城市之客家人的婚嫁习惯，设计出客家婚庆系列产品和推出客家婚庆服务设计。这种产品或服务设计顺应客家人的婚嫁习惯和民俗心理，或可增强世界各地之客家民系对广州设计和广州城市文化的认同感。

儒家经典《论语·季氏》有云："远人不服，则修文德以来之。既来之，则安之。"上述充满

[①] 刘易斯·芒福德. 城市发展史[M]. 宋俊岭，倪文彦，译. 北京：中国建筑工业出版社，2005：14.

人文温情的设计，就是"修文德"而使"远人"不惜远道而来，甚至心甘情愿在此安居乐业，为这个区域的长久发展贡献自己的一份力量。这样的"文德"，就是一个地区软实力的真正体现，它对促进该地区的发展必然能够产生长远效益。

2. 有助于提升广州城市形象，推广岭南文化传播，进而促进粤港澳大湾区城市群建设

城市理论学者对城市形象（city image）已有许多深入的探讨。保罗·诺克斯（Paul Knox）和史蒂文·平奇（Steven Pinch）认为，城市形象是城市内外部公众通过直接或间接的途径，在大脑中形成的对城市各要素的综合感知与评价[1]。约翰·伦尼·肖特（John Rennie Short）则更明确地指出，城市不仅仅是一个物质实体或一个人生活和工作的地点，还象征着很多其他东西，其本身就是一件想象的、隐喻的、符号的作品[2]。所有这样的学术探讨，都强调了城市形象的重要性。

在全球化的时代，城市与城市之间、城市群与城市群之间，竞争日益激烈。在这种情况下，"对于城市来说，性命攸关的重要问题是找到自己的市场定位和塑造合适的形象。"[3]一个具有令人愉悦氛围的城市形象不仅能赢得市民的热情支持，促进旅游业的发展，还能吸引巨额投资和高端移民，因此全世界各大城市都在为商业、贸易、投资而竞争，试图以自己鲜明独特的形象在这样的竞赛中脱颖而出。

文化世界本质上是符号世界，文化符号作为一种具有某种特殊内涵的标志，以物化的媒介和载体将特定的抽象内涵以视觉的方式显现出来，这必然成为城市文化形象构建中的关键因素。目前，设计符号学已日益成为城市建设中重要的理论支撑。学界普遍认为，文化符号能够促进城市视觉形象的提升，更具体地说，由文化凝结而成的独特的城市符号，可以增加城市或区域的辨识度，提高区域凝聚力和辐射力，因为以本土地域文化为基础的城市形象无疑是最能让人们辨识一个城市并对其产生高度认同感的形象。基于岭南文化的广州设计产业，必将调用人类学、民俗学、城市文化等学科的研究成果，提取岭南文化符号，作为广州向全世界展示自我形象的依据，并应用于建筑、景观、室内、产品、影视、数字媒介等领域。比如说，从广州城市大型节庆活动（如春节花市）、商务活动（如广交会）、城市窗口（如白云机场）、传统民俗（如早茶文化）与传统工艺（如粤剧、广彩）、地标建筑（如广州塔）等"关键词"中提取符号元素，作为构建广州城市形象的文化符号，进而应用于各类设计。这其实也是上文所谈到的"软实力"，必然有利于通过岭南文化的广泛传播，吸引各地区、各行业优势资源来到广州，有力地推进整个大湾区城市群的建设。

世界著名的城市群的经验也给粤港澳大湾区城市群的建设探索提供了重要启示。纽约湾区是形成于19世纪初的大型城市群，包括华盛顿、费城、纽约、波士顿等大都市，号称"世界金融心

---

[1] 保罗·诺克斯，史蒂文·平奇. 城市社会地理学导论［M］. 柴彦威，张景秋，等，译. 北京：商务印书馆，2005：284.
[2] 约翰·伦尼·肖特. 城市秩序：城市、文化与权力导论［M］. 上海：上海人民出版社，2015：460.
[3] 同上。

脏"，具有世界性的影响力；旧金山湾区是全球科技创新高地，是全世界最重要的高科技研发中心之一，呈现的是世界科技与创新中心的国际形象；东京湾区位于日本本州岛关东平原沿太平洋入海口，是世界上人口最多、城市基础设施最为完善的第一大都市圈，有东京、横滨、川崎等重要创新城市以及一大批世界500强企业，因此也被称为"产业湾区"。在对世界著名的发展路径和经验进行对比和总结后，应当承认，目前粤港澳大湾区城市群同世界其他著名湾区还有一定差距，主要表现在符号体系、交通体系、产业体系几个方面，区域间存在着欠缺互动，发展不平衡的问题。粤港澳大湾区应把握住地理位置的优势和机遇，完善产业链发展，提高专业化程度，提高聚集效应，统筹区域间分工，优势互补，将岭南文化的精髓融入设计产业中，营造创新的文化氛围。倘若粤港澳大湾区建设与广州发展规划能够充分吸收世界著名城市群建设经验，有意识地倚重设计优势资源，建设有代表性的符号体系，促进交通和设计产业发展，将能有效地提升广州城市形象，推广岭南文化传播，进而促进粤港澳大湾区城市群建设。

3. 有助于优化广州产业结构，驱动岭南文化创新，进而推进粤港澳大湾区经济转型升级

正如上节所分析，岭南文化是广州设计产业发展的核心因素和独特优势，推动岭南文化创新能从根本上驱动广州设计产业的发展。而另一方面，由于广州设计产业是推动岭南文化可持续发展的重要动力以及岭南文化广泛传播的有效力量，基于岭南文化的广州设计产业本身必然也驱动岭南文化创新。只要引导得当，这两方面将相辅相成地推进粤港澳大湾区经济转型升级，也就是说，基于岭南文化的广州设计产业立足于广州本土的文化资源优势和粤港澳大湾区的设计资源优势，只要将二者整合起来成为转化创新优势，必能有效推动城市产业由价值链低端向价值链高端转变，从而有效实现整个区域经济结构的优化。

文化创新包含文化观念、文化内容、文化形式、文化传播手段、文化载体等五方面[①]。基于岭南文化的广州设计产业通过驱动岭南文化创新而实现自我升级，具体也可分为以下五方面：

（1）对岭南文化的核心观念、核心价值、核心思想进行升华与创新。这是岭南文化创新的基础。具体地说，就是在依托岭南文化创新发展的过程中，广州设计产业从传承岭南传统文化中突破传统的观念，摆脱传统岭南文化中腐朽、陈旧、过时的传统观念和封建思维定式的束缚，结合与时代、社会发展要求和消费需求相适应的新思路、新观念、新思想、新方法，创造一种新的文化观念、价值观、思想或思维方式。

岭南文化观念的创新对广州设计产业发展具有重大的意义。首先，它能为广州设计产业的实践提供创新的思想基础和精神动力，使其主动调整自身以适应时代状况、社会环境和消费群体；其次，岭南文化观念创新打破旧有桎梏，积极吸纳优秀的外来文化，这也将推动广州设计产业实现自身的新陈代谢，增强生存能力，积极走向世界，拥有更广阔的发展空间。

（2）促使岭南文化在具体内容上不断推陈出新。这是岭南文化创新的核心。传统岭南文化通

---

① 李高东. 历史唯物主义视域下五大发展理念研究［M］. 徐州：中国矿业大学出版社，2017：79.

过借鉴、吸收和融合不同地区、不同民族或不同国家的优秀文化而实现的内容创新，也包括通过在新的时代环境中为新的消费需求而进行的内容创新。

文化内容的原创性在很大程度上决定了设计产业的价值内涵。如果设计产业失去文化内容的创新，就会逐渐被时代淘汰。只有通过内容创新，才能使传统的岭南历史文化拥有新的生命力，能真正地为广州设计产业注入活力，提升广州设计产业产品或服务的文化内涵，使其向高质量水平发展。

（3）促使岭南文化形式创新，亦即创造新的表现形式来表达和包装岭南优秀传统文化的内容。文化形式创新是文化创新的载体，是表现文化内容的手段和方式。文化形式的创新是使先进文化的内容通过适当的形式展现给大众，不仅发挥教育人、鼓舞人、塑造人的功能，还为全社会所理解、认同和接受。更重要的是，文化形式创新能推动广州设计产业创造出人民群众喜闻乐见的文化形式，贴近人民群众的生活实际，适应消费者的心理特点和表达习惯[①]。

广州设计产业通过岭南文化形式的创新能催生新的文化品种和艺术样式，以不同形式呈现岭南文化无穷的魅力，保持产业文化形式的多样性，从而满足不同层次消费群体的需求和品位，增强产品与服务的吸引力和感召力，推动设计产业的繁荣。

（4）促使岭南文化的传播手段不断更新，即在新的技术语境中，积极运用数字信息以及其他高新技术手段，实现文化传播方式的创新、传播渠道的创新和传播体系的创新。在过去，文化传播主要依靠报纸、杂志等纸质媒介，而现在，传播手段已随着科学技术的发展而变得多种多样，其中包括微信、微博、抖音、博客等。新型技术已成为众多行业变革与创新的核心驱动力，在今天以及未来很长一段时间内都应该是文化传播的主流手段。

这些现代高科技传播手段在广州设计产业中的渗入，不仅使具有岭南文化特色的设计产品和设计服务的科技含量越来越高，也使它们更直接地面向国内外公众，为广州设计与岭南文化的传播赢得更广大的市场。此外，在广州设计产业实现文化传播手段的创新能让设计拥有更丰富的表现形式和表现空间，还能为设计产品和服务提供更多的传播手段；推进各类新型传播媒体的开发，运用新传播技术推广实体创意产品和设计服务，不仅提高岭南文化传播效率，同时也增强推进设计产业业态创新，提升产业的整体竞争力。

（5）推进岭南文化载体的创新，即能够承载和传递相关文化内容、文化理念和文化思想的各种具体形式的创新。文化载体是文化与人之间的桥梁、工具、纽带和渠道。文化通过载体而被人感知，人通过载体而认识与了解文化。正如人们早已发现，"狭义的文化是不可能孤立存在的，它必然寓于多种多样的载体之中，成为广义的文化，这才是看得见、听得到、摸得着的文化现实。"[②]可见，文化载体对文化来说十分重要，它是实现从无形文化转化为有形实体的重要手段。

---

① 周薇. 提升珠三角文化软实力研究 [M]. 广州：广东人民出版社，2013：183.
② 金开诚. 文化的定义及其载体 [J]. 中国典籍与文化，1992（3）：46.

这也就不难理解实现文化创新必须先实现文化载体的创新。

岭南文化的内容随着时代的发展而发展，岭南文化载体也必须适应时代进行相应的创新。比如说，传统的粤曲、粤讴等民俗文化，长久以来通过口耳相传，因此其本身就是载体，而20世纪下半叶中后期以来主要通过录音、唱片、影视文化等载体传播，这就是载体创新；在今天的社会环境下，岭南文化的载体创新还可以引入更多的形式，例如将粤曲、粤讴与流行音乐、广告宣传、网络电影、企业广告等结合。这样的载体创新必然引起广州设计产业与其他相关产业通力合作，赋能产业自主创新发展、产业融合发展、产业结构优化和转型升级，同时在增强设计产业自主创新能力、促进文化资源转化和产业化、构建设计产业创新体系等方面发挥着重要作用。

主要参考文献

［1］刘易斯·芒福德. 城市文化［M］. 宋俊岭，李翔宁，周鸣浩，译. 北京：中国建筑工业出版社，2009.

［2］莎伦·佐金. 裸城：原真性城市场所的死与生［M］. 丘兆达，刘蔚，译. 上海：上海人民出版社，2015.

［3］约翰·伦尼·肖特. 城市秩序：城市、文化与权力导论［M］. 上海：上海人民出版社，2015.

［4］黄虹，颜勇. 西方设计史［M］. 北京：北京大学出版社，2016.

［5］李公明. 广东美术史［M］. 广州：广东人民出版社，1993.

［6］李权时，李明华，韩强编. 岭南文化［M］. 广州：广东人民出版社，2010.

［7］刘圣宜，宋德华. 岭南近代对外文化交流史［M］. 广州：广东人民出版社，2017.

［8］袁钟仁. 岭南地域文化丛书［M］. 沈阳：辽宁教育出版社，1998.

（本章执笔：何睿、颜勇）

第四章

以现代设计驱动岭南传统文化资源创造性转化

如前所述，岭南文化源远流长、底蕴丰厚。但毋庸讳言的是，在现代化发展过程中，有许多传统工艺文化逐渐淡出大众视野，甚至几近消失，如何保留和继承传统文化也日渐成为社会各界关注的热点话题。通过对传统工艺文化的艺术特征分析和文化价值解读，我们可探究它们在现代设计中的传承应用，以及以文化品牌为依托的传播策略，进而实现以现代设计驱动岭南传统文化资源创造性转化。本章以广彩、广绣、通草纸画、广东古法造纸等富有岭南特色的传统工艺为例，具体考察其历史面貌和传承现状，并探索其于当代语境中进行创新转化的有效途径，以求以点带面地归纳出以现代设计驱动岭南传统文化资源创造性转化的实践模式。

一、广绣在现代设计中的传承应用与品牌传播策略

岭南文化中的艺术形式丰富多彩，而广绣作为中国四大名绣中的一员，是最具代表性的优秀岭南传统文化形式之一。本节将通过对广绣艺术形式的分析，探究广绣艺术在现代设计中的创造性应用，为岭南文化与设计产业的融合提供实践案例，传承创新广绣艺术，提升岭南文化影响力。

（一）广绣的艺术特征和文化解读

广绣是粤绣的一种，粤绣的起源很早，上溯至何时暂且没有文献考察与定论。但据南越王墓出土的文物进行考古推测，至少在西汉年间就出现了岭南的刺绣艺人。目前对粤地刺绣最早的文字记载为唐代苏鹗的《杜阳杂编》，书中写道："永贞元年，南海贡奇女眉娘，年十四，工巧无比，能于一尺绢上绣《法华经》七卷，字之大小，不逾粟粒而点划分明，细如毫发……唐顺宗皇帝嘉其工谓之神姑。"由此可知，当时在粤地受中原文化的影响，绣制的题材大多采用中原的文化题材，并且出现了较多手法高超的绣工，在工艺上也懂得劈丝与印染，粤绣也因其独一无二的魅力深受皇帝的喜欢。粤绣是以广州为核心的珠江三角洲地区的民间刺绣工艺的统称，它的艺术形态与岭南文化密不可分。从历史上看，岭南文化虽然发源于南方，但汲取了中原与四海的精华，在中华文明中形成了一种独特的风貌。从地域上看，岭南地区位于我国的南部，岭南人在生产与劳作的过程中，广纳四海文化，形成了如今别具一格的海洋文化特色体系[①]。从文化上看，岭南工艺美术呈现出中西融合、风格杂糅的特点。整体来说，岭南文化一方面拥有强大的包容性与开放性，另一方面又呈现出对本土民俗文化的传承，塑造了与岭南文化息息相关的美轮美奂的广绣。

1. 浓郁的民俗风情

广东是古代百越民族的居住地，与中原文化尤其是正统儒家文化相比，岭南文化还保持着很

---

① 林延琼. 基于SWOT法的岭南文化在粤港澳大湾区发展中的影响力分析[J]. 文化创新比较研究，2021（35）：21-24.

强的地方民俗文化特色，呈现远儒的朴质特征。在艺术上，往往更具有现实性与大众性，倡导艺术是给民众应用与欣赏的。在艺术表达上，广绣善于表现生活场景、四时风物，且注重题材寓意，追求精神层面的美好生活。这种崇尚实用价值，强调艺术来源于大众、服务于大众是广绣典型的民间艺术审美意识[①]。

广绣的民俗风情还表现在节庆题材装饰中，广绣装饰在民间祭祀和传统节日中十分重要。除此之外，这种风情还体现在传统"女红"的魅力上，女红是女子针线手工的概称，其中婚嫁女红多以刺绣作品为表达，作品主要是日用品，尺寸不一，用途不同，但妇女会将自己对家人的美好愿望融入刺绣，带有浓厚的民间审美取向。

2. 传统的工艺审美

广绣这一岭南传统工艺在保持自身文化审美的同时继承了中国传统工艺美术的创作理念，具体表现在以下三个方面：

（1）图案造型

广绣在造型方面注重写实，考究实际物体的远近以及近大远小的透视关系，着重强调背景的虚实变化，空间的层次处理，以及不同光线的折射细节效果。清代的广绣挂画与屏风中，广绣艺人巧妙地利用不同大小绣面将花瓣分割成色块，形成花瓣层次和色彩渐变，再缀以圆点作花蕊，造型概括洗练（图4-1）；还将立体的海面波涛扁平概括为重叠的半圆状，去掉光影的改变（图4-2）；在广绣鸟禽的早期作品中，创作者善于运用具有强烈装饰味道的几何纹理来铺满色块或概括造型（图4-3）。刺绣对结构的要求非常严谨，在几何布局方面十分讲究[②]。早期的广绣遵循了中国传统工艺美术的造型规律，以刺绣的方式将传统图案的美感体现得淋漓尽致。

图4-1　广州十三行博物馆广绣藏品——广绣花鸟图大挂屏

图4-2　广州十三行博物馆广绣藏品——花蝶纹对襟汉式氅衣

图4-3　广州十三行博物馆广绣藏品——广绣花鸟屏风

---

① 胡茜萍. 基于民艺理论下传统手工艺振兴的文化场域构建［J］. 湖南包装，2021（3）：50-55.
② 楼云丽. 刺绣工艺与民俗文化的传承探讨［J］. 皮革制作与环保科技，2021（19）：26-27.

（2）布局构图

广绣作品总体上构图复杂，元素丰富，深受传统工艺美术构图的影响，元素在绣面上错落有致、繁而有序。以广州十三行博物馆的一件床罩藏品为例，其元素简约自然，构成感强烈，技艺具有装饰韵味。这种工艺特点与中国传统纹样图案的特质相符合：交代清晰、主客分明、取精去杂、要求完整、毫不夸张[①]。中国传统图案的造型多是对称的，广绣的日常生活用品也多以对称的形式进行图案布局，比如广州十三行博物馆收藏的民国时期的团花纹对襟褂裙（图4-4）。

（3）颜色特点

在色彩运用上十分大胆的同时，广绣还完美兼顾了刺绣艺术的典雅性。比如大量地借鉴中国传统工笔画名家的作

图4-4　广州十三行博物馆藏品——团花纹对襟褂裙

品，色彩运用时而鲜亮，饱和度较高，时而十分淡雅，装饰感极其强烈。此外，广绣一方面受民间审美和自然主义倾向的影响，艺术表现上近似绘画中平涂的风格。另一方面，广绣丝线特殊的制作工艺，使其具有纯度高、色阶跨度大、色彩冲击力强等特点，从而显得色彩明快丰富。与此同时，"留水路"工艺技法是广绣中最具特色的一种。"留水路"是指在每个刺绣面块之间留出一条空白的线条用来区别物体之间的造型和勾线，这样可以让前后的层次更加明显，也可以使绣面上的主题形象更加引人注目。掌握"留水路"工艺技法要求善于归纳复杂的物象图案，把无限制的表现手法概括在有限的空间视觉中。相较于其他绣种中同样被称为"留水路"的工艺来说，广绣"留水路"的工艺特色就成了它独特的刺绣艺术语言[②]。

正如上文所述，早期的实用性广绣充分反映了中国传统民间工艺之美，具有理性构图、感性用色、纹样繁杂以及针线简洁等特点。

3. 交融的东西风格

明清时期为广州封建社会经济发展的巅峰阶段。在数次"一口通商"政策的影响下，广州在丝绸外销事业中取得了长久的发展。来自世界各地的客商汇集广州，寻找新品货源。随着海外市场的需求日益增加且越来越多样化，出口的规模也在不断扩大，广绣外销商品在构图、图案、色彩以及工艺技法等艺术表现形式和生产制作形式上都发生了巨大变化，风格与工艺逐渐融合了东西方艺术的特点，在当时的中国绣坛上独树一帜。颜色由艳丽多姿转向强调明暗光影的变幻，追求层次感。作品增加了西方生活用品，材料不拘一格，题材增加异国元素。例如收藏于广东省博物馆的一顶黑缎广绣神父帽，是该地区具有代表性的"混血"广绣作品。其在黑色绸缎上以排金

---

① 沈寿，张謇. 雪宧绣谱[M]. 重庆：重庆出版社，2010.
② 罗洁，廖煜容. 广绣与潮绣的艺术风格与工艺比较研究[J]. 装饰，2022（1）：114-118.

绣、平绣、打籽绣、套绣等针法满地绣花鸟、山石、天主教堂及徽章等纹饰，绣品色泽艳丽又不失庄重，构图饱满却繁而不乱，表现出中西服饰文化元素的交流与融合。

综上，广绣色彩明亮跳跃、图案立意吉祥、题材多样、构图饱满、擅留水路，深受岭南本土文化与外来文化的影响，在构图上具有清晰的传统工艺审美意识，在清朝时期又形成中西合璧的独特艺术特征，从而造就广绣独树一帜的艺术风格。

（二）实用性广绣在现代设计中的创新应用

广绣有观赏绣和实用绣之分。不同于观赏绣的高成本和艺术品属性，实用绣可操作性强，更易与生活日用品结合，非常适合用于现代设计。工业革命以来，产品生产更注重批量化、商品化以满足市场需求。因此，如何在现代化工业生产的背景下让传统工艺介入当代生活是解决广绣现代转型的关键。而我们认为，只有对广绣的文化与技艺进行合理地分析和利用，才能有效推动传统广绣在现代设计中的创新应用，具体将从以下三个方面展开论述：

1. 技艺创新

"技"与"艺"是民间艺术的生命源泉，有制作工艺与艺术效果两层含义。技艺的创新分为纵向与横向两种，前者指针法和材料的创新及工艺的借鉴，后者指现代科技的辅助。

（1）针法的灵活创新

针法即运针的方式，是在刺绣工艺行业中特有的艺术语言，也是刺绣中最为核心的技艺。工艺美术家朱启钤在《存素堂丝绣录》中对粤绣针法的评价为："铺针细于毫芒，下针不忘规矩，以马尾缠作勒线，从而勾勒之，轮廓花纹自然工整、针眼掩藏、天衣无缝。"通过此评价能够看出粤绣具有高超的针法技艺。广绣的针法独特，主要分为绒绣针法和金银线绣（钉金绣）针法。绒绣针法色彩多样，讲究"光、亮、齐、密、净、匀"，并争取做到常合、常拆与常变；而金银线绣针法需要依靠绒线的"钉针"固紧，因此也被称为"钉金"和"盘金"[①]。除此之外，广绣艺人还研发了许多新的针法。其中，实用绣因为追求折光一致和提高效率，绣制时多用咬针，针法则不做实用和观赏区分，均以艺术表现形式对针法进行选择。例如，婚庆纪念品设计中会借鉴金银线工艺和观赏绣中的乱针针法，不仅丰富了刺绣表现，增加了艺术性，还提升了产品附加值[②]。

（2）材料的多元革新

线，广绣用线材质广泛，包容性极强。真丝、绒线、银线、金线、金绒混合等几大类是广绣使用的基础材料。广绣除了运用真丝绒、绒线等材料外，还大胆使用动物毛发，如孔雀毛、马尾等，借用自然动物皮毛的光泽感来营造图案的光影效果。清道光元年（1821年），丁佩在《绣谱》

---

① 罗洁，廖煜容. 广绣与潮绣的艺术风格与工艺比较研究［J］. 装饰，2022（1）：114-118.
② 何雪，杨晓旗. 广府实用绣的创新设计研究——以婚庆纪念品设计为例［J］. 美术教育研究，2016（17）：72-73.

中写道："以孔雀毛为现缕，以绣铺子及云章袖口，金翠夺目，亦可爱""以马尾缠线作韧线，从而勾勒之，轮廓花纹，自然工整"。有些广绣手工艺人对绣线的材质并没有严格的标准，只要此材料满足美观与耐用的条件即可替代传统绣线，部分广绣作品中甚至会将发丝作为绣线材料。近代，可用于绣线的材料更加多元化，如实用绣选择了更加坚韧、固色的人造丝。同时，线的染制工艺也在革新。九色线是广绣创新尝试的一种新的段染工艺，指在一根丝线上显现两种或两种以上颜色的渐变效果[①]。这种线不用洒插针套色绣就可以绣出渐变色和明暗。

绣底，刺绣的另一个重要材料。广绣底料的选择十分丰富。以羊皮金作衬的"皮金绣"，成品金光闪烁。还有一种具有悠久历史且为广东所特有的手工植物染色丝绸织品，被称为"香云纱"或"莨绸"。作为丝绸种类的其中一员，香云纱因其吸汗以及耐晒等特点而广受青睐。运用香云纱制作的面料多为黑色，与广绣相结合，能够很好地反衬出广绣浓艳的颜色，这两种工艺的结合更好地彰显了岭南文化。知名广绣品牌广绣庄就开发了以香云纱为绣底的产品。

（3）工艺的移植借鉴

传统工艺品的技术和风格形式的关系是对应的，通过对工艺品中的产品功能的转变、技艺的嫁接和精神内涵的分离等进行分析，使传统工艺品在现代社会中拥有立足之地[②]。有学者提出形式与技艺的分离和移植的观点。这种解构与重构的思维打破了物质与空间的窒碍，势必带来革命式的创新。顾绣就有这样的创新，比如高级定制女装品牌"唐韵·红绣"2010年春夏推出的一件绘制图案与局部刺绣相结合的白色连衣裙。这种工艺碰撞值得广绣学习。

另外，随着国内传统文化的繁荣发展，中国四大名绣有四绣合一的趋势，广绣也在交流中取长补短吸收各家所长。在高级礼服设计中，运用多种珠绣技法，可以使贴身的衣物产生美轮美奂的浮雕效果。在设计实践中，往往通过工艺碰撞融合才能展现更好的效果。

（4）科技的辅助改良

科技的发展对工艺改进的贡献不言而喻，技术革新一方面是技艺改良，另一方面是提高生产效率。对广绣而言，前者是针法、原料的发明创新，后者则是刺绣过程的高效化。例如顺德刺绣工艺总厂设计了白描稿的专业配色软件，极大地丰富了绣品的色彩效果。过去需要半年时间计算的数据，现在只需将刺绣样品输入电脑，就能迅速计算出所需色彩种类、数量和材料使用情况，为组织生产备料、配料提供了准确数据[③]。刺绣中采用纺织数码印花技术，把线稿完整地转印到绣底上，该技术能兼容不同的载体。这些先进的技术进步，让刺绣艺人不再担心效率从而将重心转向创意设计中去。

---

① 林婷婷，杨晓旗. 广绣大披肩的艺术语言探究[J]. 艺术设计研究，2014（3）：39-92.
② 陶卫丽. 新时代下中原传统手工艺活态传承及创新发展路径解析[J]. 明日风尚，2020（19）：170-171.
③ 曾文琦. 传统刺绣的生产性保护研究[M]. 北京：中国艺术研究院，2016.

由上所述，传承传统手工技艺并不是回归原生态的生产方式，其核心内容是要继承"匠心精神"。利用科技手段促进文化的发展进程是推动我国传统文化产业创新发展的重要趋势，科技的发展是技艺创新的前提和保证，新时代背景下手艺人更要以科技激活传统。

2. 题材创新

广绣承袭了传统的民间意象，具有传承意义，并使传统在时代流变之中不断推陈出新。亟待发展的传统手工艺应保留独特的工艺魅力，同时积极汲取新鲜血液。鲁迅曾提出中国创作革新的两条路：采用外国的良规，加以发挥，使我们的作品更加丰满，是一条路；择取中国的遗产，融合新机，使将来的作品别开生面，也是一条路（《华盖集》）[①]。前者"借石攻玉"，借传统工艺反映新时代；后者"借古开今"，用现代审美为传统主题赋新。

（1）借石攻玉

古代，民间工艺靠家族口传身授来延续，现今这种传承方式依旧普遍，且传统手艺人文化水平有限，容易造成创意的模式化。打破模式化的关键既需要吸收社会流动的信息，也需要手艺人开放包容接受新鲜事物。例如，苏州刺绣研究所在2001年根据电子显微镜拍摄的照片绣出"金核子对撞"的图像，这是刺绣首次选择前沿科学为表现题材。这种刺绣运用截面呈三角形的单纤"异形丝"，与常规真丝结合绣制[②]。最终成品被选拔参加2001年举办的"科学与艺术"展览。其实，"借石攻玉"本来就存在于广绣艺术品格的基因之中，譬如顺德刺绣工艺总厂的设计师以东方传统工艺表现世界各地目标市场偏爱题材的做法就深受顾客好评。如此，广绣的创作者应该立足本土，放眼世界，将更广阔的题材转化为针线下的艺术形象。

（2）借古开今

经济全球化背景下，各地方的文化特色并没有经过创造性的转化与演绎建构起来[③]。在这种情况下，广绣可与其他地域性传统文化相结合，抗衡产品同质化，培养民族认同感。广绣题材的创新可从岭南文化传统资源中寻找。例如，潮绣工艺匠人康惠芳以广东特有的骑楼建筑为题材，并采用传统的潮绣技法，绣制了精品《金色骑楼》。采用地砖花纹的元素进行广绣日用品的概念设计（图4-5），也借

图4-5　广绣概念设计钱包

鉴了传统西关大屋中的花式地砖，后者的韵律图案与广绣的工整有序有异曲同工之感。

[①] 刘晓纯. 民间传统的现代蜕变——吕胜中的艺术创作［J］. 美术研究，1991（4）：21-26.
[②] 张美芳. 金核子"对撞"苏绣——李政道先生倾心苏绣文化创新回忆［N］. 光明日报，2011-1-17.
[③] 邹建军. 创意文化产业：区域地理、科技优势与地方传说——创意文化产业发展的几个问题［J］. 武汉科技大学学报（社会科学版），2020（3）：335-342.

图4-6　蝶舞　蝴蝶杯盘与汤匙组　　　图4-7　蝶舞　蝴蝶茶壶　　　图4-8　蝶舞　光灿蝶翼花瓶

在实践中，对待传统的元素和题材应该用"取其神，舍其形；取其意，舍其实"的辩证艺术处理方法。古法今用的成功例子如台湾著名工艺品牌法蓝瓷-蝶舞系列（图4-6~图4-8），它成功地打造了具有中国传统文化意味又富有现代主义精神的艺术瓷器[①]。

3. 载体创新

广绣作为一种装饰性工艺，它必须附着于某种载体才能构成完整的作品。随着纺织工业材料技术的发展和复合媒材运用的流行，广绣载体有了更多的选择，有力推动广绣的创新与发展。

（1）广绣在首饰设计中的应用

常见的首饰有戒指、项链、胸针、手镯等。不同于金石玉器等材质，刺绣拥有精巧玲珑的绣面和细腻的绣艺，制作中还增添了"女红"的审美趣味。例如，华南科技大学广州学院珠宝学院的一支科研团队，曾创作出三枚广绣项链吊坠，分别为《凤》《雀》《锦》。

刺绣首饰要注意形、意、色三方面的契合。首饰尺寸小，绣面小，刺绣的图形选择应加以提炼，多用色块状或线状的装饰图案作为刺绣元素，首饰上的图案以明快醒目为主；另外，刺绣图案上的意象选择需要与首饰意味搭配；刺绣要与首饰材料颜色协调、与大众审美情感统一。

广绣和首饰的融合与时尚行业紧密相关，时尚行业受众广泛，易于操作，将成为广绣发展的新领域。

（2）广绣在软装设计中的应用

软装领域成为广绣在现代设计中创新的大实验场。软装设计是按照装修的规则与顾客的想法，将住宅室内的软装陈设以更美观与更合理的方式展示出来的设计方法。广绣早有运用在软装设计中的传统，广绣的装饰特性与空间陈设有着天然的联系，非常适用于空间展示效果的改造。例如，广绣庄抱枕产品有的富丽堂皇，有的秀丽典雅，还有的现代简约。广绣要扩大在软装上的表现力，往往要结合现代纤维艺术。从广义上来说，纤维艺术指的是包括一切纤维材料所进行的造物活动[②]。有学者曾经把刺绣在现代纤维艺术中的应用冠以"绣塑"这个专有术语，称绣塑为

---

① 杨式斌. 谈东西方艺术创作中的中西融合问题——以法蓝瓷为例［J］. 江苏陶瓷，2019（6）：3-8.
② 伊美. 论中国传统刺绣在现代纤维艺术设计中的应用［J］. 大众文艺，2019（12）：116-117.

"立体的刺绣，是柔软的雕塑"[①]。绣塑在由纺织物所构成的空间基础上，通过立体的塑造，获得雕塑般的肌理与空间存在感。由此可见，纤维艺术关注的并不仅仅是传统刺绣平面上线的有序排比和考究的图案经营，还有纤维材料在整个空间中的造型和肌理感。

广绣的立体感可以通过多种技法呈现出来，例如潮绣技法本身就可以做出立体的效果。此外，还可以在衬布上先进行平面处理，再将局部衬布剪下进行厚度附加。依靠悬空吊挂、铁丝骨架、构件支撑等手法构造三维空间也可以增强广绣的立体感。

（3）广绣在其他载体中的应用

生活用品的种类越来越多，每种核心创意产品都有其周边产品，符号展示成为核心卖点。广绣也能为现代产品增加符号象征。例如，广州美术学院书装专业的毕业作品《本草纲目》，在作品中广绣的"匠人温度"与古籍的历史文化相得益彰。苏绣品牌"满庭芳"的一款佛手拈珠图案名片夹，意境深远又不失现代感。这些案例都可以启示我们更大胆地去挖掘广绣的可能性。

总之，任何艺术的创新必然涉及形式与内容的创新，广绣也不例外，需要内容创新与形式创新相结合以表达广绣之美。

（三）构建广绣工艺的文创品牌形象

品牌形象概念最早由大卫·奥格威提出，之后西德尼·利维博士丰富其概念，提出品牌形象是有关于品牌知识与品牌态度的总和。优秀的品牌形象不仅能吸引消费者的关注，还能将自身认知清晰地传达给消费者。广绣工艺文创品牌形象只有将传统文化、工巧技美、审美情怀以及品牌对传统与现代的观念态度尽可能地展现出来，才能更好地实现品牌影响力。

1. 品牌形象调研

课题组针对广府地区的知名广绣品牌以及全国知名刺绣品牌进行考查。调研结果见表4-1、表4-2。

表4-1　　　　　　　　　　广绣品牌对比调研

比较项目\品牌名称	标志	核心产品	针对人群	品牌理念	门店风格	营销渠道
广绣庄	莊绣庒	大披肩、家纺用品为主，也有钱包、锦囊等	热爱传统纹饰的国内客户和南欧客户	传承广绣技法、挖掘广绣文化，让传统文化与现代审美相结合，以全新的方式演绎现代广绣	岭南风情	官方网站、公众号、讲座、展览、宣传画册、微博、纪录片

[①] 王立波. 新疆人偶绣塑艺术创作研究［J］. 新疆艺术（汉文），2020（5）：131-135.

续表

比较项目 \ 品牌名称	标志	核心产品	针对人群	品牌理念	门店风格	营销渠道
红莹绣庄	红莹绣莊 HONGYINGXIUZHUANG	传统裙褂，旗袍，唐装、传统婚庆礼物	结婚人士	通过产品向所有消费者传递世界流行的服装文化，展现东方女性高贵、古韵、华丽的风情	古典厚重	官方网站、微博、公众号
梁秀玲刺绣工作室	梁秀玲广绣	广绣装饰画、珠绣画	喜欢刺绣的客户	以广绣为依托，以发展梁秀玲刺绣艺术为重点，传承广绣技艺和弘扬中国刺绣文化	以艺术馆为对外接洽场所，特色不明显	官方网站、公众号、个人作品展、培训课程
陆柳卿广绣工作室	陆柳卿广绣工作室	画绣	无明确品牌定位和品牌形象			官方网站、参赛

表4-2　　　　　各地刺绣品牌对比调研

比较项目 \ 品牌名称	标志	核心产品	针对人群	品牌理念	门店风格	营销渠道
金彩霞（湖南省湘绣研究所自建品牌）	金彩霞	各类观赏绣和实用性刺绣	价格跨度大，没有特定的消费人群	"金彩霞"湘绣秉承"传承、创新、领先、志远"的品牌理念，打造原创、个性、气度、精致的产品	简洁、现代、大气	官方网站、电商平台、微博
古吴绣皇（苏绣）	古吴绣皇 SHOW ON	纯装饰高端艺术品	高端消费群、收藏家	沟通世界艺术，弘扬民族文化	以红与黑为主色调的优雅风格或以白色为主的"轻古典"风格	官方网站、文博会、微博、纪录片

第四章　以现代设计驱动岭南传统文化资源创造性转化

续表

比较项目 \ 品牌名称	标志	核心产品	针对人群	品牌理念	门店风格	营销渠道
非素刺绣（苏绣）	非素	刺绣工艺品，刺绣衍生品	价格适中，适合白领，DIY文艺人群，偏向年轻群体	原创艺术	以电商平台为主，没有门店	电商平台、设计交流网站、微博
蜀江锦院（蜀绣）	SH	刺绣日用品、刺绣衍生品、蜀锦产品，品种繁多，开发了将近1500种产品	价格跨度大，没有特定的消费人群，在宽窄巷子设有专门店，吸引外地游客	传承发展蜀锦	门店多设在旅游景点，与古镇景点古色古香的风格一致	官方网站、电商平台、微博、公众号、广告宣传片；非遗行业中第一家将品牌推广、产品营销放在北美地区的传统文化企业；与知名设计团队和插画师合作开发产品
一针一线（羌绣）	一针一线	服饰类、文创产品	追求自然优雅人群	自然人文，优雅时尚、手工艺	古朴与现代结合，融入宽窄巷子的风格	电商平台、微博、与公益宣传结合

通过品牌调研对比，可以看出广绣存在以下几点问题：一是品牌定位模糊。广绣庄与红莹绣庄的市场定位与目标人群比较清晰，在产品的系列设计上也一脉相承且具有品牌精神。但其他品牌都打着"工艺大师"的招牌，以加工为商业定位，没有品牌概念，并不能给消费者留下深刻的印象，市场开拓意识有限。二是品牌视觉设计有待优化。视觉文化在品牌竞争中具有重要地位，品牌作为一个产品宣传的媒介，是视觉文化背景下视觉元素符号的传播载体。构建一个好的品牌形象有助于树立企业形象、信息传递等，也为产品的宣传搭建了一条更好的道路。但对广绣相关

品牌调研后发现，仅仅只有广绣庄拥有比较完备、统一的视觉识别系统，其余品牌视觉形象表现力弱。三是销售终端设计急需提升。"营销的成败由终端所决定，品牌的升降关键也由终端所决定"。销售终端是产品到达消费者手中完成交易的最后一个端口，即使是这世界上最完美的产品，具有最完美的产品广告做支撑，如果消费者不知道如何才能买到它们，就无法完成任何销售，由此可见终端的重要性。同时，销售终端设计的好坏也起到非常重要的作用，好的终端设计在产品展示陈列、服务体验以及视觉上营造的气氛能够对商品的销量产生直接的影响。经调查发现，广绣庄与红莹绣庄的销售终端设计呈现效果较好，一整套服务流程下来较为流畅，并且终端界面上所呈现的风格与广绣也较为符合，但其高端文创品牌开发仍有不足，具有非常大的改善空间。四是广绣品牌缺乏创新。品牌作为营销活动的先决条件，是文化创意产业的重中之重。纵观整个中国刺绣行业，刺绣创意产品种类繁多且消费跨度大，苏绣品牌跨界合作经验丰富。而在调研的广绣品牌中，产品创新动力明显不足。对产品的载体和形式有待进一步开发研究，以扩大设计力量，促进产品创新。

2. 品牌定位

品牌定位能使顾客认可产品，赢得消费者对该品牌下产品的青睐，从而增强品牌的核心竞争力，使其在激烈的市场竞争中占有一定优势。品牌定位是为了区隔同类产品、满足消费者不同的文化与对风格的个性需求而存在的。

个性定位。传统手工艺的文化内涵是打造品牌个性的原材料，可以从工艺文化和地域文化等多个角度来剖析和发掘可利用的元素。"乾唐轩"这个台湾品牌，即是依托陶瓷技艺提出"活土泥"的品牌定位，以"活"倡导东方养生文化。广绣以岭南为地域依托，结合其包容开放的个性，形成了一种以广绣为载体的"新岭南生活美学态度"。在具体实践过程中，我们可以提倡将品牌的个性转化为城市生活的一部分，将其塑造为一个全方位的具有创意性的生活用品品牌，以吸引与品牌灵魂相呼应的消费者。

首席定位。广绣品质上乘，知名度高，却缺乏以广绣工艺为主的创意生活品牌。广绣应打造具备"招牌性"的品牌个性设计，在当今竞争激烈的市场中占据一定份额，对其他品牌产生排他性[①]。与此同时，在消费者与品牌之间树立起"唯一性"的品牌认知，使得这种独一无二的品牌更加具有吸引力，从而形成大众期待的流行趋势。

目标市场。清晰明确的目标市场能为品牌提供精准的决策坐标，也为产品、价格、销售渠道以及促销方式做出精准的导向。本研究制定了一份调查问卷，通过广泛渠道发出130份并悉数收回，借以分析和统计。从调查数据可知，只有13.85%的人完全不了解广绣，但其中大部分人表示有机会愿意主动认识广绣；而5.38%的人群对广绣产品不感兴趣，且男性数量显著高于女性。从人群分类上来看，中青年是主要的消费群体，老年人消费者是潜在的高端消费市场。不过，从

---

① 武娜. 文化创意产业视域下的湖南湘绣品牌设计策略思考［J］. 轻纺工业与技术，2020（12）：92-93.

可承受价格的调研看，37.4%的受访者普遍接受100~300元的档次，33.33%的受访者认为价格取决于产品的品质。通过交叉分析可以看出，在高收入群体中，"根据产品的品质来决定价格"的人数比例有所上升，说明这一群体将会把产品的品质和价格联系起来。综合得出目标市场规划如下：①消费者群体以广东地区的常住人口为主；②将产品线分为中端市场和高端市场两个部分；③以传统为基础，以现代为导向的整体品牌形象设计，主题性系列或个性化定制可另行进行设计。

3. 品牌要素

品牌要素是指那些用于识别和区别品牌的商标设计，能够增强品牌认知，形成强大而又独一无二的品牌联想[①]，完整的品牌要素包括品牌的名称、标志或符号、形象代表、广告歌曲、包装与网站域名等。

（1）品牌名称

品牌名称是品牌中最稳固的要素之一。一个好的品牌名字应该做到容易记忆，容易读写，高度暗示产品种类，要具有趣味性和创意，蕴含品牌文化，还应具有跨地域、跨文化的适用性。如"谭木匠"这个木艺品牌，源于它的缔造者谭传华传奇的一生。文创品牌"采采食茶文化"，"采采"出自《诗经》"采采芣苢，薄言袺之"，不仅有华美之意，还蕴含了汉文化的茶与礼。广绣文创品牌命名应遵循以下原则：一是要体现传统工艺的行业属性；二是要充分展现广绣的魅力，让顾客产生品牌联想；三是将文化遗产与其他同类产业区分开来；四是要短小精悍，具有强大的传播能力；五是应以知名品牌作为背书品牌[②]，增加公信力，提升企业的知名度。

由此课题组决定将"锦绣缘"作为广绣文创品牌的名称。"锦"一词来源于清朝时期广州十三行的纺织行业股东会馆"锦纶会馆"，"绣"能够清晰地表达出品牌的产品属性，而"缘"则表达了品牌与消费者之间的良好的联系。该品牌名称既可以反映出品牌的产品属性，又能够体现南粤地区的人物历史遗风，是一个能够延伸品牌典故，令人印象深刻的品牌名称。

（2）品牌口号

品牌口号是传达关于品牌的具有描述性或说服性信息的短语，是宣传品牌推广的有力手段。品牌口号应具有煽动和沟通的力量，可以通过品牌的名称衍生，强化消费者对品牌的认知，比如"例外"服装品牌，曾使用"生而例外"作为口号；亦可与其产品密切融合，凸显其产品属性，又例如戴比尔斯（De Beers）钻石品牌，其口号"钻石恒久远，一颗永留传"，既传达了其对产品的理解，又进一步深化了品牌的印象。

课题组对广绣文创品牌的定位"新岭南生活美学态度"进行更深入地解读，并将其抽象的定位转换成具体的形象语言创造品牌口号，提出"生活，需要一丝精致"作为广绣文创品牌"锦绣

---

① 凯文·莱恩·凯勒. 战略品牌管理［M］. 北京：中国人民大学出版社，2016.
② 黎琦宇. 沙坪湘绣的品牌形象打造及营销策略研究［D］. 衡阳：南华大学，2017.

缘"的第一个品牌口号。口号"精致"能够体现消费者的生活态度，对标"轻奢"生活的受众群，且"一丝"也隐含着产品与刺绣相关。

（3）品牌标志

品牌标志是形成品牌形象的重要组成部分，其设计效果直接关系到受众群体对品牌的识别，它凝聚着品牌的定位以及目标市场审美取向。品牌标志是品牌在长久营销与传播的过程中形成的一种运用信息视觉化表达的形式，也是内涵与形象互相结合的视觉语言。中国传统手艺人在宣传产品时注重名号，以文字形式展示为主而缺少图形符号，如北宋名画《清明上河图》中店铺均以名字进行标示。品牌标志设计应遵循以下原则：一是符合品牌定位和发展；二是造型和色彩能精准传达品牌诉求，具有吸引力；三是具有一定外延含义，延伸品牌发展空间。

通过调查问卷与数据分析可以发现，40岁以上人群偏爱字体风格标志，20岁以下人群更偏爱英文字体标志。品牌受众的年龄划分21～40岁的人群则偏爱中国风且具有现代感的标志。这一调查结果与有关品牌风格调查数据结果中的"传统再创作"更受偏爱相同。不过最终品牌标志设计还应该考虑定位和标志的合理性，并注重"形象目标"和"机能目标"。一方面，标志要强化品牌；另一方面，要注重"传达性""独特性""话题性""耐久性"以及"展开性"[1]。

广绣文创品牌标志整体的造型设计应以"现代化的柔性图形呈现"为主，主要设计元素为品牌名创意构成设计，具有很好的"展开性"，并以暖色为主色调，以补色搭配。同样，品牌色彩要遵从"实用性"原则。

（4）品牌包装

在品牌竞争中，包装设计是其中的重要手段，也是销售终端与消费者进行最直观交流的窗口。好的包装不仅有使用价值，还起到文化传递的作用，并且品牌包装设计大多具备保护产品本身的功能。我们对国内知名的刺绣品牌的包装设计进行考查，发现其材质上大多选用硬纸板或木匣装裱做成"摇盖"或"天地盖"形式的四方盒，并无产品线区隔。在设计上，这些包装虽有品牌设计意识，但缺乏工艺性、审美性，同时缺乏产品线区隔，无法体现产品中的文化价值。

广绣文创品牌应定位中高端消费市场，并推出两条产品线，根据产品档次，设计包装策略：其一，广绣中端产品包装应以品牌定位为导向，以现代手法传达南粤文化气息，既保留韵味又不落俗套。同时，附上设计者介绍、设计签名、品牌故事，增加包装的信息延伸量。同时要在成本预算和对设计的投入经费之间取得最为平衡的度。其二，广绣高端产品包装设计依然要坚持品牌定位和"传统再创新"在视觉设计上的呈现。同时，应更侧重包装的工艺性，使包装在完成保护产品的功能后，仍成为实用工艺品，用于收纳，打破包装艺术的时空局限，改变其附属品定位。如湘绣文创产品的外包装与书装相结合；在材料选择上，应不拘一格；在艺术加工上，则应视整

---

[1] 原田进. 设计品牌［M］. 南京：江苏美术出版社，2009.

体效果而定；另外，绿色设计也是现代设计的趋势，应纳入考虑范围。

4. 产品开发

产品开发与品牌运营对企业经营来说如同左膀右臂，品牌推广的基础是优质的产品，甚至有诸多企业根据产品定位衍化出其品牌形象。文创品牌企业更是以产品为主轴。重点在于如何在品牌联结度、精神性以及实用性三维视角下对广绣产品进行开发，同时保证创新转化度较高。本研究认为，三者是统一且相辅相成的。

（1）产品类别偏好

从调查问卷的相关数据分析得出，主要受众为21～40岁的人群，偏爱装饰工艺品；对于41～60岁的人群，服饰和家具纺织品更具吸引力；60岁以上的人群多选装饰工艺品。由此可见，大众普遍接受广绣的服饰、家纺、工艺品类。课题组认为，虽然包袋品类数据偏低，但现有市场案例不少，所以也是值得考虑的潜在市场。

（2）产品购买动机

从问卷数据看，43.9%选择送礼。其中自用消费者最喜广绣服饰，其次为家纺产品，最后为纯装饰工艺品。目前广绣服饰产品较成熟，但设计要切合品牌定位和现代化审美需求。选择送礼和收藏的消费者，更看重绣品质量和文化价值。此类产品开发可结合中国"礼学"文化。推出节日主题文创，还可以与政府合作，订制国礼或省礼。广绣工艺品公共空间使用需求占比36.84%。此类产品应尝试向题材、载体、语言等多方向创新发展。

综上所述，广绣文创品牌的产品开发策略沿用中高端双轨模式：中端产品以服饰为主打，同时开发生活创意用品；高端产品线，设计以礼器或收藏品为主，精神性与艺术性并重。同时，产品可兼顾空间陈列设计，与订制刺绣服务。

5. 探索广绣文创品牌传播策略

品牌传播是一种品牌与消费者对话的机制，是品牌发声的媒介。如果没有传播沟通，就没有品牌。从品牌构建到品牌传播是一个由静转动、由向内规范转至向外沟通的过程，前者提供"原料"，后者发展品牌认知和品牌联想。针对文创品牌独有的文化属性，应选多媒体传播介质，创新文化传播内核。

（1）传统媒体搭载新媒体

传统媒体比如电视，传播有明显的定时、定点、固定平台等特征。优势在于：具有一定市场渠道和受众，传播覆盖面广；运营监控、信息传播等运行模式已然成熟；同时，它还具备较高的权威性和可信度。而劣势在于：作为单向传播方式无法形成互动性，传播效应难以量化预测。根据调查数据可知，41.54%受众通过网络认识广绣，而传统广告仅占29.23%，同时教育信息传播广绣也很有效。但网络在跨地域性的信息宣传上更有优势。

当今，新媒体营销是一种系统化的营销思维，其基础是数字化技术，载体是网络，传播过程极具互动性，能够做到信息及时反馈。大部分广绣品牌都有官网、微博和公众号，但营销情况不佳。当下新媒体平台具有话题性、社区性、参与性以及对话性的特点，各大品牌根据自身个性在特定时间进行创新互动营销。如南非Stormhoek葡萄酒厂有条件地选择粉丝众多的博主免费送酒品尝，通过博主自身体验后的赞赏式的信息传播达到营销目的。互动体验式的信息传播，即当生产商透过网络将商品和服务传递给消费者时，消费者也会通过网络，对商品及服务需求做出积极的反馈，甚至参与到产品的设计及制造中，这种信息传播方式不仅加强了生产商与消费者之间的互动性，提高了营销效率，而且可使用户对该品牌留下良好且深刻的印象。另外，新媒体能够精确定位目标群体，更加细分的群体需求，创造了一个更加多元化的营销表达形式，并通过这种方式，持续刺激消费者的消费欲以及和品牌关联的欲望。

（2）品牌故事

品牌故事狭义上是一种品牌叙述自身故事的形式。但广义上，是指企业通过叙事的方式，向受众传播产品利益诉求点、品牌背景文化和价值观[①]。品牌故事的作用：抓住受众注意力；将品牌概念具象化；使受众感同身受，给消费者留下记忆点，便于人际传播。品牌故事常常是一种除开产品功用效能需求的软性沟通，在奢侈品牌营销中，产品是售卖想象、梦境和灵感的[②]。事实上，奢侈品品牌的符号化也是通过品牌故事有效传播实现的，如香奈儿将可可·香奈儿个人故事与品牌紧密联系，她作为品牌的灵魂人物，致力于引领女性时装潮流，主张"自由与独立的女性"，并率先推出女性运动裤装、喇叭裤等服饰，通过服饰的创新推崇一种新时代自主女性的生活方式，持续赋予品牌新的内涵，传递品牌信息，形成新时代女性的品牌定位。

在为广绣文创品牌高端产品线设计营销方案时，应考虑该品牌的奢侈品属性，宜用叙事的手法将品牌文化进行渗透。一方面可以结合自身源远流长的人文历史底蕴，手工艺人的手作温度和匠人态度发掘品牌故事；另一方面可以回归传统工艺的文化土壤中构建品牌故事。"岭南生活"便可成为一个品牌叙事切入点，以岭南家庭的日常生活场景为基础，用广绣相关产品美化生活，体现精致生活的理念，用精彩的故事激发受众的关注与热情。

（3）体验营销

体验营销伴随着体验经济的兴起而兴起。在体验经济时代，公司给消费者提供了一个宽阔的舞台，让他们自由发挥想象力，消费者参与企业生产活动，衍生出体验营销这一新的营销模式。美国的Bernd H.Schmitt博士最先提出"体验营销"这一概念，即为消费者制造令他们难忘的事件。与服务营销相比，体验营销更加看重消费者的参与度，渗透在与消费者接触的全过程，以消费者体验为核心建构服务流程，进行个性化、主题化的营销规划，由消费者自己赋予产品价值。如台湾的琉园，主要生产琉璃，并对相关工艺与产品进行推广。游客在馆内不仅可以参观，还可

---

① 王新惠. 论品牌叙事主体的运行机制与叙事动能——以北京老字号品牌故事为例［J］. 现代传播（中国传媒大学学报），2022，44（3）：108-116.
② 阿肖克·颂，克里斯蒂安·布朗卡特. 奢侈品之路——顶级奢侈品牌战略与管理［M］. 北京：机械工业出版社，2016.

以在专业人士的指导下，制作自己的个性化琉璃材质工艺品，最终游客获得了创造价值的愉快体验；企业通过互动方式传播品牌和产品的魅力。广绣是一项手工艺制品，如果从体验经济与文创产业的视角切入，刺绣环节就蕴含了很高的体验价值。因此，广绣文创品牌在营销过程中可积极加入体验营销模式，设置刺绣体验区等。

在设计体验营销时，其体验活动和过程应切合以下消费者行为特点：消费的情感化，即消费者对情感的需要比之前任何时期都要热烈。通过设置特定的情境与事件，体验营销可以控制用户的情感走向[①]；消费的短期化，即消费者更倾向于感性地消费体验，而这种感性的影响之一就是消费的短期性。为了提高消费者的品牌忠诚度，品牌需要实施印象策略，以确保消费者在体验后对品牌保持深刻的印象，即印象管理。比如，创建品牌会员俱乐部、定时推送其他会员的作品或活动等，持续地加深消费者脑海中对品牌的印象。体验营销的设计唯有融入品牌形象、消费者行为心理和体验营销策略三者，才能成功地使体验转化为品牌深层次的传播。

（4）名人背书

名人背书其实就是利用名人的识别符号来增强品牌定位，为品牌形象符号背书，是将品牌抽象符号转为具体形象。同时，名人对消费者具有一定的号召力，使品牌获得拥护者。如路易威登（LOUIS VUITTON）曾与日本著名艺术家村上隆合作，推出了三十三彩系列、樱花Cherry Blossom系列等，这些设计将动漫与奢侈品、大众文化与精英文化结合在一起，将艺术从超脱世俗的心灵领域带回了现实的物质世界，为东方和西方文化搭建起了交流的桥梁，给品牌注入了青春与活力，在实现村上隆个人艺术理念和价值观的同时，通过村上隆独特的个人风格为路易威登提高了产品的收藏价值与品牌的魅力[②]。广绣文创品牌应依据自身品牌特性选择背书名人。同时，可挑选一些有名的公众人物，向其赞助广绣产品，名人使用该产品的行为可以通过互联网等渠道传播，引起大众效仿。在新时代名人效应增加、风格社会影响力扩大的背景下，名人背书营销模式应运而生。

综上所述，广绣文创品牌的营销策略具有多元化媒介、多层次推广、多重手段的特征。

6. 探讨广绣文创品牌的整合经营模式

品牌经营模式是由品牌管理者对公司进行的全面调整，需要与产业特征相吻合。广绣文创品牌需调和政治、文化、市场等各方资源，协作创新，思索经营模式的不同可能，通过品牌建立内外部统一的认同感。品牌整合策略最初由美国的Aaker提出，它需要系统性地思考和管理多个品牌，进行极具战略视野的品牌组合。日本的"产学官"模式中，包含了三个主体，"产"即作为产业主体的企业，既担负着重大的技术创新职责，又对相应的人才培养提出需求；"学"指作为科研开发主体的教育或公共科研机构，其作用为从事科研服务以及培养人才；"官"为制度主

---

① 王愉，辛向阳，虞昊，等. 大道至简，殊途同归：体验设计溯源研究[J]. 装饰，2020（5）：92-96.
② 王霞. 品牌形象文化价值塑造对消费行为的影响[J]. 商业经济研究，2020（5）：76-79.

题，即相关政府机关以激励性措施或政策引导持续推动产、学、官合作，该模式强调生产、学术和政策三者之间的协同合作，这对广绣文创品牌整合经营模式的研究提供了一定的理论指导。

（1）产业问题及SWOT分析

品牌经营应注重与产业的联系。理清广绣产业的现状，以制定行之有效的、具有针对性的经营方案。广绣产业目前面临以下问题：创新研发能力低下，广绣行业的传承者大多数是刺绣匠人，在技术上有所改进，但缺少设计专业训练，无法进行创新研发。年轻消费市场缺失，缺少符合现代审美的广绣产品。同时，文化的教育推广仍有欠缺。传统工艺教育空缺，传统工艺教育应分为两个层次，第一个层次是以普及知识、陶冶性情为主，而第二个层次，即更高的层次应是培育当代工艺美术的创造型人才。初级层面效果明显但普及范围有限。高级层面，教学框架仍有待改善。推广扶持协作盲区，应推进各层次各领域协作发展，政府扶持政策也应随广绣行业现状升级。产品销售渠道狭窄，广绣众多品牌与顾客之间的交流不够广泛，销售方式狭窄。

广绣产业的SWOT分析表见表4-3。

表4-3　　　　　　　　　　　广绣产业的SWOT分析表

	优势	劣势
内部	• 文化底蕴与工艺魅力 • 四大名绣之一，品质和声誉有保证 • 外贸出口的历史优势	• 缺乏设计创新 • 狭窄的销售通路 • 人力成本高 • 品牌形象不明晰，经营策略较为模糊
	机会	威胁
外部	• 获得政府扶持 • 经济实力提升后，消费市场扩大 • 民间传统文化热潮的回归 • 文化创意产业的兴起 • 专家学者的理论研究	• 资金和人才投入意愿低，从业人员减少 • 青年市场占比低 • 同类产品市场竞争(其余三大名绣) • 文创品牌的市场竞争

广绣产业内的问题是相互联系，环环相扣的。除了问题的结构链，还有其他的外部影响因素。我们可以用有关问题的结构图来展示它们之间相互影响的关系（图4-9）。

（2）"产、学、研、政"协同创新的文创品牌整合经营模式

"产、学、研、政"协同创新的模式是建立在资源整合企业所构成的社会生产组织、多方对话机制的基础上的，很适合广绣的文化创意产业的发展。"产"是指由企业组成的社会生产组织；"学"代表教育机构等社会组织；"研"是指科研单位；"政"是指政府，是制度创造者和维

护者[1]。协同创新的方式有助于促进四方优势和劣势的相互补充：企业的研发力量有限，学校可以从事基本的理论研究，通过研究机构将其转化为实际产品，并与公司进行合作，以解决产品研发问题。产品研发成果在由科研单位转化的同时政府可以组织政策引导、资金支持和制度建设。

（3）广绣文创品牌的整合经营模式

本文的目的在于建立一个具有弹性框架的品牌组合，通过"产、学、研、政"的思路，以动态的品牌组合实现广绣文化创意品牌的整合运营。包括主品牌、企业品牌、背书品牌、联合品牌，还有品牌区隔因素和品牌激励因素，每一个品牌都有其对应的作用。

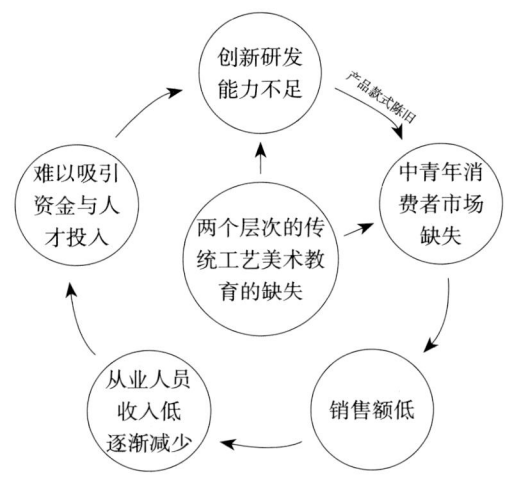

图4-9　广绣产业的问题结构图

本研究提出的品牌组合战略如下：

主品牌：是产品品牌，是指产品与消费者直接接触时所展现出的形象系统，是整个组合模式的代表形象。企业品牌：为产品品牌提供运营操作的专业团队形象，是整个组合调配资源的指挥棒。背书品牌：是指在一种产品和服务品牌身后的支撑性品牌，在创建一个业内首席的、强势的主品牌时起到了很大的作用，又称担保品牌。联合品牌：各品牌均有品牌影响力[2]，整合、转移品牌资产有利于挽救品牌短期的市场失败，扩大营销渠道。广绣文创品牌应选择不同细分市场的品牌进行联合。文化激励因素与区隔因素：它们是主品牌的产品和形象的发展战略，是激活品牌的工具，二者互为补充（图4-10）。

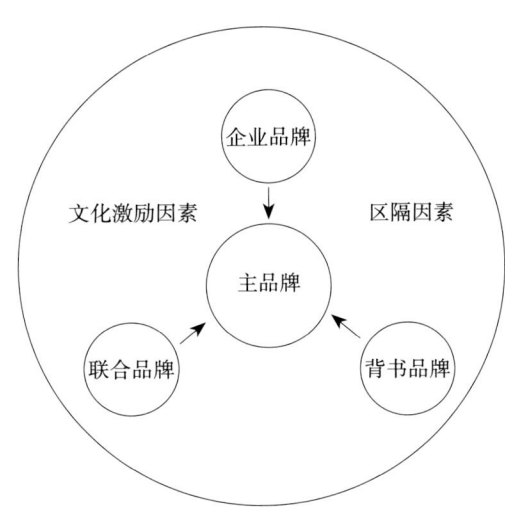

图4-10　广绣文创品牌组合策略

广绣借助自身文化、工艺、历史属性，通过品牌化操作体系帮助广绣实现工艺与市场接轨。这是一种"由内到外"的开发传播模式，是使传统广绣在新时代迸发活力的好方法。

---

[1] 吴洁，车晓静，盛永祥，陈璐，施琴芬，等.基于三方演化博弈的政产学研协同创新机制研究［J］.中国管理科学，2019，27（1）：162-173.

[2] 大多数研究者都认为品牌资产应该是品牌所具有的独特的市场影响力。引自凯文·莱恩·凯勒.战略品牌管理吴水龙［M］.何云，译.北京：中国人民大学出版社，2009：34.

（四）广绣文创品牌视觉系统的设计实践

1. 品牌标志

（1）品牌概念：以"新岭南生活美学态度"为核心概念，以广绣工艺之美为载体，传达悠扬粤韵与都市时尚感融合的美学和生活态度。"轻柔、内敛、悠扬、精致"是标志着重表现的精神品格。

（2）品牌名称：锦绣缘。

（3）元素思考与提炼见表4-4。

表4-4　　　　　　　　　　　　　　元素思考与提炼

形象目标		象征元素	参考
行业属性	刺绣、针线艺术	线→秩序感、韵律感	
精神理念	轻柔、悠扬、精致、内敛	南方水乡→水纹	
	满洲窗	岭南风情	
造型导向	传统再创作	参考标志	YUECHINA 悦中国
颜色	暖色系：体现手作的温度感		暗红色 ①代表手工劳作的温度感 ②浓烈的民俗文化风情 ③吉祥、喜庆的氛围
	低调、雅致：时尚感		

如前文所述，标志设计需要符合形象目标和机能目标。第一，标志需要体现行业属性或产品属性，广绣则提取线的元素，以线条平行组合的方式表现标志造型，因为线不仅造型多变，容易创意处理，同时还能表现广绣"留水路"及纹理分明的秩序感与韵律感。第二，结合"新岭南生活美学态度"的品牌定位，标志需传达南粤风韵，课题组选择具有代表性的满洲窗形象融入标志设计。第三，问卷数据显示品牌的主要消费群体（21~40岁）偏爱"传统再创造"的标志设计，因此标志以品牌名称中"锦"字作为创意原点。第四，在颜色的选择上，采用暗红色作为标志用色，既代表手作的温度，又突出低调内敛的格调。并且，红色还代表了传统的东方韵味与吉祥、喜庆的氛围（图4-11）。

图4-11 "锦绣缘"标志设计

2. 品牌组合规范

为了使标志在不同的媒介和场合具有统一性、美观的特点，标志选用中英文结合的组合方式，并列出其组合的比例与位置，分别为横式组合、竖式组合和直式组合。

3. 品牌色彩与应用

品牌的标准色以标志的红色作为主色。为了让品牌在不同推广用途上展示丰富效果，补充辅助色系。辅助色系借鉴广绣特有的"威彩"用色特征，颜色艳丽，多运用补色，印刷参考色值。视觉系统的使用者可根据具体的设计效果进行颜色的相互配对。在单色情况下，建议用标准色和白色配对；在多颜色情况下，建议以补色或冷暖色系对比的原则来配对颜色。在不同底色印刷时，标志颜色需要根据视觉效果进行调整。以下示范在标准色、辅助色以及不同灰度的底色上印刷标志的用色范例（图4-12）。

图4-12 不同底色用色范例

4. 辅助图形

品牌视觉系统的呈现，以标志为核心，提取品牌基因延展成辅助图案。本方案中，以标志中的满洲窗为品牌基因造型，发展出辅助图形的元素，并可通过8个基本图形元素的多样组合，产生丰富、灵活的辅助图形，以供往后的不同宣传物料中使用。

5. 品牌包装

广绣文化创意品牌的包装设计应该与品牌定位有统一的理念，"轻柔、内敛、悠扬、精致"，彰显"新岭南生活美学态度"。在视觉表达上，一方面要将品牌形象持续下去，另一方面要对传统的东方元素进行再诠释。以下是课题组在包装上的具体设计（图4-13）。

图4-13　包装设计

6. 广绣文化推广App设计

广绣作为一种传统的手工制品，面临着如何脱离"自产"的家庭作坊式生产模式的问题，以确保自身能满足工业化时代下的市场经济需求。广绣作为一项非物质文化遗产，应做到传承与创新并重，在梳理其文化价值与历史脉络的同时，积极地处理角色转变，由消极保存走向主动融入现代生活，走活态的传承之路。打造文创品牌，是振兴广绣艺术的必经之路。文创品牌具有的文化特性、与市场的连通性以及产品开发的创新性，能够适应新时期的广绣艺术需求。本节从艺术层面的分析、探索应用层面的当代设计转换、行业层面的品牌推广，对广绣的发展提出以下几点看法。

（1）将岭南地域文化与广绣文化进行结合理解，阐释其深处的文化意识源头，提炼出广绣浓烈的民俗气息。同时，受中国工艺美术图案的影响，广绣中的实用绣具有经典的传统图案布局方式，形成构图理性、用色感性、纹样繁复、针法简洁的特点。另外，开放的海洋文化使得广绣在主题和表达上具有中西结合的特点。广绣独特的艺术特征由其文化脉络精炼而成，其自身艺术特性为今天的创造性发展提供了艺术手段。

（2）在艺术特色的基础上，分别从技艺创新、题材创新和载体创新三个方面对广绣进行由表及里的分析和探索。通过对工与艺的结合考量，运用复合媒介的传播手法，形成新的艺术表现形态。在题材选择方面，可以提出"借石攻玉"和"借古开今"两个创作方向。最后，通过与不同

图4-14 广绣文化推广App欢迎页面

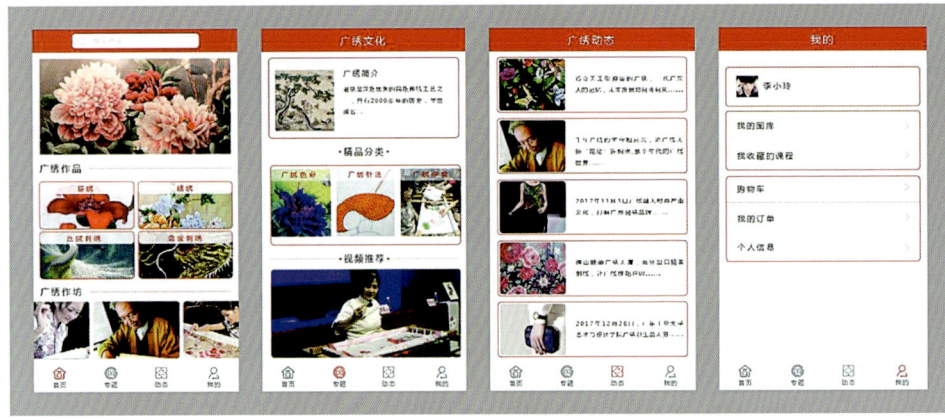

图4-15 广绣文化推广App功能页面/一级页面

载体的结合来扩大广绣在生活领域的应用范围。这三个创新方向，都要注意元素提炼、形式转换和风格对接。

（3）以传统工艺与市场经济相结合的观念，丰富品牌的文化意蕴，利用民俗学、文化学、品牌学、营销学与品牌传播学的相关理论，针对广绣的品牌建构模式进行探讨。分析成功案例、总结品牌现状后，确定了品牌的绝对核心为产品，品牌定位为"新岭南生活美学态度"，品牌策略基于广绣行业，立志成为业内强势品牌，构建"第一"品牌。品牌元素设计上，要体现出品牌的定位准则。产品的开发，应该推出符合受众消费行为的双轨道产品线——"中端及高端产品线"：中端线主要是日常消费品；高端线注重工艺，辅以文化开发，包装设计重视工艺美。

（4）广绣文创品牌推广要运用多样化、多层次的新型营销方式，如运用新媒体作为载体、清名人背书、讲品牌故事以及开展体验营销等。

（5）品牌整合经营是从宏观层面上对整个品牌的运作进行全新的思考，并将产、学、研协同创新模式与品牌组合策略相结合，融合品牌形象建构、品牌推广传播于整合经营之中，从而构成内部相互关联的整体。

二、通草纸画在现代设计中的创新应用

乾隆二十二年（1757年），清政府在广州实行了"一口通商"政策，广州成为中国唯一一个对外口岸。在广州经商的西方人不仅把茶叶、丝绸、陶瓷等带回西方，还带回了大量小巧便利且能直观展示中国风土人情的通草纸画。这些画盛行于19世纪，其创作题材来源于当时的社会历史，通草纸画中出现了大量表现广州、香港、澳门等地风土人情和生活场景的画面，如市井生活、贸易船舶、港口环境、各行各业、不同社会阶层、司法苛吏、风俗节庆、动植物形态等，展示了当时的社会百态。可以说，这些通草纸画既是一部生动的活文本，又是当时中国社会的重要活档案。因此，通草纸画应该在当代得到传承与活化。本节将介绍通草纸画中的工匠文化，分析通草纸画在现代的文化传承与教育，并以两组设计实践为例，探究通草纸画在现代设计中的创新与应用。

（一）通草纸画的工匠文化

目前，学术界对通草纸画的研究资源较少。由于对其工艺了解不够，人们对通草纸画曾产生过一些误解，例如将"通草片"误解为"米纸（Rice paper）"，以及没有将通草纸画视为工艺品。大多数图书馆或博物馆都不会把通草纸画划为一个独立门类进行处理，它们只能散见于各种各样的收藏中，其所归入的类目也千差万别[①]。因此，通草纸画的分类名目混杂，而且部分通草纸画的画家、绘制年份和地点等要素都已无法查考。

通草纸画属于明清外销画的一种类别，国外专门的研究成果较少，而外国学者对外销画的研究成果却比较丰富，主要是专题研究和展览图录。例如，玛格丽特·佐丹（Margaret Jourdain）和索梅·杰里斯（R. SoameJenyns）1950年所著的《十八世纪中国的外销艺术品》。他们利用博物馆外销画藏品和大量来华西洋人的游记、日记、航海志等档案资料，对具体外销画的种类、题材和技法的演变进行探讨。英国学者克雷格·克鲁拉斯（Craig Clunas）的《中国外销水彩画》在1984年首次对外销水彩画进行了专题研究。可见，国外关于从工艺品技艺角度论述通草纸画发展过程的相关研究较少，更没有将其放大到现代背景下去探讨它的现实价值和意义。

通草纸画是一种在通草片上作画的形式，这种表现形式能够充分地将浓郁的中国情调传达给西方人，而且物美价廉，是当时出版的广州旅游指南中必定介绍的广州特产。由于纸张薄而透明，看起来和可食用的"米纸"相近，所以19世纪以来"通草片"在欧洲一直被误说成"米纸"。

早在1961年，罗伯特·珀杜（Robert e. Perdue，JR.）和查尔斯·克雷贝尔（Charles J. Kraebel）在其合写的《制造米纸的植物——通脱木》一文中，将他们1960年在中国台湾新竹所做的考察结果做了详细的记录，并对"通草片"的制作过程进行了细致的描述[②]。"当通脱木长至2～3年、主

[①] 程存洁. 十九世纪中国通草外销水彩画研究［M］. 上海：上海古籍出版社，2008：103.
[②] 郭璞. 尔雅注疏［M］. 北京：北京大学出版社，1999（8）.

干有5～6英尺时，是砍伐的最好时间。……最好的茎髓是那些直径大、中，又表面薄、光滑明亮、体重轻、内部洁白且有小洞的茎髓。……首先将又干燥又细长的茎髓切成规格均匀的一小段，再用一把既厚重，又锋利且带短把的长约12英寸、宽3英寸、刀背1/2英寸厚的刀将这些小段切成薄片。切板可能是光滑的砖、石板，或是瓷砖，大约长15英寸、宽6英寸厚1英寸。两条薄铜条镶嵌在切板正面上下紧靠边缘处。这两根铜条和工人的技术是能否生产出高质量品的关键因素。……将小段茎髓放在切板的两条铜条间，使其成垂直状，再用左手指和手掌压住，右手紧握切刀，将刀身紧贴切板上的铜条，由右往左轻轻地纵向切开茎髓，这样就切成了通草片。"①从田野考察所获得的原始资料中可以推知通草纸画工艺要求精湛，需要对通草及通草片进行加工和绘制。取材和制作工艺都需要工匠及画师具有较强的工艺技巧。同样在绘制工艺表现上，工匠定轮廓，上色，定稿，作品完成，都需要经过层层工序。

"通草也，瓤白白可作妇人首饰。""端午为天中节，人家包黍秫以为粽，束以五色彩丝，或以菖蒲、通草雕刻天师驭虎像于盘中……"②"绣作司、刺绣花作司：成造各色绫、绸、纸、绢、通草供花及燕（宴）花、瓶花。"③《中华古今注》冠子者秦始皇之制也。令三妃九嫔当暑戴芙蓉冠子，以碧罗为之，插五色通草……"《实录》曰："晋惠帝令宫人插五色通草花。"④从以上史料记载可知：早期的通草纸主要被加工成装饰品、妇女的头饰，或是家宴、居室的装饰用品。这种使用方式可以追溯到秦、晋、宋直至明清。

随着应用材料的增多和使用范围的拓宽，通草纸画开始转变。从绘画材料看，通草纸画刚开始所用的颜料以国产为主，采用无机物原料，颜料的渗透性不强。画面由于多层叠加，画面效果突出，色彩比较浓烈。在工艺的摸索期，颜料受西方绘画影响，结合了西方的水彩颜料，表现出的效果明快雅致。也是在这一时期，工匠们将通草纸的特性挖掘出来，从此不用作书写，而专作绘画纸材被固定下来。在使用范围上，早期的通草工艺制作局限在礼仪祭祀等宗族活动上，在销往沿海地区后，产品在用途上发生转变，眼界和视野被打开，通草纸画随之发展成外销画种。

通草纸的精巧烦琐的制作表明了伟大的工匠精神，集中体现了工匠文化的物质层面，或者说最外层支配"工匠精神"的是客观物性，而不是本人及其愿望。作为共同体的"客观社会"决定了工匠手作标准，更决定了匠人的手作技能及其价值观。工匠精神中需要具备在战略格局的转变下审时度势的能力，才能不断适应新形势的变化开拓创新，才能摸索出适应新时期新环境转变的契机。

在产品外销所带来的可观的经济利益回报的驱动下，通草纸画的题材和风格发生了变化。在发展时期，绘画颜色主要采用西方水彩画料，色彩轻快透明，作画上工艺要求精湛，"画家在绘

---

① 1英尺≈0.3米，1英寸≈2.5厘米。
② 田汝成. 西湖游览志余 [M]. 北京：东方出版社，2012：135.
③ 乾隆. 钦定大清会典则例 [M]. 北京：商务印书馆，2013：85.
④ 沈自南. 艺林汇考·服饰篇 [M]. 上海：上海古籍出版社，1992：7.

制一些细致部分如蝴蝶的触角时，往往仅有一丝毛发作细描。"绘制出的作品与通草纸的特性天衣无缝地结合，效果轰动了整个欧美，大量作品行销海内外。

外销通草纸画都是以店面字号的形式进行售卖，在画作上都会留下落款，表明画作的商标。这些商标可以看做是工匠对自己作品的承诺。卡尔·克罗斯曼（Cal L. Corssman）在其《中国贸易的装饰艺术》（*The Decorative Arts of the China Trade*）一书附表A "面向西方市场的中国画家"中，列举了八家绘制通草水彩画的画室，有林呱、新呱、庭呱、煜呱、兴呱、钟呱等。正是通过其画上所做的标记标识，这些画家才能被西方人所认可。

19世纪末，广州十三行著名的外销画 "永泰兴画铺"，其产品的商标是长方形，上面印制着中英文字，中文竖写，繁体，共两行，分别写在标签的左右两边，左边写着："粤省怀远驿"，右边写着："永泰兴道画"，英文则印在中间："WING TAI HING"[①]。绘画题署文字添加作者姓名，既表明作者与前人之间的承继关系，也区分清楚店铺与作者之间的关系，从而达到把店铺画徒作品与画家作品区分开来的效果，不再以早年西方的 "庭呱" 个人名称作为商标了。这里看似简单的题署形式的改变，却体现了新的艺术品经营理念的出现。工匠精神提倡的 "物勒工名"记载自《礼记·月令》，"物勒工名，以考其诚，工有不当，必行其罪，必究其情。"其意义是将自己的名字刻在制作的器物上，这种产品的追溯方式，使得工匠各负其责，以达到诚信守义的目的。

这种商业模式的运作极具灵活性，个人属性和商标意识很强，这不仅是对个人作品的承诺，更是对作品品牌形象的塑造，是工匠精神中不可或缺的一种 "创品牌" 的营销理念。当工匠的规范化特质定型以后，其精神便超越于 "物性" 之上而自觉存在。工匠作为社会主体个人及其行为被纳入社会系统里，工匠精神方能超然于物质与手艺的整体高度之上，从而被社会所敬畏与重视，并发挥其特有的社会功能[②]。这里反映出工匠文化的中间层的架构关系，协调着各部分要素之间的关系，它是工匠文化持续性发展的中心。

外销行曾是外销画的重要进口发源地，第二次鸦片战争的战火烧毁了这里，战争带来的灾难彻底摧毁了通草纸画的昔日繁华。虽然随着时代的变迁，通草纸画的经营模式早已经从小作坊发展到工厂生产形式，作品呈现流水线的生产模式，每个画匠负责一个部分。画工们在制作的整个工艺流程中采用联合的形式分工合作，有的画工负责勾勒，有的画工负责上色，有的画工负责修改，甚至有的专门负责绘制手，有的专门负责绘制脚，有的专门负责绘制衣服[③]。

这一时期的作品色彩比之前变化要少得多，颜色搭配凝重、生硬、暗淡，人物不作背面处理，没有水彩的淡雅感觉，这种变化也使工艺技艺没有达到早期作品的效果。这样一种机械操作，由于没有创新画作基本都是运用拷贝和临摹画稿的形式来完成，外销画的质量下降，甚至导

[①] 金程斌. 通草纸水彩画工艺的制作流程及相关问题研究[J]. 装饰，2016（11）：78.
[②] 潘天波. 工匠精神的社会学批判：存在与遮蔽[J]. 民族艺术，2016（1）：43.
[③] 高正. 被误读的 "工匠精神"[J]. 美术观察，2018（1）：28-29.

致顾客的不满。1874年的《循环日报》上有关于中国画家和英国船长之间矛盾的记载，画家接受英国船长绘制20幅肖像画的订单，共80美元，但是绘画完成以后，船长没有付钱，因为这些作品画得太差了，没有很好地画出他的真实面貌，因此他拒绝接受这些画。从外销通草纸画走入衰败的分析，可以看到工艺坚守的重要性。没有坚守工艺的精益求精，没有调整适应时代变迁，将会被淘汰被遗弃。这一衰败过程还可以看到坚持坚守的重要意义，它是工匠文化的核心层，体现出这一体系的思维方式、价值观念和情感系统，是一切活动方式的准则和依据。

历史已经远去，无论兴衰成败，既成事实已经无法改变，关键在于我们如何去看待历史、理解历史、总结历史。在历史的长河中，文化价值意义更需要我们不断创新，不断探索新的方式。工匠文化观念中的"工匠"代表物，区别于"精神"和"心灵"，它是扎根于广大群众的艺术，来自匠人之手，不仅满足个人的需求，也是对整个社会生活状态和价值观的映射。文化观念是在客观物的基础上凝练成的核心思想和概念，涉及知识、技能、风格、社会结构、风俗习惯、宗教信仰等文化模式。现代的工匠文化观念是承前启后，历史延续和发展的结果。尽管时代变更，形式表现和手法更换，但是历史的脉络仍然清晰可见，蕴含着巨大的智慧宝库，亟待整理和开发。所以，研究中国古代工匠文化，发掘中国传统文化、民族文化、地域文化中的活水源头，更应该梳理历史脉络，深入研究工匠技艺的兴衰历程、创作观念、思维方式等的精神内涵。

（二）通草纸画在现代的文化传承与教育

作为两百年前中国社会生活的真实写照，通草纸画不仅是研究中国近代史的珍贵档案，更是艺术创作的源泉，它所阐述的生活中的美术现象俯拾即是。在进行通草纸画教育过程中，可联系学生的生活经验，将课内与课外、校内与校外结合起来，探讨宏观意义上文化传承在教育中的具体表现。

传承一直以来都出现在民俗学的研究中，"传"与"承"是并存的，是相互继起环环相扣的。文化传承，是指"文化在民族共同体内的社会成员中作接力棒似的纵向交接的过程，这个过程因受生存环境和文化背景的制约而具有强制性和模式化要求，最终形成文化的传承机制，使民族文化在历史发展中具有稳定性、完整性、延续性等特征。"[①]文化在传承过程中呈现出稳定、延续、再生的特点。

通草纸画的创作是基于特定文化历史环境产生的，它不是一个孤立的作品，它反映着一个时代的文化环境、历史变迁、社会场景和人们的精神面貌。因此在传承与教育的过程中，不能割裂它的产生背景和历史关系，必将其放入文化情景中去理解和掌握。

在博物馆举办通草纸画专题展览，向学生展示和介绍通草纸画的发展过程，解读通草纸画上的历史故事和表现的意义价值。作为历史的记录者，尤其是广州的历史记载，外销通草纸画起到

---

① 赵世林. 云南少数民族文化传承论纲［M］. 昆明：云南民族出版社，2001.

了举足轻重的作用，了解和梳理期间的关系和发展脉络，对于保护广州历史有着重要的意义。文化传承需要关注历史，切入历史，认识历史，同时增强个体对社会意识的本真自我认同感，对自身之于社会的关系应放在纵向的历史长河中去了解和把握。

在少年宫和培训机构从事绘画创作，通过美术审美、审美教育的潜移默化，使学生通过对外销通草纸画作品中的具象形象、直观画面的表现效果和艺术造型表达方式的赏析体会其所表达的现实生活中的善恶美丑，从而启发学生的审美意识，同时可以接触到形象生动、丰富的社会生活层面，跨越时空界限，领略中西表达差异，纵横古今，在工艺美术表现的历史长廊中漫步，培养美的鉴赏力和审美力。

在通草纸画的教育过程中，我们通过重视学生的亲身体验，改变学生静止的、被动的学习模式，强化在实际操作中发现问题、探究解决问题的能力。立足广州文化特点进行艺术创作，以新的艺术手法通过作品的色彩、构图、场景形态来引导学生发挥创新能力，拓展文化传承的内沿与外涵。

通草纸画来自民间，有着很深的民俗风情的烙印。在传承文化的过程中，反思教育的传承方式上，可以分成学校教育和社会教育两大方向。以学校教育为主的"知识中心主义"传授知识，认识传统，了解传统，掌握传统表现方式，具有"灌输"和"成人化"的倾向，和学生的实际生活相脱离，易使学生产生对文化传承教育的厌学情绪。相比而言，社区教育和家庭教育对于文化传承的方法更为生动、灵活。可以将通草纸画记录形式通过社区和家庭的宗教仪式、节日庆典等文化传承活动，以一对一、一对多、多对多的传承方式使年轻一代接受文化教育。

有学者指出，"在非物质文化遗产保护的大潮中，'传承'虽然被称为'时尚'用语，但对传承的理论层面及现实的运用认识仍浮于表面。"[1]文化传承的研究还停留在口号式的层面上，这使得对文化传承的研究过于概念化和程式化，而显得理论探讨不足，真正有开创性的、开拓性的研究成果甚少。因此，我们更应该密切结合岭南文化的实际情况开展研究，通过学科的对话与社区教育的互动，拓宽视野，加深对通草纸画传承的认识和理解，并以此为基础，努力提炼出创新的理论和方法，使关于文化传承的研究更加深入向纵深方向发展。

（三）通草纸画图案艺术的创新再设计

基于将通草纸画图案艺术进行现代转化的理念，课题组连续几年在设计学教育中，鼓励基于岭南文化的设计创新。例如，一位学生从通草纸画中提取女性服饰符号元素并创建了文化品牌——"蕴秀"。下文将以此实践作为一个案例加以评述。

外销通草纸画中所绘的女性形象是多种多样的，其中民间女性皆是具有广州地区特色的汉族打扮。近年，中国传统服饰图案越来越受到世界顶级服装设计和造型师的青睐。受中国复古风潮

---

[1] 祁庆富. 论非物质文化遗产保护中的传承及传承人[J]. 西北民族研究，2006（3）：115-123.

的影响，从服装到妆发，大量的中国古代元素走上了时装发布会。例如2010年的北京国际时装周春夏系列发布活动中，郭培的"一千零二夜"中国式宫廷的华丽美感惊艳了全场，模特身上的现代服饰的装饰图案融入我国古代常见的缠枝莲和宝相花，并与"万字不断头"的样式相结合。

文化品牌"蕴秀"的设计是基于外销通草纸画中图案再设计的美妆护肤品牌包装实践。"蕴"字的本义是积聚、蓄藏，"秀"是美好、秀丽的意思，"蕴秀"二字有着积聚秀丽的含义。"蕴秀"二字选用书法体，且在众多书法体中选取了现代书法家启功的启体，有着优美的韵律和深远的意境。标志装饰图案则选取了汉族传统吉祥图案：凤穿牡丹图样和青海波浪纹。凤穿牡丹是传统吉祥图案，也暗示该产品在同类产品中的高端定位。而青海波浪纹寓意是比较理想和美好的，象征祈求永恒不灭的心愿。该文化品牌围绕外销通草纸画中的女性题材，从其中的女性人物服饰取得灵感，把服饰上的装饰图案运用到设计上，再从古代女性的妆容上提取不同元素，与服饰图案相结合，形成系列产品。

图4-16 青海波浪纹与字体

"蕴秀"品牌形象既有着反映自古以来女性追求美貌的永恒之心，还寓意该美容产品能让女性的美貌永恒持续下去。如图4-16图案颜色以黑色和金色为主，选取这两种中国古代最尊贵的颜色，给产品营造一种高档、雍容华贵的感觉。标志外形为两个相交的圆形，上方的圆为明亮烫金的凤穿牡丹纹样，下为玄黑的青海波浪纹和"蕴秀"字样。

"蕴秀"品牌产品设计从古代女性妆容上提取唇妆、花钿、眉妆、首饰、手、发髻六个元素，设计了一系列六种不同的产品，同时设计了六张不同风格的海报。六张海报的主体色各不相同，分别选取中国六种传统颜色：玉红、桃色、妃色、月白、竹绿和绛紫。该设计将六种不同女性元素和凤穿牡丹纹样相结合，并配以六种传统颜色来绘制海报，整体的色调与产品保持一致，形成统一。

"蕴秀"系列化妆产品总共有六种不同设计的包装，从古代女性服饰图案中进行采样和再设计，分别采用了铃兰祥云、练鹊桃花、兰草海浪、牡丹秋菊、青山仙鹤和彩蝶祥云不同的图样。每个图样都有其独特的寓意：铃兰祥云，铃兰花有清幽高华之意，祥云在古时候是象征祥瑞的云气，有着吉祥、喜庆、幸福的意义；练鹊桃花，练鹊又名绶带鸟，"绶"与"寿"谐音，桃花亦有着长寿的意象，两者结合为传统花纹"代代寿仙"，有着祝寿，世代家族都能长寿的意义；兰草海浪，兰草纹寓意隐逸的君子，波浪纹即是涡纹，有"光明、光荣、永恒"的意义，有着对人美好品质不变的祝愿。设计作品色彩各异但是又有着微妙的联系，充分地把古代服饰图案的美丽展现了出来。

口红是"蕴秀"系列产品之一，口红包装上的标志采用了六个女性元素中的唇妆元素，再与玉红、桃色、妃色、月白、竹绿和绛紫六种中国传统颜色进行结合。口红的管体采用长方体的管身。图案采用浮雕、烫金、镂空等多种3D工艺，以富有现代感的设计形式将古代女性服饰图案再次融入产品中。面膜包装上的标志采用了六个女性元素中的发髻元素，以现代风格为主，底纹选取古代女性服饰的花纹，再进行划痕处理，使其产生年代感；深邃眉笔总共有六种款式，眉笔标志运用六个女性元素中的眉妆元素，笔杆采用金属材质，笔身以标志和白色组成，装饰花纹与底色在上下两个笔头处；粉扑盒外形为圆形，采用女性元素中的花钿元素，将花钿图样进行暗纹处理，使其更具韵味。外包装不运用花钿元素，以"蕴秀"品牌标志居于正中，并以硬朗的英文字体进行装饰，再配以柔美的中国传统装饰图案，既是传统与现代的结合，也暗含了女性的美所表达的美好意象。

文创产品的形态、风格是否能引起广大民众的喜好，关键在于它们是否能够适应现代人的生活和审美需要。创新性的研发需要把广府的通草纸画文化视为产业发展的一部分，目前应以广州文化产业的发展为契机，加快开放创新思维，为广州文化产业的发展服务。

课题组在分析过近百幅明清通草纸画作品后，《通草画立体拼画》文创设计案例的题材主要依据当时按照西洋人的定制要求绘制的外销画题材，主要包括人、物、景三种类型，如中外商人形象、港口风景、商铺贸易画、街景生活、工匠艺人及工艺制作流程等。因此，在制作"西风东绘"通草纸画立体拼图时会将文化元素提取分成两部分。首先，前景是从画面中选取通草纸画中动植物、口岸建筑、人物的形象题材，并进行扁平化处理。动物的形象是从民俗节庆活动中提取舞龙、赛马、蝴蝶的形象；口岸风光结合植物、船舶、塔楼等建筑与环境形象来提取；人物从当地婚庆活动和商业贸易活动中提取男女形象。拼图中单个元素属于浮雕与镂空相结合的立体造型。其次，远景图案设计提取广州十三行的骑楼场景。当时十三行是明清口岸贸易的中心，店面造型选择有林呱画廊、陈记茗茶店、新盛灯笼、大同号瓷器等十种代表性的骑楼正面剖面图，楼顶屋檐造型取材自广州老街的明清建筑风格，其中内部穿插描绘了外商与中国人之间的交流互动的场景。

《通草画立体拼画》文创设计案例的选色上尊重通草纸画原有的色彩特点。通草纸画作品色彩艳丽，画面具有立体效果，通过显微镜观察发现主要有四大类色彩区域，红色、蓝色、黑色、绿色。其中红色为人造无机金属化合颜料铅丹，常用于清代通草水彩画绘制的家具、窗棂和木箱等；黑色为植物烟墨，常用于物件线条处理；蓝色为人工合成的群青，在绘制官宦、富家子弟等服饰时常用；绿色为孔雀石和巴黎绿的混合颜料。

设计尊重和利用原通草纸画中自身的绘画表现题材形式、色彩处理和图像构成手法来进行创作，其中提炼通草纸画具有广州口岸情景的文化语义特征来设计立体拼图。通草纸画立体拼图的表现属于立体浮雕形式，它是一种口岸风貌的展示台，整体结合口岸形态做成半弧拱形展台，通草纸画题材元素通过底座插孔固定，涉及口岸动植物、人物、建筑等，单个元素插件尺寸控制在3厘米至10厘米，展出效果错落有致，形成丰富的空间层次感。前景插件元素采用桦木激光雕刻，以木原色和单色轮廓线条表现为主。后景采用具有装饰特点的广州骑楼插画表现。立体拼图是图像组件，也可选择手绘上色后再完成立体拼图，表现出环境装饰的效果。

通草纸画立体拼图是从美学现代性角度来革新传统工艺的衍生品。设计过程需要关注现代消费与传统美学取向的同步，关注通草纸画的材料建模和色彩处理，从事物与自我之间的美学关系中发挥工艺和质地因素的整体效果，从而达到传播岭南文化的目的。广州民间工艺品通过设计创新，发掘外销通草纸画所传递的时代性，使之实现批量化生产，并能与时俱进且永葆生机和活力。

三、广彩的艺术价值及其创新再设计

广彩，又名广州织金彩瓷，是从中国传统彩瓷中诞生，将提花织物中的"织金"图案绘制于白胎瓷釉上，低温焙烧而成的釉上彩瓷，以"绚彩华丽，式多奇巧"而闻名于世。广彩在海上丝绸之路贸易背景下应运而生，是承载中西贸易、文化交流的独特艺术与物质存在，在一定程度上也是多元文化全球性交流展示的重要纽带。广彩多元艺术文化的研究，可带动认识及整合粤港澳大湾区多元设计文化的独特资源，以此增强文化认同感及文化自信，并发掘广彩设计文化理念的新思维及新空间，以此达到推进大湾区协同治理与发展的根本目标。

（一）广彩的艺术形态特征

清代刘子芬曾在《竹园陶说》中这样记载："海通之初，西商之来中国者先至中国澳门，后则径越广州，清代中期，海舶云集，商务繁盛，欧土重华瓷，我国商人投其所好，乃于景德镇烧造白器，运至粤埠，另雇工匠，仿照西洋画法，加以彩绘，于珠江南岸之河南开炉烘染，制成彩器，然后售之西商。盖其器购自景德镇，彩绘则粤之河南厂所加也"[①]。由此可见，广彩历史可追溯到清代康熙年间，自广州成为唯一通商口岸，各国船只商人熙来攘往，商贸繁盛，西方盛行的"中国风"使欧洲人狂热地追求中国瓷器，为了迎合大量的外销需要，广州十三行商人"借胎加彩"，将景德镇白瓷胎运至广州，另雇手工匠人加工绘彩，从而逐步开启了广彩艺术的鼎盛时代。广彩瓷的产生迎合了当时中西贸易的巨大需求，其发展也时刻顺应着西方世界的审美品位，纹饰题材饱满丰富，用彩绚丽，工艺错珠缕金，并结合式多奇巧的花样款式风靡世界，在摸索与革新中促成了"织金彩瓷、岁无定样"的独特艺术形式，成为中国传统陶瓷中的一枝奇葩（图4-17）。

图4-17　岭南广彩
图片来源：https://auction.artron.net/paimai-art5056630875

---

① 吕成龙. 瑞典藏中国清代外销瓷[J]. 紫禁城，2005（6）：36-48.

1. 岁无定样——广彩纹饰特征

广彩纹饰题材涉及广泛，构图疏密有致，既汲取了传统装饰图案，又融入了欧洲洛可可艺术元素，并随着贸易市场需求及精神追求的不同，表现出"岁无定样"的纹饰特质。

人物纹：广彩中人物纹饰题材最为丰富，分为中式和西洋人物。中式人物题材多为热闹奢华、宴乐祝寿，或惬意祥和或浪漫温馨的生活场景；西洋人物也多以浪漫情调为题材，取材于宗教或神话故事。广彩于清康熙中晚期至雍正早期进入初创阶段，此间人物纹饰多表现英姿飒爽的将士及气势恢宏的战争场面；偶尔也见耕樵渔牧、谈诗对饮的画面，几乎没有合家生活的图案。到了马放南山的雍正晚期后，广彩人物纹中有一类衣着清装的中国贵族形象，颇受西方市场的欢迎。例如清乾隆时期广彩弹唱娱乐图龙柄盖壶（图4-18），位于画面中心的男主人公神情愉悦，体态从容，悠闲地倚坐在榻上，感受着美妙悠扬的音乐。他头顶冠帽，服饰华美精致，胡须修剪整洁。旁边奏乐的侍者谦卑恭敬，服饰相对简单，眼睛时刻关注着男主人公的神态。最右侧的女眷发髻高盘，饰以金饰，身着宽袖紫袍，露出白皙的手臂。左侧的红衣孩童神情专注，似乎刚刚从嬉玩中被乐声吸引。这幅画面中的人物形象丰满，姿态灵动，服饰外形刻画传神，并通过其他三个人物的眼神指向，既很好地划分了画面人物的主次，又生动地显现出清朝官宦们愉快的家庭生活氛围。又如嘉庆广彩人物故事碗（图4-19），夫君在陪夫人吟诗诵读，情意绵绵。男子身着清代官服，头戴凉帽，女子则汉族装扮，头梳高髻，插戴珠箍，身穿水青与西红色相间的直领对襟裙衫。巴掌大的碗身图案不仅展现了清代不同人物的形象特征，更是以这种温情浪漫满足着当时人们的精神追求，成为当代研究广彩人物纹饰历史背景和年代更迭的重要依据。

徽章纹：徽章纹是广彩中的典型纹饰，也是广彩纹饰的最早代表，戴维德·霍华德著的 *A tale of three cities Canton，Shanghai & Hong Kong*（《广州、上海及香港三个城市的故事》）一书中刊载，生产于康熙年间的乔治·沃雷纹章瓷盘与托马斯·特雷弗爵士珐琅彩纹章瓷盘"是最早的广彩瓷器，纹章瓷器这一奢侈品在珐琅彩上的追逐促成了广彩的诞生"。徽章纹一般是西方皇室贵胄、军队首领或商贾、神职等人士身份、社会地位及政治主张的独有标志，不少权贵将家族徽章纹印在广彩上，以此被尊为荣誉与权威的象征品。据记载，大约三百个欧洲家族曾向中国定制徽章纹瓷，雍乾时期数量极多，且非常精美华丽。徽章纹设计主要由名称、徽章以及边饰等组成，徽章纹样多装饰于瓷器的显要部位，周边构图简约留白，边饰多以卷草纹、欧式花纹搭配，能明显呈现出欧洲洛可可风格（图4-20）。

花鸟纹：花鸟纹是广彩中最常见的纹饰之一，康熙年间多以模仿中国传统瓷器花鸟纹样为主体，广彩繁盛阶段逐渐减弱，多为合家欢画面的边饰设计，体现出婀娜多姿、雅致轻松的效果，且有吉祥如意和操守气节等隐喻。花卉纹饰有写生花卉和卷叶花卉之分，写生花卉即折枝花卉，纹样写实，自由排列；卷叶花卉也称缠枝花卉[①]，多由牡丹、荷花、菊花、茶花共组成春夏秋冬

---

① 何萍. 论广彩瓷器的艺术特征［D］. 江西：景德镇陶瓷学院，2009：14.

图4-18 清乾隆弹唱娱乐图龙柄盖壶　图4-19 清嘉庆广彩人物故事碗　　图4-20 广彩徽章纹 乾隆
图片来源：http://www.360doc.com/content/11/1206/14/5975523_170108893.shtml 　图片来源：https://auction.artron.net/paimai-art5053401037/

四季景①。此外，凤鸟纹也是花鸟纹饰中的代表，在古人心中，凤尊为百鸟之王，是吉祥之鸟，多与蝴蝶、牡丹、玫瑰、玉兰等高雅亮丽之花搭配，不仅使画面显得雍容瑞丽、生机盎然，还有"花开富贵""福寿双全"之意（图4-21）。

风景纹：风景纹在广彩中主要有中式与西式景物之分。在中式景物上，常常有描写农家生活、亭台楼阁、家庭生活的场景等，而在西式景物中，则常见城堡以及农庄麦地等（图4-22）。值得一提的是，匠人们在广彩瓷中所描绘的风景纹饰与很多欧洲人对中国上流社会家境情况的描述惊人的一致，例如在《旧中国杂记》这本书中，有着对广州十三行行商家境的数段描写："这是一个引人入胜的地方，外国使节与政府高级官员，甚至与钦差大臣之间的会晤，也常常在这里进行。这里到处分布着美丽的古树，有各种各样的花卉果树。……碎石铺就的道路，大块石头砌成的岩洞上边盖着亭子；花岗石砌成的小桥跨过一个个小湖和一道道流水。"从上述文字可以推测广彩中风景纹饰的重要灵感来源于十三行行商的生活及他们华丽的府邸，那里的生活是欧洲人眼中中国社会的写照，流露着西方人对清代上层社会奢靡生活的艳羡。此外还有一种"行碗"，将外商远洋的船舶图样及贸易码头的场景绘制于西方人用于盛装鸡尾酒的大碗碗壁，是广彩外销瓷中的珍品之一（图4-23）。

2. 绚彩华丽——广彩赋色特征

不同时期广彩瓷赋色有着不同的表现特征，但总体而言，区别于中国传统瓷器用色雅致、意匠自然的格调，受西方审美风尚的驱动，以及色料、工艺的革新，整体呈现出明亮活泼、绚彩华丽的赋色特征。

清康熙时期（17世纪中叶），初步形成的广彩瓷色彩特征还不明显，色料多来自景德镇且种

---
① 曹先勇. 绚丽华彩金碧辉煌——清代外销广彩瓷的历史与特点［J］. 东方收藏，2021（03）：11-17.

图4-21　广彩花鸟纹饰　　　　图4-22　广彩西式风景纹样　　图4-23　广彩十三行大碗　约1785年
图片来源：http://www.gucn.com/
Service_CurioAuction_Show.
asp?Id=7037691

类不多，以矿物颜料为主，色泽淡雅，但耐酸碱性比较好，因此保存时间较长。当时所用的色彩以麻色为主，兼有红、绿、黑、金、蓝等古彩色系，麻色色调偏棕，亮丽而柔和，迎合了当时西方国家的审美需要，极受欧洲市场的喜爱。麻色与灰釉瓷的结合相比于后期的浓墨重彩，有着一种优雅明丽的独特之美，也体现出早期广彩瓷的特色（图4-24）。

清乾隆至嘉庆时期，广彩用色较早期更为明艳生动，在瓷绘用料上有了明显发展，广州手工匠人已不局限于景德镇的传统釉料，而是不断改进，灵活借鉴舶来颜料，大大丰富了原有用色，使得此时的广彩熠熠生辉，添加了不少情调。该阶段的色料有西红、干大红、茄紫、大绿、二绿、水青、鹤春、麻、金等二十多种彩料，而此时广彩标志性特征的金彩开始出现。这一时期广彩瓷不仅色料丰富，同时汲取西方绘画设色手法，注重色彩层叠搭配，整体色调统一，画面色彩缤纷而不失和谐，充满了入世精神和人文气息（图4-25）。

清道光至光绪时期，广彩已达到繁盛阶段，色料种类不断增加，高达几十余种，并开始大量采用进口釉料和金水，用色主要为大金、大红、大绿等原色，色泽也由淡雅流向浓艳。同时，19世纪随着美国市场的进入，热情奔放的"镀金"装饰艺术推动了金彩的大量使用，随而广彩艺人将中国传统提花编织工艺引入广彩工艺，在各种白胎瓷器上绘以金色图案或以金水为线勾勒打底，犹如万缕金丝织白玉的富贵格调，显得异常绚丽华彩、金碧辉煌，这也成就了广彩鲜明而独特的色彩风格并传承至今（图4-26）。

3. 织金堆玉——广彩技艺特征

广彩的技艺非常精细繁复，从挑选白胎瓷、彩绘、封金斗彩、烧制等工序，再采用勾、描、织、填等技法，在白胎瓷面上用各种色料和金水绘制精美图案，后以800度左右高温烧制6~8小时而成。广彩最具特色的工艺技法在于"织金堆玉"，是借鉴纺织提花中"织金"手法，将"金线"似编织状勾画在瓷面上，错珠缕金、繁而有序，清朝词人不禁感叹："彩笔为针、丹青作线，纵横交织针针见，不须锦缎绣春图，春花飞上银瓷面。"[1]

---

[1] 黄芳芳. "海上丝路"背景下"广彩"的艺术形态研究[J]. 美与时代，2016（02）：12-14.

图4-24　广彩麻色描金菊花双鸟碟
图片来源：广东省博物馆藏

图4-25　广彩人物纹饰盘
图片来源：广东省博物馆藏

图4-26　广彩人物故事大碗
图片来源：广东省博物馆藏

此外，广彩在传统工艺的基础上，还吸收了欧美的绘画技巧，繁复的用色、写实的笔法、明暗的表现，可将画面表现得淋漓尽致，别有风情。例如"折色人物""长行人物""挞花头"技法。"折色人物"采用古彩技法，人物先以线条勾出轮廓形象，再晕染填色（图4-27）。"长行人物"则是部分主要轮廓勾线，其余用色表现，画面中的仕女先开面相，画出发髻，线条勾勒确定衣领、裙头、袖口等位置，再用色晕染衣裙，淋漓的水墨表现出衣服形态后，再以粗细疏密线条表现衣褶，人物形象的明暗、空间感就显现出来了。这种画法类似于西洋素描和铜版画技法，人物形象更为精彩生动，而被乐于流传（图4-28）。"挞花头"，指的是在不勾勒轮廓线的情况下，用水或油调好色后通过落笔的轻重，用画笔挞出花头，这种技法与中国画技法相似，有一种轻盈、透润的自然美。广彩在技法及工艺上的不断革新，使其逐步形成了独特的自我艺术情趣和韵味。

图4-27　广彩"折色人物"纹饰
图片来源：http://www.gucn.com/Service_CurioCheck_Show.asp?Id=581497

图4-28　广彩"长行人物"纹饰
图片来源：广东省博物馆. 重彩华章——广彩瓷器300年精华展[M]. 广州：岭南美术出版社，2014.

4. 式多样巧——广彩形制特征

广彩瓷器的造型讲究"施用有宜",取决于使用时的功能需求及对制作原料的加工条件,当然还有艺术审美的趋向。广彩形制按照不同用途及审美需求分为生活用品类和艺术陈设类。广彩基本外销欧美,所以在形制上多数参考的是西方日常生活的器皿,欧美商人将其制成模具,或者使用绘制的图样带到中国烧制加工,以满足宫廷与贵族的饮食习惯及用餐方式。其中生活用品类的器皿主要有西餐中常使用的各类碗、盘、杯、碟、果盆、盛冰碗、甜点杯、水果碟等,西方当时十分讲究分餐制,因此在定制时通常以套为单位,普通餐饮器具便有七十多件,豪华套具达到六百余件。此外还有一些烛台、波斯烟具、荷兰鞋及宗教所用各式法器等,凸显异域且切合实用的造型特质(图4-29)。

图4-29 式多样巧的广彩器型
图片来源:广东省博物馆. 重彩华章——广彩瓷器300年精华展[M]. 广州:岭南美术出版社,2014.

广彩还有结合中西审美的艺术陈设器皿,且多在天球瓶、六棱扁瓶、长颈瓶、双耳瓶等传统艺术造型上"嫁接"西方元素,例如瓶颈及肩部饰以巧妙精美的缠枝花纹耳为装饰,兼具异国情调。在西方的消费需求以及审美潮流下,广彩瓷将异域风格融入中国传统造型之中,款式不断更迭,愈加精巧多样,可谓式多奇巧、多姿多彩[①]。

(二)广彩中西融合因素及艺术表现

一方面,"中学西传",中华民族深厚的历史文化和装饰艺术凭借瓷器这一媒介被推向了全世界[②]。在18世纪欧美掀起一股狂热的"中国风",对于欧美社会艺术、制度及各项礼俗均有着非同一般的影响。另一方面,"西风东渐",欧美的绘画技法、异国情调与中国艺术交融渗透,萌发了东方"欧罗巴"的艺术形态。而广彩正是体现这种多元文化全球性交流展示的重要纽带和平台。广彩艺术诞生于中国传统釉上彩瓷的深厚土壤中,携采欧式艺术格调与审美定位,将中西文

---

① 黄芳芳. 广彩的审美特征及活态传承研究[J]. 文艺生活·文海艺苑,2016(03):21-22.
② 施茜,李庆. 溯源一场盛行欧亚的彩绘瓷奢华风[J]. 南京艺术学院学报(美术与设计),2020(01):91-96.

化与艺术并融，在东方陶瓷的母体上绽放出恢诡奇丽、错珠缕金的独特风姿。这些融合在纹饰构图、赋色、技法以及形制等方面都体现得淋漓尽致。

1. 中西合璧的纹样题材

鉴于海上丝绸之路文化的渗透，广彩的纹样题材有着中西合璧的特质[①]。纹饰上，广彩注重开光以及边饰的协调组合，如玫瑰团花纹样式是在中心以圆形开光，四周对称开光四到六幅的构图样式[②]。并且，它还杂糅缠枝花卉纹、龟背锦纹等与西方纹样相结合的图案。随着18世纪欧洲洛可可风格的盛行，广彩出现了不对称的构图方式[③]。洛可可艺术追求自由轻松、浪漫活泼的效果，各种线条优美华丽、欢快流畅，而中国审美习惯讲究对称，寓意圆满，在中西艺术双重审美之下，广彩构图的对称与不对称，呈现了一种中国传统与西洋风格并融、气韵生动的和谐之美。

广彩的传统纹样，有世俗生活、山水风景、吉祥图案，尤以"合家欢"场景为主。由于广彩瓷特殊的外销特点，在其发展中期，纹样呈现了"式多奇巧，岁无定样"的特征[④]。在当时的纹饰绘制中，既有来稿加工又有对西方绘画艺术品的直接仿制。西方的油画、版画作品被中国匠人摹制在广彩瓷器上，呈现出热烈清新的异国情调。纹样的题材分中式和西式两大类，从人物、徽章、风景到动物应有尽有。其中人物纹有神话、宗教、世俗生活多种形式，在一些宗教题材的广彩瓷中，可以从中发现很多《圣经》故事和古希腊神话（图4-30~图4-32），如耶稣受难、巴利斯的审判等。在花卉纹饰方面，欧洲洛可可风格喜用艳丽多彩的线条表现花草植物柔软的枝条，受此影响，广彩的花卉纹饰的构成骨架、物象形态都与中国传统花卉有所变化，例如"大洋花"图纹轻松活泼，欢快流动，令人倍觉轻松。欧洲艺术风格与审美定位的东渐，西方市场对中国瓷器的巨大贸易需求，催生了广彩兼容并蓄的特色，使这种具有东方神韵的器物交融西方文化之后，产生了物质与精神上双重的别致意蕴。

2. 杂糅中西的色彩运用

中国传统用色追求的是"意足不求颜色似"，例如元明时期的青花瓷格调清淡雅致，而广彩赋色与其大相径庭，会更倾向西方的审美情调。比如说，最初相对单一的广彩色调，其多以麻色为主。麻色主要由红、黑二色调出，因明度不同有酱、褐、棕、橙黄（红）等类似色系[⑤]，也因其色域之广，而具有丰富变化之美，麻色是西方人十分钟爱的色彩，在17世纪的法兰西学士院以及皇家雕塑绘画学院等画派中，棕色调风靡一时。与此同时，中国的色料也丰富了欧洲洛可可风格的调色板，著名的荷兰绘画大师伦勃朗，就"善于运用类似中国画中朱砂一样沉着的红色，配

[①] 黄芳芳. 海丝文化背景下的广彩艺术融合及设计传承［J］. 包装工程，2017（16）：195-200.
[②] 焦流. 清代广彩纹章瓷装饰艺术特征研究［J］. 陶瓷研究，2019（04）：22-24.
[③] 马琳. 春花飞上银瓷面广彩瓷器主题装饰纹样赏析［J］. 收藏，2021（03）：56-71.
[④] 林滔. 清广彩人物花鸟纹盘赏析——兼论广彩的早期面貌［J］. 客家文博，2020（02）：42-46.
[⑤] 黄芳芳. 广彩瓷的色彩演变及设计应用研究［J］. 包装工程，2017（14）：188-192.

图4-30 广彩西洋人物上学图花口小碟 乾隆　　图4-31 西洋人物风景纹盘 乾隆　　图4-32 墨彩描金荷兰政界人物肖像图纹章纹咖啡杯

图片来源：广东省博物馆. 重彩华章——广彩瓷器300年精华展［M］. 广州：岭南美术出版社，2014.

以明亮的金黄和沉着的深褐，构成温暖而统一的调子"[1]。另一种色料来源于中国一种名栀子的豆科植物，能提炼出特殊光亮的金黄色，在《辞海》中，"栀"字释文为："'黄栀子'，春夏开白花，极香，原产我国……果实用水浸取可得黄色染料，用为棉、毛、丝等纤维的染色。"[2]可见广彩多使用的麻色是中西材料及审美相互影响的结果。

自18世纪开始，欧洲市场开始呈现对彩瓷的大量需求。广彩出现五彩相煊的赋彩特质，并制造出错珠缕金、柔糜雕饰的视觉奇观。彩瓷匠人将传统颜料与舶来颜料相结合，至道光年间已创造出二十余种广彩彩料。此阶段广彩用色开放，喜用厚料平涂晕染，具有强烈的主观性和装饰性（图4-33）。在乾隆中后期，广彩逐渐采用原色并置及金色堆积而增强装饰性，呈现光彩夺目的视觉效果[3]。随后，织金工艺日渐成熟，瓷绘色料增至几十种，迎来了历史上有名的"镀金时代"。到了19世纪，由于外销市场转向美洲，为了迎合美洲市场需求，对金色的运用达到顶峰，成为绘制广彩瓷的主要色调，深受美国各阶层人士的喜爱（图4-34）。

3. 创新变通的工艺技法

清代刘子芬在《竹园陶说》所言"仿照西洋画法，加以彩绘"，广彩在艺术手法上顺应欧洲流派，在装饰技艺上融汇变通，既继承了传统的五彩、粉彩技艺，又吸纳了西洋油画、素描等技法，对光线明暗、物体立体感、空间透视加以模仿借鉴，创造出一系列新的画法，成就了独具特色的艺术形态。例如乾隆锦地开光人物花鸟盖罐（图4-35），就是用新创的没骨技法渲染：画面人物舍弃了传统线描方法，采用先染色，而后画出层叠的衣纹，绘制的人物立体感较强，且其中也借鉴西洋画师的技法，强调人物与景物的空间感；此外，环境整体构图布局疏密有致，层次清晰，是将国画中的环形散点与西方透视原理相结合的精湛之处。另"挞花头""折色人物""长行

---

[1] 刘农. 与伦勃朗对话［J］. 西南政法大学学报，2003（04）：32-34.
[2] 〔清〕蘅塘退士. 唐诗三百首［M］. 西安：三秦出版社，2008.
[3] 黄芳芳. 广彩瓷的色彩演变及设计应用研究［J］. 包装工程，2017（14）：188-192.

图4-33　广彩花鸟人物壶　19世纪
图片来源：https://auction.artron.net/paimai-art5024140109/

图4-34　广彩描金花鸟仕女人物双耳大瓶　乾隆
图片来源：http://en.51bidlive.com/Item/1616949

图4-35　广彩锦地开光人物花鸟纹盖罐　乾隆
图片来源：广东省博物馆. 异趣同辉——广东省博物馆[M]. 广州：岭南美术出版社，2014.

人物"等技法都体现了中西融合的特征，也让广彩装饰显得艳而不俗，回味无穷。

广彩工艺中最具特色的堪称"织金"技法，这也是广彩的重要艺术特质之一。当时的欧洲宫廷装饰五彩缤纷，贵族们的衣饰更是烦琐骄奢，广彩艺人为了迎合西方浮华奢丽之风，以金水为线，或是运用"织金"手法，将金线互相交错，仿佛万缕金丝织在白玉上，或是对器物进行"斗彩""封金"，对口沿、把手、耳及纹饰等重要细节加以金彩点缀，显得金碧辉煌，深得欧洲人喜爱。晚期的广彩因贸易市场由欧洲转向美国，美利坚民族好浓墨重彩，对金色更是格外狂热，广彩瓷器更是料厚色艳，满地金彩，逐渐走向镀金时代的巅峰。

4. 施用有宜的器物型制

西方人对东方瓷器的向往影响了饮食习惯的改变。同时，广彩很多器物形制也会迎合西方需求而定制（图4-36）[①]。其中，荷兰在1740年设计的一款四周带孔的色拉盘，在盛放沙拉时可以滤水，受到大众欢迎（图4-37）。这个器型在制作上有一定的难度，后来也被用在一部分中国餐具上。

除了实用器皿外，广彩另有中西造型结合的陈设器，如盘口瓶、双耳瓶、带盖扁瓶、瓜棱瓶等[②]。早期瓶器多以流畅造型为主，到了中后期，渐渐在瓶颈等处缀以各样造型的金色堆雕耳进行装饰，鲜明地展示了广彩瓷器中西生活风尚并蓄的特色。另一些实用性餐盘，因其精美的造型和纹样，被欧洲人当作装饰品挂在墙上；还有很多在运至海外之后，为了满足西方人的审美意趣，在瓷器上镶嵌金属饰物，极富异域风情，这些均映现出广彩这一中西文化交融之结晶的独特性。

---

① 吴若明. 晚明外销瓷器型设计与境外术语辨考[J]. 陶瓷研究，2019（01）：8-12.
② 齐美玲. 文人趣味对宋代陶瓷装饰的审美影响[J]. 陶瓷研究，2019（01）：45-47.

图4-36　广彩通花花卉描金壶　乾隆
图片来源：http://www.art-news.com.cn/a/yaowen/guona/20141215/3423.html

图4-37　广彩通花花卉纹盘　乾隆
图片来源：广东省博物馆. 重彩华章——广彩瓷器300年精华展[M]. 广州：岭南美术出版社，2014.

（三）广彩创新再设计方法及应用

随着社会文明的进步，对于文化艺术的需求让人们变得更加追求个性化与多元化，现代设计艺术风格因兼具民族性和国际性广受关注，而传统艺术为现代设计艺术的开拓与发展提供了不可或缺的土壤条件。提升广彩的设计文化价值需融贯中西方元素开辟新思路和新空间，充分发挥粤港澳大湾区多元设计文化的独特资源。

1. 广彩的提炼创新方法

（1）题材内容的选取和应用

对于现代设计中的定位而言，选定题材是其关键因素。广彩的题材涉及广泛，因其独特的外销属性，既有满足西方人情感需求的浪漫传说与西方宗教故事，也有体现东方吉祥惬意的合家欢纹样，这些丰富的题材为设计提供了广泛的灵感。对于外销品包装设计[①]，可以借鉴该种中西结合的创意概念，将商品属性与西方人文意识链接，从而促进销售。例如"情系秋月"月饼包装设计，以西方宗教故事为素材，在月饼这种传统食品包装中体现了异国情调，这种差异化设计策略鉴于对广彩中西艺术融合的领悟。此外，在商品包装设计中，广彩合家欢乐等饱含幸福圆满和富贵吉祥的题材被大量选用，这也体现出自古以来人们对美好生活的祈盼，可在一定程度上增进消费者的购买欲望。国际品牌古驰在2016年春夏推出的"Tian"系列手袋，该商品同样采用了中国传统花鸟主题，将林间花鸟的写意氛围与18世纪流行的洛可可艺术风格相结合，诠释了品牌融合多元文化的设计理念（图4-38）[②]。此外，广彩瓷器上还有一种常运用的题材是人物纹，多描绘中国上流社会家庭生活、宴请宾客和庭院游玩的景象。在2017中国传统民艺再生珠宝配饰设计大赛中，华南农业大学的同学设计了一组广彩人物瓷片首饰（图4-39），饰品主题是清装才子佳人的情节，设计运用动感流畅的线条和具有光泽的合金，巧妙地体现了广彩古典的人物元素与现代时尚简约的灵感结合。

---

① 包青龙. 民间美术在平面广告中的应用探究[J]. 文化产业，2020.
② 黄芳芳. 海丝文化背景下的广彩艺术融合及设计传承[J]. 包装工程，2017（16）：198.

图4-38 "Tian"系列手袋
图片来源：http://art.cfw.cn/news/186800-1.html

图4-39 广彩人物瓷片首饰
图片来源：https://mp.weixin.qq.com/s/YvVPD6Gftb7exYWm-_QWwg

（2）装饰纹样的解构与重组

视觉识别系统中图形作为视觉媒介具有极佳的渲染效果与传播能力。广彩中的装饰纹样丰富多彩，细腻地展示了现实生活和自然界的图形形式，在装饰过程中融入情、理、意、趣的东方情结，同时也杂糅了欧洲的洛可可风格[1]。"礼月"月饼包装设计提取广彩花卉纹为素材，将卷草纹轻盈纤细的图形结构呈曲线重组排列，繁复华丽的洛可可格调以现代时尚动感之态再次展现（图4-40）。而在"细品香茗"茶叶包装设计中（图4-41），将牡丹花卉作为图形元素，花卉与枝叶打散以连续饱满的造型进行重构[2]，构图均衡且松弛有序，配以棕色调更显雍容生动。又如在广东某高校的《装饰表现》课程中，老师带领学生感受了解广彩的艺术魅力，通过市场调研和考察广彩工艺，学生运用解构、重组等设计方法创作一系列广彩装饰作品。

（3）色彩的提炼与升华

色彩可提升产品附加价值，且在一定程度上提高人的生活质量，并将成为一种促销方式和经济亮点，形成色彩经济[3]。广彩具有中西文化、美学为一体的色彩特征，提炼广彩的用色对其推

---

[1] 黄芳芳. 海丝文化背景下的广彩艺术融合及设计传承[J]. 包装工程，2017（16）.
[2] 张朝晖，高怡丹. 海上丝绸之路对广彩瓷器的影响研究[J]. 陶瓷研究，2018（02）.
[3] 黄芳芳. "中国红"的文化意蕴及在现代设计中的运用[J]. 湖南师范大学，2007.

图4-40 "礼月"月饼包装
图片来源：https://st.so.com/stu?a=list&imgkey=t0123ff1b434723b7fb.jpg&keyword=&tp=shopping&srcsp=st_show

图4-41 "细品香茗"月饼包装
图片来源：http://online.sccnn.com/html/design/baozhuang/20131227182830(9).htm

广与传承有极大助力，也可催生西方人的审美认同。例如"秋怡印象"月饼包装设计将广彩花鸟纹饰的配色进行提炼，不同明度的红与绿渐变过渡，打造出层次分明又艳丽尊贵的设计效果。又如中国白酒"大禧"礼品包装设计将高饱和度的红绿两色撞色搭配，辅以金色装饰纹样的点缀，吸收了广彩后期"镀金"风格的色彩格调，既显华丽典雅的品位，也符合人们热闹喜庆的情结。色彩在生活中无处不在，人们的生活也因为色彩斑斓而充满美好。

（4）技艺的借鉴与整合

广彩技艺的借鉴与整合可为现代设计丰富产品价值，也是其传承创新的有效手段，广彩因外销瓷属性，工艺技法受西方影响，"织金"、透视构图及明暗面错落等技法，皆是中西技艺互鉴的典范。其中"织金"——在瓷器上大量使用彩金这一技法，不但成为广彩独树一帜的特色，也在现代产品中不断延续和发展。例如何丽芬作品"卡通十二生肖"吊坠采用"包金边"的技法（图4-42），用大量金色包围吊坠的边缘，与莹白的瓷面相衬和谐，使得单一的吊坠平添了一分贵气。广彩传承人翟惠玲大师参与设计的石英手表，是广彩与时尚饰品设计的跨界结合，也是广彩技艺创新的典例[1]，此款手表表盘中的广州五羊图案描线清晰，填色均匀，并辅以金色封边，在奢华典雅之上增添了文化的浓厚内涵。此外，迪奥作为国际知名奢侈品牌，旗下不少设计师都喜好东方风情元素，御用设计师约翰·加里亚诺设计的一件知名红色刺绣礼服，借鉴了广彩织金技法，在栩栩如生的龙凤纹饰之间用金色丝线钩绣，彰显礼服贵气与奢华，这种将传统工艺与现代产物相结合的方法，又将广彩艺术再一次展现在世界领域[2]。

2. 广彩的创新应用设计

（1）包装设计中的创新应用

包装设计面临现代社会激烈的商品竞争，不能只关注外形设计，还需考虑消费者的精神追

---

[1] 张朝晖、高怡丹. 海上丝绸之路对广彩瓷器的影响研究 [J]. 陶瓷研究，2018（02）.
[2] 黄芳芳. 海丝文化背景下的广彩艺术融合及设计传承 [J]. 包装工程，2017（16）.

图4-42 "卡通十二生肖"吊坠
图片来源：何丽芬广彩精瓷馆自拍

求①。广彩作为能增添文化附加值和设计魅力的艺术，将其巧妙运用于包装设计中能带来极大好处。例如潮皇食府月饼包装的设计（图4-43）色彩借鉴广彩中后期富丽华贵的色彩特征，以干大红、二绿等描绘花鸟龙凤的纹饰，金彩烫金工艺贯穿其中，华美大气，借色彩之美展现月饼这一思乡之物的深厚韵味。此外笔者在包装设计课程中，引导学生体验和感受广彩的艺术特征，其中广彩绘制中的纹饰及强对比用色技法，使学生喜爱及钦佩不已，便尝试性地提炼、创新于设计作品中。例如一款"重彩华章"广彩瓷包装设计（图4-44），将广彩的花鸟纹样与边饰提炼、重组作为设计的主要视觉元素，再以干大红、水青、二绿、双黄四种主色区分产品品类，把明度和饱和度较高的色彩撞置搭配，加以烫金描边，使其花团锦簇的图案表现得炫彩华美。品牌LOGO则借鉴广彩"织金"技法，用金色烫金加凹凸工艺突显正中，整体色调明丽鲜艳、层次分明，将地域文化融入其中，对品牌的文化附加值有很大提升，而这种设计方法对于酒类和补药类的包装同样有借鉴价值。又如"遇见广彩"品牌包装设计（图4-45），其设计初衷是以趣味性、新颖性的时代创意为卖点，从而迎合当下年轻人的审美喜好，推广广彩艺术文化。该品牌包装元素将经典人物形象从原本规范性、严谨性的视觉中提取转变为生动活泼，且具有识别性的卡通形象IP，以趣味新颖的创意为卖点，结合广彩文化的传统元素，设计出各具官场姿态特色的卡通形象，灵活有趣地展现在十三行、码头、庭院等历史场景。整体通过生动形象的插画设计，力求让年轻消费者在轻松娱乐中认识了解继而热爱广彩这门传统艺术，以此传承和发展广彩传统文化。

（2）在服饰设计中的创新应用

服装的生命力来自其特有的文化底蕴。对于时尚而言，传统文化元素是必不可缺的灵感来源，将文化内涵巧妙地应用在现代服饰之中，对彰显民族特色和提升国际时尚感有极大益处。再就广彩而言，中西文化巧妙结合，是体现美学及精神文化的特殊载物。清末时期，为了迎合欧美喜好金色的审美风尚，广彩进一步扩大了金、红、绿等原色的撞色搭配，这促使其有着更富丽浓艳的奢华之美。设计师们恰恰将这种浓墨重彩的装饰风格当作创作灵感的源泉，例如著名服装设

---

① 黄芳芳. 海丝文化背景下的广彩艺术融合及设计传承［J］. 包装工程，2017（16）.

图4-43 潮皇食府月饼包装

图4-44 "重彩华章"广彩瓷包装
图片来源：黎淑珍. 重彩华章岭南广彩文化包装设计报告[J]. 广东工业大学本科毕业论文, 2018(18).

图4-45 "遇见广彩"品牌包装系列
图片来源：伍珠格，倪婷婷. "遇见广彩"广彩品牌文化推广设计[J]. 广东工业大学本科毕业论文, 2020.

计师杨琳设计的一款旗袍（图4-46），对红、青、绿等原色进行强化并混合搭配，提升了服饰的视觉冲击力；在服饰的领、袖之处绣上了彰显贵气的黄色绲边，这与广彩中的金彩封边有着异曲同工之妙，运用这种方法能让服饰色彩更富有层次和立体感，与中国式别致的剪裁相得益彰，突显华丽与贵气。在2008年北京奥运会开幕式上，更是有许多体现中国传统文化艺术风韵的服饰设计。例如有的服饰提炼传统图案塑造文化气质，有的服饰则为了突出在舞台上的表演效果和气势，搭配了大面积鲜艳的色彩[①]。广彩的用色要义与其有相同之处，所以设计师们可以在真正了解广彩这门艺术后，将其文化精神整合统筹，再通过对原有色彩的搭配面积以及对纹饰的搭比例应用做出改变，从而将经典的传统元素进行创意延续。此外，广彩艺术还与项链、胸针等多种配饰结合应用，或优雅柔和，或金丝绚丽（图4-47），让小小的饰品也能通过广彩点缀出中国传统文化的情趣，并且自身实现了创造性的突破。对于广彩自身传承与发展而言，在保留传统元素以及民族特色的基础上进行创新应用是必然之举[②]，也是现代设计与广彩结合的灵感源泉所在。

（3）在装饰艺术设计中的创新应用

广彩在人们的印象中，是欧洲贵族们喜爱并追捧的华丽瓷器，更是身份与地位的象征。但在今天，广彩如今面临着传承发展的窘境，我们不仅保留原有的传统文化，更应对其进行"生产

[①] 张淼. 论民族服饰文化对现代服饰的影响[J]. 才智，2016（04）.
[②] 黄芳芳. 广彩瓷的色彩演变及设计应用研究[J]. 包装工程，2017（14）：188-192.

图4-46　旗袍设计
图片来源：https://st.so.com/stu?a=siftwaterfall&imgkey=t0208b0175d1b4a27ef.jpg&cut=0

图4-47　广彩饰品设计
图片来源："继续"广彩品牌店宣传图片

"性"保护，将原单一的审美观赏转向实用性价值，将广彩创新再生产应用于生活之中。在广州传统工艺美术中心的展厅里，摆放着许多展示广彩魅力的物品，如广彩装饰的挂件、广彩元素茶椅、广彩卡通抱枕、广彩造型的灯罩等，这些物品或色彩润丽，或明艳雅致，体现了设计师们将广彩工艺渗透到了装饰设计中，在展现广彩魅力的同时也是对现代空间环境设计的新风格的探寻。2016年，在以"对话生活，广彩新语"为主题的广彩精品展开幕式上，出现了一面由广彩大师打造的极具视觉冲击力的广彩艺术墙。该墙整面图案精致，用色细腻，以西红、二绿、赭石等色料绘制出花叶植物因清香四溢引来蜂飞蝶舞的场面，远看画面丰富，给人以清秀雅致、暗香袭人的意境。曾经家喻户晓的广彩来到当代遇到重重困境，如何活态传承广彩艺术受到社会的多方关注，媒体、设计师、传承人一直以自身努力寻找最佳的保护与发展措施。使用者对家居的审美需求能反映出其对生活的态度与品位，将广彩运用到家居中非但不会影响它的使用价值，反而提高了艺术价值（图4-48）。家居挂饰也是近年来大众追求的新潮装饰品（图4-49）。它既是生活用具也是装饰品，还可以有效提升整体的空间美感。传统的广彩工艺烦琐，色彩艳丽，构图精细均衡，而现代美学在设计上追求的是极致简约。简洁与复杂、"老土"与"新潮"的设计风格本互相矛盾，却在一个画面上和谐共处，既显时尚而又有内涵。广彩挂饰周边留白遵循了现代审美观念，同时保留了传统工艺手法，提炼广彩传统纹样并向外延伸。整体画面简约，室内空间彰显大方，带来时尚动感之美，同时亦不乏深厚的文化气质，让人的心灵回归大自然，满足了人们精神方面的需求。广彩在装饰艺术设计中的创新应用使得现代与传统互补共生，相得益彰。

图4-48　广彩现代家居

图4-49　广彩几何图形挂饰
图片来源：https://mp.weixin.qq.com/s?src=11&timestamp=1598539108&ver=2548&signature=tsdmAfSAd23fJTxmgce7EcIx0Y0ysuhnUQYHSqLtgpw1TFLi87arkrwRYti7Taz5ijnZB8N0zYtZv9ztJCAGHcQMv2jruViQpx711dWEFtLzMFv0RBvcrs9UhKqNYBjR&new=1

（4）在品牌设计中的创新应用

近几年来，国家越来越重视传统手工艺的发展，提倡尊重民族传统，保护文化多样性。广彩作为国家级非物质文化遗产备受关注，为了更好地推广、宣传、活态传承广彩艺术，政府提出应大力打造广彩文化品牌。广州中山七路有一对90后情侣开了一家广彩工作室，他们把现代设计风格融入传统广彩中，以"继续"为名打造了新颖、年轻、时尚、充满活力的广彩品牌。"继续"广彩品牌店的所有作品创意都出自两位年轻艺人，典雅、潮流的广彩商品备受年轻人的喜爱，他们的宗旨是让300岁的广彩"活"起来（图4-50）。[①] "这是件需要努力平衡的事情，传统是根，创新是生命力，两者缺一不可。"两位年轻艺人正是秉持着这样的理念，用新的审美及感受继续广彩艺术品牌。例如"广彩四季茶杯套装"，运用花砖的形式结合广彩传统的底纹与配色，用精

---

① 何茵幸. 中西艺术融合视角下的广彩瓷品牌设计研究［D］. 广州：广东工业大学，2021.

图4-50 "继续"广彩品牌
图片来源:"继续"广彩品牌店宣传图片

致的广彩传统工艺表达新的形式,将传统手工工艺运用到日常使用的器物上,让广彩工艺融入生活;又如"吉祥如意茶具套装",将广为人知的公鸡纹饰搭配有如意之称的金边黑灵芝,配上简洁线条的枯山水茶盘,简洁、稳重、高雅,更符合现代的审美意趣。

在国家政策的带动下,广东部分高校也开设了一系列广彩研究课题。广工艺术与设计学院的本科毕业设计中,黄芳芳老师指导学生尝试从不同角度开拓新思维,发掘广彩多元化艺术气质,结合市场及当下热点塑造广彩艺术品牌。例如"缘来"婚庆定制瓷品牌(图4-51),该设计提炼了广彩艺术"纹章瓷"与"来样定制"两大亮点,联合婚庆产品跨界提出"定制化"品牌理念,不仅为情侣需求塑造了专属的纪念产品,还使广彩纹章瓷艺术精髓表现得淋漓尽致。其中一组为订婚阶段恋人设计的订婚纹章瓷盘最具特色,盘中心是依据恋人纪念元素而设计的纹章图案,瓷盘四周边饰是广彩传统的折枝花纹,其中大波斯菊代表着少女真心,寓意女孩害羞又纯洁的爱意,整体色调为广彩西红色,象征甜蜜和浪漫。设计将传统文化与市场紧密结合,在满足消费者对婚庆创新需求及对品质生活向往的同时,也富含广彩独具一格的艺术精髓。另一组"粤今彩"广彩文化设计(图4-52),整体品牌视觉采用"画中画"的构图形式,广彩纹饰中公鸡、彩蝶、人物三组寓意吉祥的代表纹样与广州、香港、澳门三大城市标志性建筑灵活穿插重构,呈现出古

图4-51 "缘来"婚庆定制瓷之订婚款
图片来源:李鉴亮,郑仁儒."缘来"婚庆定制瓷品牌形象推广设计[D].广东工业大学本科毕业论文,2020.

图4-52 "粤今彩"广彩文化品牌
图片来源：林冬梅，欧泽昆."粤今彩"广彩文化品牌形象设计［D］.广东工业大学本科毕业论文，2020（17）.

今碰撞的视觉效果。该品牌设计理念增添了粤港澳独特的人文情怀，力求塑造广彩品牌，发掘多元设计文化优势，以此推进大湾区协同治理与发展的决策目标。

四、广东古法造纸工艺的技艺活化与设计应用

广东古法造纸工艺是岭南文化的一个缩影和载体，它反映了古时岭南地区的社会生活与民俗风情。本节以广东四会邓村、阳江东水村、肇庆竹坝村的古法造纸为例，介绍广东古法造纸的历史和现存状况。然后将古法造纸融入现代设计中，在书籍装帧设计、包装设计等方面探索岭南文化传承的机制，把传统造纸技术运用到现代设计中来，丰富现代设计的理念和方法。

（一）广东古法造纸的历史和现存状况

古法造纸是一种不依靠机械动力，而以人力为主的手工造纸工艺，包含了砍料、浸泡、春碎、打浆、抄纸、晾晒、包装等诸多步骤。这种传统的造纸技术虽然历史悠久，文化源远流长，但由于传统手工落后于现代科技，古法造纸逐渐被人淡忘，没有得到很好的传承。

广东地理位置独特，其文化具有多元、务实、开放、兼容、创新等特点。除了岭南建筑、广彩、广绣等富有特色的民间工艺外，广东的古法造纸工艺也具有重要的历史地位。其从中原地区传来，目前大致分布在肇庆四会的邓村、阳江新圩的东水村、潮州凤凰的竹坝村、茂名电白的青湾村等地方，其中肇庆四会邓村的古法造纸规模较大，具有一定的代表性。

1. 广东肇庆四会邓村的古法造纸状况

邓村被称为"中国民间古法造纸第一村"。现代化的发展并未抹去邓村的传统记忆，村民们至今仍完整地沿用蔡伦发明的传统捣浆造纸工艺，多年来一直靠造纸为生。四会邓村的古法造纸用当地生长的竹子为材料，其工序繁多且较为原始，与现代造纸技术有很大差别，但其所蕴含的工艺文化独具地方特色，体现了古代造纸技术在现代文明社会中的历史再现，是一份宝贵的历史遗产[①]。

（1）广东四会邓村的概况

四会邓村位于肇庆的东北面，地处三江下游，与清新、三水、广宁和鼎湖四区接壤。邓村的山地集中在西部和北部，中部则几乎都是丘陵与河谷盆地，而南部和东部则以冲积平原为主，同时龙江、绥江、曲水河、漫水河和何礼河流经邓村。邓村地处北回归线以南，属亚热带季风气候，冬温夏热、四季分明、雨水丰沛。我们对邓村进行实地考察，发现邓村的山丘覆盖着绵延不尽的翠竹，村中随处可见泡竹子用的石灰池，造纸作坊林立，整个村庄都弥漫着纸竹的香气。

（2）邓村古法造纸的工艺特点

邓村古法造纸的工艺沿用着东汉造纸的传统工序，并根据当地的条件和使用要求进行了一定的改变，主要有采竹、腌竹、舂碎、打浆等二十多道工序。这些工序蕴含的杰出工艺与文化内涵是现代工业技术难以替代的。邓村的古法造纸色泽古朴、厚薄均匀、质地柔软，具有很好的可燃性与透气性。

邓村的造纸工艺流程可总结为以下几步：

砍竹破竹：邓村本地生长了一年的竹子就可以被砍伐下来当作造纸的原材料，但是生长了三年左右的竹子会更好。原因是长够三年的竹子其纤维更加强韧，便于纸张拥有良好的韧性，结实耐用。在实际操作中，邓村人会把生长一年左右的竹子与生长三年左右的竹子混合在一起使用。砍伐后的竹子会被截成约80cm长，并用锤子砸破，每10斤左右扎成一捆。

腌制竹子：邓村造纸需要每捆竹子使用三斤石灰，让竹子在石灰池水中浸泡100天左右，直至竹子纤维软化后才可取出晾晒，然后拍打去除黏附的各种杂物，再将只剩下纤维的竹子完全置入净水中浸透40天。

碎竹打浆：把浸泡好、漂洗好、晾晒好的竹子放入粉碎机中打碎，然后放置入干净的水池里搅拌成为竹浆。在还未引入机器辅助操作时，传统做法是利用水车进行这道工序。

抄纸：该工序是使用竹帘在纸浆槽中搅拌，把纸浆荡起来后再把竹帘提起，这时竹纤维就平

[①] 原博，杨舒涵. 广东四会竹纸制作技艺调查研究［J］. 天工，2022（01）：6-10.

整匀称地分布粘贴在竹帘上，将竹帘翻转覆盖在垒纸架上，纸张便脱离竹帘了。抄纸工序是古法造纸的核心技术，要经过多次反复的实践才能使抄得的纸张厚度得当（图4-53）。

榨纸：为了把湿纸里的水分排出，需要将木板压在1米多高的湿纸上，同时拧动垒纸架顶部的铁螺母，使其产生较大的压力，经过此道工序后，80%以上的水分都能在压力下被排出。

松纸：该工序是把榨干水后粘连在一起的纸张在晾干前进行拍散，目的是将张纸分开。松纸的技术含量其实并不高，但要求速度比较快，一般是左右手配合操作，当右手执木块轻轻拍打纸胚时，左手同时配合来回翻动，若配合失当便会造成纸张破损。

晒纸：等松纸工序完成后，将其一叠叠地摆放在竹竿上，然后放在一个通风的棚子里放置一星期左右的时间，便可自然晾干。

捆纸：将每50张纸扎在一起，称为一段，一捆纸有30段，即1500张，然后将每捆纸贴上绿色或红色的标签。这些纸张是附近村民逢年过节时拜祭神灵的必备物品。

目前，邓村在古法造纸中，把部分工序交予机械代劳。如舂竹的工序用粉碎机，打浆工序使用了自动化设备，压纸工序也有了螺旋式半自动化的装置，提高了生产效率。

邓村的古法造纸技术与当地环境和谐共存。首先，邓村古法造纸取材天然；其次，造纸的制作工序也对自然无损，废弃的石灰水可直接排入河流中，不会给环境带来污染，反而能预防野生虫类咬伤并辅助治愈疥疮等皮肤疾病。

（3）邓村古法造造纸存在的问题

一直以来，邓村古法造纸都以家庭小作坊的形式开展，产量不大。2004年起，四会市政府着手把邓村打造为"岭南民间古法造纸第一村"，修建古法造纸展览馆等文化设施，并对造纸农户

图4-53　邓村造纸的抄纸工艺

进行扶持,大力促进邓村古法造纸的传承。但目前邓村古法造纸还没有摆脱单一品种的模式,只有用于传统祭祀的冥纸,没有其他品种。古法造纸展览馆在展示中也互动较少,没有太多吸引游客的地方,还处于较低层次,创新力度不足,致使古法造纸未能与文化创意产业及旅游业进行很好的融合。

2. 广东阳江东水村古法造纸的状况

东水村位于广东省阳江市阳西县新墟镇西北部,是阳江市尚存不多的古法造纸作坊。东水村为丘陵地貌,素有"竹乡"之名,繁茂的竹子为当地造纸提供了丰富的原料。东水村的古法造纸以水竹为原料,用水车驱动石碓进行舂料,生产的纸张呈黄色,纸质较为粗糙,具有易燃的特点,被当地居民用作冥纸和纸煤。东水村的造纸步骤与邓村的造纸工序十分相似,主要包含砍料、干料、沤料、洗料、打料、打浆、抄纸、压纸、凉纸、分纸和裁纸11道工序。

(1) 阳江东水村古法造纸的概况

阳江市是广东西南沿海的一个地级市,传统古法造纸作坊不多,目前只有东水村还有保留(图4-54)。东水村因一条大河东去而得名,其周围被巨大的山岭阻隔而形成了比较封闭的空间,这样冬天就比较暖和。因为地理位置和气候条件的关系,这里适合竹子生长,因而东水村又得名"竹乡"。阳江东水村的古法造纸技艺复杂,成为当地居民的主要产业。一直以来,东水村造纸主要用于制作鞭炮与冥纸。由于地形封闭,东水村以前与外面社会的来往很少,这里的古法造纸依然具有较为原始的形态。

通过和当地居民交流,我们得知东水村造的纸几乎都是在拜祭祖先时使用,是当地村民的生活必需品。这里的造纸和用纸历史均超过三百年,村里人世代从事造纸,但究其源溯已无从得知。目前村里尚未进行系统开发,古法造纸只是村民们维持生计的本领。但现在年轻人多外出打

图4-54　东水村的造纸古作坊

工，所剩不过几户人家在农闲时还进行造纸，很快将面临失传。

这几年，东水村在农村经济发展的同时依托地域优势发展纸业与茶业，也修建了新的沥青道路，与外界的交流逐渐打开，形成了一个以文化、旅游为特色的乡村。当地政府已经意识到传统古法造纸所蕴含的文化价值，规划了发展前景，古法造纸将为乡村振兴贡献巨大力量。

（2）阳江东水村古法造纸的工序

在现存的文献中并未对东水古法造纸作详细记载，但世代相传的古法造纸流程作为一个活体典籍也得到了很好的传承。根据多个地方的考察与资料的收集与对照，阳江东水村的古法造纸工序与四会邓村古法造纸工序有较多相似之处。

砍料：东水村古法造纸的材料一般以黄竹及泥竹为主。这两种竹子的生长对环境的要求低，人工种植的难度不大，甚至能野生于山脚与路旁，且速度快、纤维长、产量高，是造纸的理想材料。砍料工序就是把上述两种竹子砍成约一米长，然后扎捆起来。

晾料：将砍断并剔除残次竹枝的竹子整齐地堆放在室外，让其自然晒干。

沤料：将已晒干的竹子放入池中，用石灰溶液浸泡，使其变软。按照一捆竹子四斤石灰的比例混合。整个浸渍过程需要3个多月，这样可以使纤维分散，方便打料和制浆。用来泡竹子的水池是在地上开挖的大坑，坑口的大小不受限制，深度大约两米。

净料：将已在石灰池中腌制的竹子用清水反复冲洗五六日，除去残留的灰渣和杂质，晾干备用。

打料：用水车推动石碓对竹料进行舂捣，直到将竹子的纤维舂成粉末。这一工序是整个造纸过程中最复杂的部分。

打浆：将打碎的竹末倒入"U"形的打浆筒里，用适量的清水进行浸泡，再用手或电动打浆机将其均匀搅拌，使竹纤维在水中充分散开。

抄纸：这一步是古法造纸的核心技术，由造纸工人用双手把竹帘放入纸槽中搅动，使纸浆均匀地铺在竹帘上，形成一层薄薄的湿纸，再将湿纸扣在一旁的纸堆上。这是一项对技术要求较高的工序，力度的轻重缓急决定了纸张的厚薄匀称。

压纸：将已抄好的纸放在一个木板下，上面放置重物，压至两天左右的时间，让纸上的水流出。

凉纸：把压干的纸放在木棚的竹竿上风干，这个过程通常要花几天的时间，直到纸完全干透为止。

分纸：将已晾干的纸分类整理，扎捆待售或直接自己使用。分纸过程必须小心细致，不然很容易把纸张弄破。分纸时产生的废料可放到制浆池中循环再用。

（3）阳江东水村古法造纸的变迁

在现代技术的发展与人民生活方式的改变中，传统造纸生产需要做出调整才能适应时代的要求。东水村的古法造纸在纸张的生产方式与使用功能上都做出了革新与调整。首先，东水村古法造纸在经济与文化的融合下不再局限于生产纸张，而是逐步与旅游相结合，目前正逐步建成文化旅游度假村。这样一方面促进本村的经济发展，另一方面也让传统造纸文化得到更多的关注与保护，并为古法造纸的传承寻找新的出路。其次，东水村古法造纸的材料不再单纯依赖野生竹子，而是开展有规划的种植与采伐。生产工艺中也逐步恢复古老工艺，以天然的日光与水的物理作用来减少石灰在生产过程中的使用。

东水村古法造纸对传统纸张制造的革新，为古法造纸的生存注入了新的活力，对其他地区古法造纸的传承与发展也有借鉴意义。

3. 广东肇庆竹坝村古法造纸的概况

竹坝村位于肇庆市鼎湖区凤凰镇，是九坑河水库主干的源头，风景优美，竹坝村的传统古法造纸在这里有着悠久的历史。

在竹坝村考察时，我们了解到当地人基本以造纸或外出务工为主要收入来源，起先这里有三个大型的古法造纸坊，但其中两个因效率太低而处于半停产状态，目前只有一个引入了机械的作坊在常年开工。竹坝村的造纸在方法和程序上基本沿用古法，只是由于生产力发展的需要引进了机械操作，古法造纸有了新的变化。

据介绍，竹坝村古法所造的纸张很少内销，绝大部分都出口到东南亚地区，由当地华侨加工成纸金元宝在中国传统节日中焚烧祭祖。因为出口质量和数量的要求，原始方法已经不适应发展了，引入机器势在必行。因为机器的引入（图4-55），竹坝村的古法造纸才有了新的生存空间和发展方向。

四会邓村、阳江东水村与肇庆竹坝村在传统向现代化发展的道路上，积极地探索出适合自身发展的途径，在造纸过程中与机械设备进行适当的配合，在保证纸张性质的基础上，提高了造纸的生产速度与经济效益；在推广展示上，建设古法造纸的展览馆与文化旅游村，让人们有更多的机会接触了解古法造纸的历史与现状，为其生存注入了新的活力，也为其他地区古法造纸的传承与发展提供了较好的借鉴思路。

图4-55 竹坝村的电动打料机

(二)广东古法造纸的现代设计应用方法

中国传统古法造纸虽然用途较广且历史悠久,但在种类繁多的机制纸中还是显得势单力薄,如果不重新找准其定位和新的应用方向,将很快被抛弃。广东古法制造的纸张纤维较长,具有独特的肌理和颜色,它在艺术审美与生态理念方面非常出色。我们要针对其特点来进行应用研究,充分发挥其长处,寻找更广阔的发展空间,除了书写和包装外还可以制成各种工艺品,体现出现代纸张应用艺术的多种多样。下文将从4个方面来研究广东的古法造纸在现代社会中的设计与应用方法。

1. 广东古法造纸在书籍装帧设计中的应用

书籍装帧设计是一项综合性工程,如今随着计算机的发展,印刷技术的提升,还有各种新型材料的发明和新工艺的突破,书籍的装帧设计的手法已越来越丰富[①]。在书籍装帧的设计中,材料是书籍设计与作者思想表达的重要部分,也是形成书籍形态的物质基础。书籍的装帧材料以纸为主,纸张材料的纤维结构、质地、纹理不尽相同,呈现出丰富的面貌和个性。只有当书籍装帧材料的色彩、肌理等因素与书籍自身的特征吻合时,书籍的魅力才能彰显。恰到好处的选材,能充分促进读者对书籍所包含思想的感应与共鸣。如今材料与书籍成形技术的不断发展,为书籍装帧材料的选用提供了一个广阔的平台。

(1)纸材在书籍设计中的应用

书籍设计不仅是对文字的编排,更是通过封面与内页的纸材选择,文字与图片的设计排版等方式,在视觉与触觉上传达出书本的内容,启发读者的联想,让书籍设计与信息阅读完美结合。而纸材作为书籍内容的承载物,是书籍设计中连接触觉与视觉的关键因素,不同的纸材能直接展现出不同的书籍各自具有的特色。

在现代书籍设计中,随着读者需求的多元化的发展以及造纸技术的进步,纸张的品种非常多,各类艺术纸经常被用到书籍设计中。艺术纸是在造纸过程中经特殊处理或后期加工的特色纸品,一般呈现丰富的纹理或色彩效果。艺术纸风格多样,更新较快,因而制作成本较普通纸张要高。但由于艺术纸在装帧过程中能获得良好的效果,顺应了当下市场的多元化需求,因而它在现代设计应用中有巨大的发展潜力。从艺术纸原材的各种特性来探寻这一新型材料的形式语言以及在书籍设计中的创意运用,具有重大的现实意义。

(2)设计案例:广东四会古法造纸的书籍设计特点

研究四会古法造纸的书籍装帧效果主要是研究纸张材料的特点在书籍中的应用表现,书籍是轻盈的还是厚重的,是光滑的还是粗糙的,是洁白的还是泛黄的,等等,这些都是由纸张的材料来决定的。因而在书籍装帧选材时,纸张的肌理感、反光率、显色性、稳定性、耐用性、翻阅的方便性以及适用的制版印刷工艺等都是重要的考量因素。

四会古法造纸在书籍中的美感体现在纸张的视觉肌理、色彩、透明度、光感等多方面,赋予

---

① 梁金明. 书籍装帧设计中创意元素的运用[J]. 中国造纸,2022(04):3-4.

书籍外观上对读者的吸引力。同时，古法造纸所带来的书籍重量、厚度、软硬度、柔韧度等感官信息，和古法造纸所散发出来的自然纸香慢慢在读者周围弥漫，让书籍能以一种传统而自然的多重感觉展示自身的魅力。然而，由于四会古法造纸具有一般古法造纸质地疏松、韧性欠缺的特点，并不适合单独用于书籍装帧，其在书籍装帧中还需与其他性能更理想的机制纸配合使用。但也正因为现代机制纸与古法造纸的配合使用，才能让书籍避免形式的单一而呈现出层次多样的审美效果。

2. 广东古法造纸在灯饰设计中的应用

纸灯起源于宋代，在此后相当长的一段时间内，纸灯多是生活的实用物品。随着社会的不断发展，纸灯除照明外还扮演着多种角色，如节日装扮、空间摆饰、娱乐活动等，既是日常照明的必备之物，又是可供赏玩的艺术品。如今人们已经不需要用纸灯来照明了，但它依然有应用价值，至今竹架纸面灯还被当作一种具有怀旧气息的艺术品出现在日常生活中。随着灯饰制作工艺的进步，古法造纸在灯饰设计领域的需求日渐增大，但因国内缺少针对专门古法造纸灯饰产品的设计研究，古法造纸在灯饰上的许多优势并没有被开发应用，以致古法造纸的灯饰设计在国内市场上一直未能得到有效地开拓与推广，目前尚有巨大的发展空间。我们将以现代设计的理论方法发掘古法造纸更多的展现形式，并将它与现代灯饰设计进行结合，设计多款别具特色的纸灯，为整个灯饰行业注入新的元素，满足市场的需要[①]。

（1）古法造纸与机械纸在灯饰中的异同

目前，纸灯市场可分为机械加工的纸灯饰与传统古法造纸制成的纸灯饰。机械加工纸可塑性较强，易于造型，透光性好，能实现较高的照明度，因而能应用于主要照明或辅助照明。但机械加工纸的色泽与纹理较为单调，装饰性能主要靠造型来实现，材质自身的装饰性较弱。传统古法造纸基于自身的物理性质，造型可塑性比机械加工纸弱，透光性不足，照度较低，因而市场上的古法造纸灯饰一般以辅助照明的方式点缀空间。另外古法造纸还易燃易破损，不利于运输。但传统古法造纸独特的色泽、纹样与意蕴具有不可替代的文化意义，其在灯饰中的应用能带来别具一格的装饰效果。

（2）广东古法造纸灯饰设计的案例：台灯

台灯，顾名思义是在台上使用的灯具，它由一系列支撑光源的部件组成。台灯在家居中一般应用于茶几、床头、写字桌的照明与装饰，有的可以灵活移动，有的是和书架等其他家具结合使用，能为室内空间营造温馨的氛围。人们生活水平的提高要求灯饰设计有进一步的发展。灯饰在环境中的作用不仅仅是照明功能的实现，还能体现人们在精神领域的追求。灯饰的材料往往决定着灯饰的艺术风格。常用的灯饰材料有塑料块件、塑料薄膜、金属、玻璃、贝壳、树脂等。若在常用材料之外介入较为少见的新材料，将能为灯饰设计带来更多的创意。制作台灯可利用传统材料进行新的尝试，发掘传统古法造纸在灯具中的优势，将古法造纸与现代灯具材料进行结合制作台灯，让传统古

---

① 李淋，钱皓，马东明. 基于情感化设计的家居灯饰产品设计研究［J］. 包装工程，2019（10）：243-249.

法造纸通过台灯这一载体重新展现在大众面前。以新技术、新材料进行结合，让古法造纸灯饰具有较高的观赏性与实用性，将能让台灯产品获得更广阔的消费空间，提高企业的效益。

古法造纸在台灯设计的应用，主要是把纸张用到灯罩上，运用光学原理，结合灯罩的造型做出各种形态。在一些设计实践中，我们把天然的木材作为底座做出简洁的造型。因为古法造纸的黄色和木材的颜色一致，可使灯饰的整体效果非常统一。这样的造型虽然简单，但其古香古色的外形和古法造纸上的书法字体结合，能传递出深厚的文化内涵和温馨气息（图4-56）。

图4-56 古法造纸用于台灯的设计

古法造纸台灯的设计必须遵循灯饰开发的基本原则，充分考虑台灯在各个场所中的功能与角色，使古法造纸台灯既体现照明的实用性，又能发挥灯饰艺术的美学效应，同时还兼备节能、安全、便利等特点，不仅照亮空间，也使整体环境融洽，人文气息浓厚。

3. 广东古法造纸在工艺品设计中的应用

广东古法造纸用途广泛，在工艺品设计制作方面有巨大的发挥空间。纸工艺品是艺术家用纸创作的艺术品，古法造纸工艺品和纸的造型设计相关。现代纸造型艺术可分平面、立体、空间三种方式。平面造型有裱糊、拼贴、折叠、染色等。我们可以在造纸时加入其他粗糙的纤维材料，以增加纸张的肌理感，也可以加入染色剂并进行压印，形成各种变化丰富的纹理。立体的纸艺术造型方法也很多，可以用骨架支撑也可以用纸张模塑或通过裱糊来增加厚度，这些方法不管怎么用都以能形成稳定而丰富的形态为目标。纸张的空间造型经常用于公共艺术或装饰场景中，因此不但要求造型工艺科学可靠，还要体现美感和空间活力。我们在进行纸造型艺术时不但要把眼光放在技艺上，还要深刻了解空间美感的创意，用多种材料追求作品与环境的协调，用多学科交叉的思路追求多种价值体现。总而言之，我们要探索广东古法造纸在新的艺术形态中的审美效果，致力于扩大古法造纸的应用范围，加快古法造纸的普及使用进程。

（1）广东古法造纸在传统剪纸中的应用

剪纸是对人们生活中的事物进行图案化、艺术化的处理，并对能反映精神实质的部分进行夸张与变形，突出艺术的本质，反映生活气息。极具装饰性的线条与平面是剪纸最基本的构成元素。我国民间剪纸不仅题材贴近民众生活，且因具有想象丰富、构思巧妙、装饰性强等艺术特点而广为流传。

中国民间剪纸使用的材料多样，一般的蜡光纸、色彩纸、杂志纸等可以使用，我们尝试用广东阳江东水村古法造纸进行剪纸，由于广东阳江古法造纸纸质较为松散，在剪纸过程中纸张容易被撕烂，所以并不适合烦琐的精细剪刻，但也并不意味着只能剪出过度简化的形态。我们可以通过在创作前对剪纸内容进行条理化、规范化、简洁化的规划，实现其丰富的层次及细腻的情节，从而使其更有视觉表现力。然而改善阳江古法造纸的质地与性能依旧是解决问题的关键所在。我们在造纸的过程中可以适当增加纸张的厚度，并对古法造纸内部或者表面进行施胶处理，增加纸张的韧性和表面强度。经过改善后的阳江古法造纸更具韧性，剪刻方便，可以实现各种造型的剪纸图案，并将其稚拙古朴、粗犷浑厚的独特艺术魅力进行放大，从而形成具有阳江造纸特色的剪纸风格（图4-57）。

图4-57　广东古法造纸的剪纸创作效果

（2）广东古法造纸在综合纸艺中的应用

纸张的用途相当丰富，除了可以记录文化信息外，还可以作为美丽的工艺品，给人们的生活增加浪漫情调，寄托人们对生活的情感和对未来的畅想。我们可以使用广东四会古法造纸进行纸艺创作，通过裁剪与堆叠的方式来构造一些独特的空间形态。在制作过程中，首先通过折叠把四会古法造纸简单串成抽象的丰收果实，把古法造纸象征美满殷实的黄色调与作品主题相结合，利用古法造纸植物纤维的层次感表达丰衣足食的农家生活气息。例如，要制作一幅沙漠骆驼的粘贴画，需要用到两种颜色的纸张，因此在用四会古法造纸的同时，还要用到另一种机制硬纸板作为层叠的沙丘背景，最终作品展现出充满西北风情的苍茫景象。

通过设计创作，我们用纸艺作品展现了传统与现代视觉元素的结合，传达出传统古法造纸背后的文化与情感。我们在作品中用原始的纸艺制作方法把古法造纸的美感裱进去，用纸媒介表现人与人、人与时间的关系，让观众有强烈的共鸣。这些纸制品虽然不完美，只是一种特定的试验产物，但从中我们可以了解与探索古法造纸在纸艺创作中的相关内容，通过纸型的变化，感受纸张的质感与信息。总的来说，古法造纸作为一种媒介，不单可以呈现文字与图像信息，还能像琥珀一般封存一段记忆。我们今后利用古法造纸还能创作更多的作品来装点人们的生活，丰富人们的情感，也促进中华传统文化的传承。

4. 广东古法造纸在包装设计中的运用

现代产品包装已经发展成了一件艺术品，它不但要保护产品还要传递产品的文化信息和时尚美感，其设计工作具有非常大的挑战性。通过包装设计让产品在众多竞争品中脱颖而出是每个企业都希望看到的效果。近年来，随着商品经济的发展和环境保护意识的增强，纸包装材料因其成本低、易成型、印刷效果好、抗震性能佳，在众多包装材料中脱颖而出，受到业界的热捧，具有极大的发展潜力[①]。

如檀香包装设计这个案例中，主要利用广东四会古法造纸进行檀香的包装设计。在设计过程中，我们首先对包装对象进行较深刻的了解。檀香去除边材后多为长短不一的圆柱形木条，外表呈灰黄色或黄褐色，具有特殊的浓郁香气，是名贵的药材与香料，也是雕刻的极好材料。在设计

---

① 罗甜，董石羽. 基于用户共情的旅游产品包装设计［J］. 包装工程，2022（12）：316-323.

该包装时,将具有文化内涵的包装材质与檀香产品的属性结合在一起,体现檀香的品性与气质,并从绿色环保方面去体现包装的社会功能,使檀香包装具有更强的表现力和趣味性。我们采用了最简单的方正盒子造型,端庄得体、小巧玲珑,能体现出檀香这种精致产品的形态美,在最简单的包装造型中体现简洁的设计风格。因为四会古法造纸的硬度不够,在造型设计中要依附其他硬纸才能使结构稳定。因此,该设计是一种多材料的复合应用(图4-58)。该包装造型在追求视觉感受中体现人文关怀,能在市场推广的同时展现包装设计的文化美。

图4-58 广东四会古法造纸在檀香包装造型设计中的应用

传统民间古法造纸要在时代发展中留存下来,不能仅仅停留在原有的古法造纸生产系统中。我们要不断追求创新,把传统民间古法造纸与现代设计进行有机结合,做出新颖、巧妙的设计作品,让传统工艺不再停留在深山与乡村之中,而是走进日常生活,才能更好地使传统古法造纸焕发新的活力。相应地在传统与现代结合的设计应用中,我们要适应市场的需求,在满足用户的基础功能需求上提升用户的生活审美与文化享受,才能让各种传统民间工艺传承下去。

(三)广东古法造纸与岭南文化的传承机制

传统观念认为,文化包括精神领域、人类创造的观念、意识形态成果,还包括随着科学技术的发展,人类持续不断地创造出看得见的、外在的物质财富及无形的宗教、信仰、文学艺术、科学技术、各种制度等精神财富。岭南文化是指中国岭南地区的文化,以广东文化为代表。它是我国优秀的区域文化之一,它的传承和发扬是对人类智慧结晶的继承与发扬,也是对祖先给予我们良好环境的感恩和对其智慧的敬意[①]。

---

① 郑泽蒙,张璐. 少数民族传统体育非物质文化遗产保护与传承方法研究[J]. 当代体育科技,2019(12):192-194.

1. 岭南文化传承机制存在的问题

（1）缺乏对岭南传统文化的保护和发掘

目前，岭南文化正处于发展的上升期，但是许多岭南传统文化资源的保护与开发却面临着挑战。当前主要面临以下两个问题：其一，人才匮乏，缺少专业人才对岭南传统文化进行系统性的开发。其二，保护岭南传统文化的工作开展没有落实到位。广东作为岭南地区的代表，得益于经济发展的条件，已经较早地推动了文化遗产保护工作的开展，但由于人才、技术等多方面的条件限制，还有很多地区依旧存在文化遗产保护工作落实不到位的问题，以致各种非物质文化遗产不断消失。以古法造纸为例，广东地区仅四会邓村、阳西县新墟镇东水村保留较完整的传统制作工艺，其他地方由于没有得到有效的保护，都已经消失。加强对岭南传统文化资源的保护与发掘将有助于研究岭南传统民俗活动以及民间文化的丰富形态。在岭南文化的传承与创新发展中，忽视保护与开发的任何一方面，都会对岭南文化的发展造成负面影响。

（2）岭南传统文化的创新发展力度不强

改革开放以来，广东由于得天独厚的地理位置及勤劳务实的精神和开放姿态，成为改革开放的先行者，吸纳融汇着外来文化的优秀成果，逐步激发了岭南人民的竞争意识和创新精神。但在对待传统文化方面岭南的创新发展却显得力度不足，主要体现在以下方面：首先，岭南的传统文化没有被正确认识。很多人在接触到外来文化后，一些社会新思潮对其价值观念产生了巨大冲击。他们只认可现代化发展的文化思想，而对岭南传统文化中所蕴含的优秀成分认识不够，甚至觉得已经过时，没有辩证地看待外来文化与岭南传统文化的差异，没有动力再去传承和发展岭南传统文化。其次，岭南传统文化缺乏创新内容。广东近年来得益于科学技术的发展和旅游品牌理论的发展，尝试了对岭南文化进行新的展现方式，与"文化""旅游""高科技"等概念进行结合，出现了很多新的形式。但这些新形式中很大一部分只是浅层次的拼凑，并没有深入地发掘岭南文化与其他载体更有效的结合形式，难以发挥出岭南文化深厚的文化内涵，从而影响了其叠加后产生的增值效应。

（3）岭南文化的传承机制还不够健全

目前，岭南文化还未形成健全的传承机制，已开始出现断层的情况。其中，没有健全的人才培养机制是关键。一些需要不断练习的特殊手艺因没有传承人面临着失传危险。一门传统文化技艺的传承，既需要师傅尽心尽力倾囊相授，需要消耗大量的人力和物力，也需要学习者的不断练习与自我突破，这两者缺一不可。此外，部分岭南文化工艺的传承还秉承老一套的规矩，例如传男不传女，家族不外传等。这些带有老旧观念的传承方式需要被打破和抛弃，才能给岭南文化的传承带来活力。同时，人们对传统文化传承中知识产权的保护意识不强，不能有效地保护传承人的作品，导致人们在研究传统文化时有所顾忌，阻碍了岭南传统民俗文化的传播，使其精华难以被更多人熟知。

2. 广东古法造纸与岭南文化传承的机制与方法

广东古法造纸融汇了千百年来岭南人民的智慧精华，反映了当地人们的生活状态和创造热情，是广袤的岭南土地上古今交融的一个历史印记。通过古法造纸技艺，我们能够感受到当地人质朴的物质生活和丰富的精神世界。发扬广东古法造纸技艺，是岭南文化传承与发展的重要一环。随着工业化的发展，传统的造纸工艺逐渐没落，需要在新的时代背景下赋予新的活力。广东古法造纸主要用于生产冥纸，创新力不足，用途单一，发掘与旅游结合的可持续发展道路也困难重重。长此以往，这种传统技艺在岭南大地上消失的命运将不可避免。下面为广东古法造纸工艺的发展提三点建议。

（1）重视保护和培养广东古法造纸的传承人

广东古法造纸传承依靠传承人的言传身教，传承人是传统技艺传承的主体，也是拯救濒临失传技艺的关键。古法造纸技术有着严格的实施工序，需要学习者付出大量的时间、精力与汗水，且生产效率不高，难以给从业人员带来高收入，因此难以吸引新的从业者，尤其是年轻人才。政府部门应制定相关政策，对广东古法造纸工艺的传承人给予政策上的保护和资金上的扶持，提高传承人和创新者的文化品位、个人技艺、审美情趣、人文素养等综合素质。

（2）从产业化角度拓宽广东古法造纸发展道路

广东古法造纸这一非遗文化存在于民间，因古法制造品使用范围较小的限制，市场影响力不大。这需要结合现代社会的需要，在工业化、信息化的时代浪潮下重新去看待这一传统技艺。总的来说，产业化发展道路是对其进行保护的最佳方式。产业化和市场化要求具有一定的市场规模，以追求更大的利润与效益。但广东古法造纸小作坊式的生产方式显然与之矛盾，这也导致其产业化的道路困难重重。因此，我们必须充分发掘广东古法造纸文化价值，号召零散的小作坊将其资源进行集中整合，并打通更多适合传统文化传承与发展的产业渠道，将古法造纸引入更有活力的行业，并发展更多的衍生品，以文化产品的方式进入市场。与此同时，还需要打通古法造纸产品销售渠道，使其形成更加完善的产业链，通过市场化的经营与售卖，促使广东古法造纸有更好的可持续发展道路，带动经济发展，为当地居民创造更多的收入，以此形成良性循环，促进当地非遗造纸技艺文化的传播。

（3）鼓励社会人士积极参与文化保护工作

通过了解古法造纸非遗传承技艺，能够让更多的人了解广东地区的文化特色，感受当地丰富的文化思想，让更多人喜欢这片有故事的土地，积极参与到非遗文化的保护与传承工作上来。因此，要大力进行市场推广，通过公益广告、纪录片等电视节目形式，以及活动推广、网络平台宣传等方式对大众进行科普与传播。另外，还可以结合新媒体进行创新式宣传，例如可以借鉴网红拍短视频和直播的宣传方式，让大家能够近距离地了解与接触造纸技艺，感受古法造纸的魅力所在，以人们喜闻乐见的方式了解传统技艺的价值①。此外，还可以从各类学校的教学活动巧妙切入，加强学生的文化保护意识，让学生更多地了解家乡的文化与魅力，并引导学生参与文化传承与保护的工作，让人们积极参与到各类保护活动中去。

综上所述，广东古法造纸与岭南文化的传承与发展，需要建立一个健全的保障机制和激励机制，有针对性地培养和保护好传承人，吸引更多的人才参与其中。然后加大宣传力度，不断发掘其文化价值与经济价值。未来广东古法造纸和岭南文化必将在新时代中大放异彩。

主要参考文献

[1] 伊美. 论中国传统刺绣在现代纤维艺术设计中的应用[J]. 大众文艺，2019（12）.

[2] 罗洁，廖煜容. 广绣与潮绣的艺术风格与工艺比较研究[J]. 装饰，2022（1）.

[3] 曾文琦. 传统刺绣的生产性保护研究[M]. 北京：中国艺术研究院，2016.

[4] 祁庆富. 论非物质文化遗产保护中的传承及传承人[J]. 广西：西北民族研究，2006（3）.

[5] 金程斌. 通草纸水彩画工艺的制作流程及相关问题研究[J]. 装饰，2016（11）.

[6] 程存洁. 十九世纪中国通草外销水彩画研究[M]. 上海：上海古籍出版社，2008.

[7] 曾玲玲. 瓷话中国——走向世界的中国外销瓷[M]. 北京：商务印书馆，2014.

[8] 曾应枫，李焕真. 织金彩瓷——广彩工艺[M]. 广州：广东教育出版社，2013.

[9] 张晓东. 传统图形视域下品牌视觉形象创新设计研究[M]. 北京：中国戏剧出版社，2019.

[10] 郭寅曼，季铁、闵晓蕾. 非遗手工艺的文化创新生态与设计参与价值[J]. 装饰，2021（5）.

[11] 黄芳芳. 海丝文化背景下的广彩艺术融合及设计传承[J]. 包装工程，2017（16）.

[12] 原博，杨舒涵. 广东四会竹纸制作技艺调查研究[J]. 天工，2022（1）.

[13] 梁金明. 书籍装帧设计中创意元素的运用[J]. 中国造纸，2022（4）.

（本章执笔：王娟、黄芳芳、钟周、黄蓓）

---

① 董哲颖. 关于建立完善电视媒体宣传效果评估体系的探索与思考[J]. 当代电视，2019（02）：103-105.

第五章

以现代设计产业融合优化粤港澳大湾区传统文化产业

本章探讨以现代设计产业融合优化粤港澳大湾区传统文化产业的多种实践途径。首先，以粤港澳大湾区中的广府民俗文化产业为例，分析如何将民俗文化与视觉形象设计、产品设计、城市环境景观设计和动漫设计相结合，通过将传统民俗文化与广州设计产业融合的创新模式，实现大湾区民俗文化的产业化。其次，根据粤港澳大湾区文商旅产业发展现状、问题，以及其他地区城市融合设计产业与文商旅产业发展的已有经验，探讨广州设计产业如何通过依托设计新业态、特色产品和新媒体技术应用三方面融合优化粤港澳大湾区的文化、商业、旅游发展。最后，以全球视野、中国现状、广州格局为主体框架，通过分析广州纪录片产业发展基础优势及定位内涵，探讨广州设计产业如何融合优化纪录片产业进行发展。

一、广州设计产业融合优化广府民俗文化产业

广府民俗文化丰富多彩，古今风情荟萃。本节考察广府民俗发展的历史与状况，主要介绍乞巧节、龙舟文化、波罗诞、沙湾飘色和郑仙诞这五种较为重要和具有代表性的传统民俗文化，分析传统民俗文化在设计产业中的创新应用，为文化产业的发展做好规划，形成城市的独特魅力和韵味。

（一）广府民俗文化历史与发展状况

广府民俗作为丰富的精神食粮一直滋养着广州这片肥沃的土地。广府民俗对广州这座千年古城产生了深远的影响，从广州商都的外在形象到广府文化的特质和风格均可发现广府民俗的影子。广州民俗留存了部分古代南越文化的特色，同时也大量吸取了中原文化，它是传统汉文化与当地粤文化交织融合、螺旋式前进发展的结果。广府民俗风貌需要保护和传承，首先要审视这些非物质文化遗产和内在人文精神，再进一步探究广州千年古都形态所构成的自然环境、民俗风貌、经济发展的文化背景。广府民间节俗与民众的日常生活紧密相连，息息相关。如广府地区的乞巧节、波罗诞、龙母诞、王母诞、龙舟节、醒狮、飘色等，造就了各地村镇乡间的节俗新风尚，为粤港澳大湾区增添了一道道亮丽的风景线。在新时代发展背景下，社会管理人员根据市场调研的民众情感需求，促进了一些非核心民俗传统节日的转型更新，让它变得更年轻、更时尚、更贴近当代群众的生活，备受广大市民欢迎，目前广府民俗正在不断发展，接受新时代的洗礼，进入重要的转型升级阶段。

1. 七夕节

七夕节，是我国传统的民俗节日，源自古人对天上星宿的崇拜，在《西京杂记》中记载"汉彩女常于七月七日穿七针孔于襟楼，人俱习之。"七夕节是纪念七姐诞的节日，拜祭"七姐"的传统民俗活动通常于农历七月七日晚上举行，故有其名。除了祭拜七姐以外，人们还会坐观牵牛织女星向七姐许愿祈福，希望心灵手巧，并且把七月七当天的水储存起来。随着时代的发展，七夕节蒙上了一层浪漫的面纱，一个"牛郎与织女"的浪漫爱情传说随七夕传开。相传牛郎织女两

人只能在每年乞巧节晚上相会一次，乞巧节由此披上了浪漫色彩的外衣，成为象征爱情的节日，甚至成为"中国的情人节"。

1998年，广州珠村恢复以集体的方式在祠堂开展乞巧节活动。2005年，天河区组织举办广州乞巧文化节，由此重新引起社会各界的关注和支持。2006年，七夕节这个民俗节庆被列入第一批国家级非物质文化遗产名录。经过广州各区民众近二十年的共同努力，重拾乞巧习俗，终于把乞巧节打造成广州地域民俗文化的一张名片。

广州很多地区都留存着岭南古老的乞巧民俗，天河区、黄埔区、番禺区的民众又称乞巧节为"七姐诞"，或"七娘诞""摆七娘""拜七娘"。其中"摆巧"的主要活动内容是由当地的女性向外界展示她们亲手制作的精美古法造艺制品。如广州珠村就有着一群热爱乞巧工艺品，编织描绣心灵手巧的巧女们。随着时代发展，乞巧工艺作品产生了翻天覆地的变化。从前，乞巧工艺品一般以寓意"五谷丰登"的农作物、花卉题材为主。如今，在乞巧工艺品中可以发现很多紧跟时代的新元素，比如有珠村牌坊、牛郎织女、龙舟竞渡、民族人偶、田园生活等。在乞巧节的七娘台上摆满数百件美轮美奂的绒绣、珠绣、丝绣乞巧工艺品，这些作品以工艺之美构建了各种人文故事和历史传奇，同时表达出人民群众对美好生活的期盼和向往（图5-1）。

图5-1 广州珠村乞巧节
图片来源：https://www.meipian.cn/34415zng

活化乞巧等传统民俗节庆是民俗传承发展的新方向，活化乞巧的工作有序开展一定有远大的目标和使命感在支撑。对主管文化发展的政府部门来说，关键是认清使命和重塑价值这两大任务，同时让更多的人认识乞巧文化，培养年轻人对乞巧的兴趣并主动肩负传承使命。

2. 龙舟文化

端午节期间举行的龙舟竞赛是一项具有深厚文化底蕴的广府民俗活动，传承至今已有千年历史。龙舟竞赛又被称为"扒龙舟""赛龙舟""扒龙船""划龙船""龙船赛会"等。"路事寡而水事众"的岭南是一个河网密布的地区，非常有利于开展水上活动。从古至今，岭南地区的人们都热衷于龙舟竞渡活动，并在历史的长河中造就龙舟精神。广州猎德村地理位置优越，毗邻珠江南面。猎德村村名来源于古文"耕道而得道，猎德而得德"，意表追求完美道德。猎德村自宋朝开村以来已有八百年的历史，作为一个典型的岭南水乡古村落，猎德涌从村中流过，一河两岸景色秀美。猎德涌滋养了猎德人，同时孕育了猎德特色的龙舟文化。

在城市化建设的进程中，猎德村融入了广州的核心商业中心珠江新城。城市化的改造让很多村落地区在历史前进的巨轮中失去了发展的内在动力，被迫丢弃一些专属的民俗文化，而猎德村却在村落改造空间中让村落的实体形态更好地承载龙舟文化，不仅营造了优越的城市景观空间，还让猎德村的龙舟民俗得以流传发展，既保留了城市的文化特色，又改善了城市形象。猎德村不断适应新时代的前进步伐，使得龙舟竞赛在历史的长河中愈发繁荣。

猎德村能够顺利进行龙舟竞渡的转型升级离不开猎德村保持文化特色的初心和创新思维。猎德村把龙舟文化融入众多节日喜庆之中，如重阳节等，通过龙舟表演活动丰富其他节日的文化内涵；同时打造"龙舟嘉年华"，开展龙舟竞渡的比赛，传承龙舟文化。为鼓励更多人关注了解龙舟文化，猎德村邀请各大高校学子和村落队伍前来参与，并通过部分投资机构进驻，获得了丰厚的利润。此外，猎德村还发扬岭南敢为人先的精神，率先成立女子龙舟队，并获得广州国际龙舟邀请赛的冠军[①]。

3. 波罗诞

波罗诞是历史悠久的广府传统民俗节庆。广州波罗庙的起源历史悠久，相传在唐朝时，有一位天竺波罗国的使者带着波罗树远道而来，不知何故耽误了回天竺的日期，便在广州定居直至终老，后来被世人追封为"达奚司空"，还兴建海神庙对这位波罗使者进行供奉。因这名使者从波罗国而来，并且在南海神庙撒下波罗树的种子，所以神庙又被众人称为"波罗庙"，该使者的生日就被奉为"波罗诞"，因此南海神诞顺理成章被称作"波罗诞"了。南海神庙附近的民众在每年"波罗诞"祭拜南海神的民间习俗一直延续至今，向南海神祈祷国泰民安，风调雨顺，海不扬波，吉祥平安（图5-2）。

---

① 郑琪，邱思为，刁洋霖，等. 广州龙舟文化遗产的保护与传承——以猎德龙舟民俗为例[J]. 艺术品鉴，2019（08）：214-215.

图5-2 广州"波罗诞"场景
图片来源：https://www.poco.cn/works

　　黄埔区于2005年从广州接下南海神庙的管理权，同时将"波罗诞"融进了广州的民俗文化节中，致力把南海神庙融进特色文化活动，打造成星级旅游景区。黄浦区于2007年举行的广州民俗文化节暨黄埔"波罗诞"千年庙会活动，为该地区旅游事业的发展装上了加速器。此外，政府重视民俗文化的发展，同年启动南海神庙"波罗诞""波罗鸡"等国家非遗申报工作。2008年，黄浦区举办的"波罗诞"千年庙会更是获得了"中国十佳民俗节庆奖"等多项殊荣。"波罗诞"这个民俗盛会在国际的影响力也越来越大，为推动广州建设世界文化名城带来了不容小觑的文化动力。

4. 沙湾飘色

　　番禺沙湾镇位于珠江三角洲中部，是一个历史悠久的水乡古镇，有八百多年的历史，其面积约为37.45平方公里。沙湾古镇有丰厚的文化底蕴，从古至今屡出贤才，文人气息浓厚，文风鼎盛，其民间艺术更是精妙绝伦，享有广东飘色之乡的美誉。沙湾人认为北帝是当地的保护神，每年三月初三，隆重盛大的"北帝诞迎神会"就是为保护神北帝所举办的。在北帝诞民俗中可见三支庞大的迎神队伍，统称为"三大队列"，每个队列各有名称，而飘色便是其中的一个迎神队列。沙湾人对飘色引以为豪，甚至把迎神会冠以"沙湾飘色"的头衔，可见沙湾人对飘色的喜爱度之高。在明代中叶至明代晚期，沙湾飘色便从北帝诞迎神会的娱神节目发源起来。现今，沙湾飘色已是省级非物质文化遗产，而沙湾古镇便成为其飘色的传承基地。

沙湾飘色的历史至今已有上百年，相传在清朝末期，每逢酬神庙会就可以看到来自广东各地的艺人梳妆打扮成戏曲人物进行"赛色"表演，亦可称作"彩色"。随后又发展出"马色"和"水色"，即是在马匹上和水上进行装扮。最后发展出来"飘色"，即是在托上装扮并由几个人抬起来游行，装扮的戏曲人物远看起来就像飘浮在空中，所以称为"飘色"。沙湾飘色的内容多种多样，一般以惩恶扬善的历史故事、戏曲、小说、光怪陆离的神话人物为表现内容。譬如"哪吒伏魔""水浸金山""梅开二度"等上百个故事题材。沙湾飘色一般以"板"为单位，一板组成一个故事，每个故事由两三个小孩进行扮演。

随着时代的发展，沙湾飘色不但保持传统民俗特色，还不断改革创新，在作品中融入现代科技元素，让飘色作品富有现代动感和时代印记。沙湾飘色先后创作了"奥运之光""赛龙守锦"等具有时代特色的新型板色。以获得全国民间文艺最高奖"山花奖"的"赛龙守锦"为例，板色《赛龙夺锦》使用现代机动电瓶车取代传统色柜，打破了传统手推小色柜的小舞台模式，并且把步行的行进方式改为机动的行进方式。

水上飘色至今已有二百多年历史，在历史的长河中曾销声匿迹。20世纪90年代，传统民俗文化得到重视，番禺宝墨园再现水上飘色，令沙湾飘色更受人们喜爱，这对广东其他地方的飘色产生极大的影响。

5. 郑仙诞

"郑仙诞"是纪念先秦方士郑安期的民俗节庆，又被叫作"白云诞"。关于郑仙诞的传说有两个版本，相传曾在广州白云山一带行医的方士郑安期在瘟疫流行之年为了医治广大村民而上山采药，当郑安期采集九节菖蒲草药时，不慎失足坠崖随后驾鹤成仙。而另一个传说是，郑安期在白云山寻得草药九节菖蒲，当时秦始皇听闻该草药能治绝症，便命令郑方士采撷九节菖蒲供奉，郑安期不愿听从秦王之令，便在蒲涧跳崖，乘仙鹤飞升。民众对郑安期的为人十分敬佩，于是在其飞升之日即农历七月二十五日登山拜祭，在当年郑仙飞升之处建造"郑仙祠"，同时把这一天定为"郑仙诞"，民众亦纷纷采集菖蒲、涧中等草药进行沐浴，以祈求身体健康、远离百病。慢慢地这一民俗对广州民众影响越发深远，演变成广州当下的一个重要民俗节庆（图5-3）。

郑仙诞的民俗文化内涵除了表达对神仙追崇，祈求健康体魄以外，还表达了劝善济世、大爱无疆、不畏强权、高风亮节、匡扶正义的敬仰。据崔弼、陈际清《白云越秀二山合志》卷二·志山"安期岩"记载，郑仙诞的盛况"每年七月二十五日飞升之辰，游人千百为群，茶亭酒馆隘塞山中"。"郑仙诞"的民俗活动风靡至清代末期，其后逐渐衰落。战争和部分历史的因素导致"郑仙祠"一度被破坏，一些关于郑仙诞民俗的古迹亦年久失修。近年来，在政府和社会各界的合力下积极重拾郑仙诞这一民俗，从2012年便恢复举办郑仙诞活动，不仅在著名景点郑仙岩的入口处建立了牌坊，还摆放了有关郑仙的大型雕塑和故事浮雕进行宣传[①]。政府对该民俗活动内容形式

---

① 赵晓涛. "越人好事因成俗"：广州蒲涧节（郑仙诞）传统民俗活动源流述论[J]. 文化遗产，2019（05）：142-150.

图5-3 广州郑仙诞活动场景
图片来源：https://www.meipian.cn/2coty2fx

等进行提炼，取其精华去其糟粕，以满足广大人民群众的文化和精神需求。现今，各类关于白云山郑仙"驾鹤升仙""安期其人""九节菖蒲"等耳熟能详的故事均在"诞会"上呈现，传统民俗得以薪火相传。郑仙诞也享誉"广州第一诞"的美称，可见宣传成效显著。

2017年，"郑仙诞"入选市级非物质文化遗产名录。2019年，白云区举行了"千年郑仙诞，重回云山巅"的白云山郑仙诞旅游文化周活动，由广东动漫名家设计的动漫IP"郑仙蛋"最具创意亮点。"蛋"既有初生之意，亦与"诞"同音，融合美学思想为郑仙诞设计出"郑仙蛋"的卡通造型，表达生命不止的大爱情怀。从造型中可以看到郑仙身穿绘有仙鹤的服饰，手持九节菖，一副亲切近人的形象。这些活动在宣传非物质文化遗产的同时通过憨态可掬的郑仙形象吸引年轻的新一代创新传承，对活化传统民俗节庆有着重大的借鉴意义。

（二）广州设计产业在广府民俗文化中的应用

我国有着悠久的历史传统和丰富的传统民俗文化，在政治、经济、文化、传统民俗等方面都有着浓厚的地域色彩。历经沧桑的交流与融合，以及多元化的长期发展，形成了具有中华民族传统特色的民俗、民风以及文化元素。传统民俗活动的形成是一个长期的过程，是在人们长期以来的生产生活过程中逐渐形成的，直接映射出人们的民族信仰、习俗礼仪、精神风貌等，展现出绚烂多彩的民间历史和文化。开展传统民俗活动不仅是对传统民俗文化的尊重和传承，也对区域经济的发展起着至关重要的促进作用。研究广州设计产业在民俗文化中的应用，不应该仅仅是以一种民众自发的集体行为模式来研究传统民俗活动，而应该是将其视为集文化性、艺术性、传播性等多元综合性为一体的现代社会实践行为模式来研究。

1. 视觉形象设计在广府民俗文化中的应用

视觉符号是人类社会中信息传播不可或缺的重要载体，同时也是自古以来人类对信息进行记录、传播、交流的重要手段。从宋代济南刘家功夫针铺商标的"认门前白兔儿为记"到如今的品牌设计，视觉符号一直都是大众对品牌形象认知的重要获取渠道。因此，广州设计产业在广府民俗文化中应着重建立并利用良好的视觉形象，推动形成一个良好的品牌形象。

视觉形象在广府传统民俗活动的宣传推广上起着至关重要的作用。一个好的视觉形象能够拥有良好的宣传作用，吸引大众前来游览。同时一个好的民俗活动视觉形象也能展现当地的地域文化特色，使大众能够直观地在视觉层面感受当地文化的魅力，有利于推动地域民俗文化的传播、继承与发展。民俗活动的视觉形象能够较好地传达出该地区的民俗活动风格类型及其所蕴含的民族信仰、习俗礼仪、精神风貌等。因此，民俗活动视觉形象是塑造地方特色民俗活动品牌的关键，理应对其进行更深层次的研究。广府地区的各个民俗活动都应该着重塑造良好的民俗活动视觉形象并进行良好的传播推广。

（1）民俗视觉形象设计的类型分析

根据表现形式的不同，民俗活动的视觉形象可分为三类：照片处理类、数码插画类和照片插画结合类。照片处理类主要是通过在当地特色自然景观实拍照片或往届传统民俗活动照片上，配以相关主题和文字说明的方式进行呈现，是现在大部分传统民俗活动视觉形象的主要表现形式之一。此类字体多采用非衬线字体和书法字体，简约大气，拥有传统文化中沉淀下来的历史厚重感。照片处理类主要是对具体现实的真实再现，可以还原出现场举办传统民俗活动的精彩盛况以及当地的特色风景。但是，照片处理类视觉形象也存在着同质化严重、创新力缺乏等缺点，其形式通常使受众缺乏对民俗活动内容的想象。数码插画类可以根据实际所需，有针对性地突出主要特征，形成差异对比。结合传统文化事物与现代文化旅游生活，用其自由灵活、生动有趣的形式赋予传统民俗活动符合大众审美的现代视觉感受，是一种展现传统民俗活动形象风貌的重要艺术表现手法。照片插画结合类融合了以上两种表现形式，不仅能够还原当地特色自然真实场景，还能够通过手绘插画的形式丰富其视觉表现。

从民俗活动视觉形象的表现角度来进行划分，亦可分为三类：体现自然地貌类、体现民俗活动类和结合体现自然与民俗类。体现自然地貌类指的是利用当地别具一格的自然风景吸引人们前来参观游览。体现民俗活动类指的则是利用当地特色的非物质文化遗产的视觉形象，以传统民俗活动本身的最真实呈现状态形成体验效果，从而吸引人们对民俗文化的关注。结合体现自然与民俗类则是结合了以上两个层面，不仅能够让人们感受该地的景色美，与此同时也能体验到当地的风土人情。

通过调查研究发现，虽然目前广府大部分传统民俗活动视觉形象设计采用当地特色自然景观实拍以及往届传统民俗活动照片并配以相关主题和文字说明进行呈现，但是数码插画类传统民俗活动视觉形象设计正呈逐渐增多的趋势。这种情况使得视觉形象在整体上同质化，缺乏差异性，不利于展现广府不同地方独具特色的民俗文化和地域文化，难以激起人们的注意力和参与欲望。这些情况需要引起我们的重视并加以改进。

（2）视觉形象的宣传推广方式分析

目前，广府民俗活动视觉形象的宣传推广方式虽呈现多元化特征，但经过调研发现，占主要部分的民俗活动形象仍将传统的线下宣传推广方式作为主要渠道，如灯箱广告宣传、电视广播宣传、报纸刊物宣传等，未能充分利用当前新的传播媒介及手段与现代人接收信息的主要方式建立联系。目前，民俗活动的线上宣传推广主要体现在微信公众号以及手机App应用上，为了清晰准确地提供相关的浏览服务，这些App应用从内部搜索结构上首先对纷繁复杂的信息内容进行有效分类，再进行归纳和整合，极大程度上方便了人们的浏览。这种线上推广方式不仅节省了传统线下推广方式中所消耗的纸张印刷成本，而且其信息的更新速度更快，宣传推广的范围也更大。

（3）民俗活动视觉形象设计推广的改进

通过调研分析发现，广府地区的许多民俗活动普遍存在对自身风格定位不明确的问题，阻碍了传统民俗活动在视觉形象上形成独特的品牌形象。当前，我国各地的传统民俗活动都在繁荣发展，但是包括广府地区在内的传统民俗活动在视觉形象设计层面都较为混乱，没能发掘当地特色的地域文化，视觉形象缺乏差异性。这也是目前传统民俗活动视觉形象设计面临的重要问题之一，特别是在邻近地区，类似的视觉形象会造成人们对其认知混淆，识别度低[1]。

要想更好地开展民俗活动，广州设计产业需要对其视觉形象以及宣传推广方式进行深度研究和探讨。首先，要给当地民俗活动视觉形象设置一个精准明确的主题定位。主题定位主要是通过对市场需求、传统民俗活动各地区资源，以及周边地区旅游地特色比较这三方面进行调查分析来确定的。传统民俗活动各地区资源调查分析主要是从环境资源等方面对其自然地理背景进行研究，以及从风俗习惯等方面对其人文地理背景进行了解，再进行整合分析。同时还需要对该市场中已经有的和尚未被开发出来的活动进行调查分析，对其现状要有一定的把握。另外，也需要将当地的民俗活动与邻近地区的民俗活动和其他地区的类似民俗活动进行比较分析研究，在此基础上发掘出自身独具特色的民俗活动内涵，以此作为当地民俗活动的风格和未来发展方向，同时也作为未来宣传工作的依据。

2. 产品设计在民俗文化中的运用

民俗文化作为一种文化形态，本身是抽象的。产品设计在民俗文化中的运用指的是利用产品

---

[1] 董凌. 民俗节庆活动中的视觉识别系统设计研究［J］. 包装工程，2018（22）：66-71.

设计的技术手段使得民俗文化物质具象化，即通过人类的创新力利用以实物形式存在的产品将民俗文化呈现出来。这有助于推动民俗文化的发展。在广府民俗活动的产品设计中，符号是设计师手中的法宝，它可以代表民俗文化的深刻内涵。目前，在产品设计中设计师通常是在传统广府民俗文化的基础上进行创新性设计，通过设计将现代产品与传统的民俗文化相结合，现代产品被赋予了传统的民俗文化符号，拥有了民俗文化中独有的风情和意义，同时也不乏符合现代审美的美学价值。这种民俗文化情感化的设计手法，能够让受众在接触和使用该产品时引起民族情结和个人记忆的共鸣[①]。随着时代的发展，人们的视野更加开阔，对产品的要求升级，需求也更加多样化。而在产品设计中融入民俗文化，不仅使得产品设计变得丰富，而且能够继承与发扬传统文化。创新多样化的产品展现出独特的民族气息，也使得产品在竞争激烈的市场中脱颖而出。

（1）民俗产品设计的作用

在传统民俗活动中，通常会使用具有独特形象特色的实物道具，如傩面舞中的"傩面具"、铜鼓舞中的"铜鼓"、竹竿舞中的"竹竿"等。这些道具是开展传统民俗活动必不可少的仪式器具和民俗视觉符号，能够很好地突出某一区域人们的民族信仰、民俗礼仪、精神风貌以及传统文化内涵。在对这些传统民俗产品进行设计时，应在这些传统物件中充分考察发掘其民族特性及文化内涵，进行解构、提取与再设计，凝练成规范化的产品元素，使其不仅有自己独特的形象特征和内涵，而且在形式上可以与该民俗的基本视觉系统相统一，从而深入开发出具有该民族或区域特色的纪念物、装饰物、生活用品等一系列衍生文化创意产品。通过这些载体展现与兴盛民俗文化的同时，也促进文化创意产业的发展。例如，用于少数民族地区的傩戏表演中的傩面具，它是傩舞中不可或缺的演出用具。傩面具在造型上一般采用夸张变形的手法；在角色上则在生活原型的基础上进行提炼与概括；在色彩上饱和浓烈。傩面具是民俗文化、宗教信仰和艺术审美的融合。当今的产品设计师在傩面具的基础上设计出的文化创意产品，在保全其原来的审美特征和文化意蕴的基础上，同时又兼顾其功能性和装饰性，在产品包装、服饰、帆布包、手机壳、纸杯、鼠标垫等衍生产品设计中，不仅保留了传统傩面具的艺术神韵，也符合现代产品的使用特征和需求。这是对传统民俗文化的一种时代创新和应用推广。

（2）民俗产品设计的方法

简而言之，广府民俗文化应用在产品设计中能够给予产品深层次的文化情怀与内涵，从实践与发展之中能够体现出该应用是十分受大众欢迎的。我国在运用民俗文化进行产品设计方面尚处在起步阶段，相关产品设计师应找到合适的设计形式与设计策略，力争通过作品将具有民族特色和文化内涵的民俗文化充分地展现给广大民众。这也是文化传播与传承的一个重要途径。

首先是仿制和组合。这种设计方法主要是借鉴广府民俗文化，即借鉴广府民俗文化元素的形

---

① 邓莲英. 民俗文化在产品设计中的应用研究[J]. 科学咨询（科技·管理），2020（06）：92-93.

式和颜色等，再巧妙地应用于现代产品设计。但在文化元素应用的过程中，并不能完全照搬，而应把民俗文化元素当作载体，同时加入创新的技术和材料，从而形成一种不同以往的设计形式，实现传统与现代的融合。

其次是提炼和转化。这种设计方式是广府民俗文化元素的提炼及其延展和变异。在产品设计之前，提炼出民俗文化元素这项工作非常重要。将提炼后的民俗元素进行抽象的重构与转化也是一种十分普遍的设计方法。这需要设计师具有独特的眼光对元素进行发掘，能够在多样化的民俗文化中精准地捕捉到可以引起消费者注意的亮丽元素，并将该元素作为自己的创作材料，再进一步转变成可利用的视觉设计符号。

最后是通过广府民俗文化的表层，去深入探索其文化的奥秘。这种设计方法是对广府民俗文化更深层内涵的探求与理解。广州设计产业在进行产品设计时，不但要合理地应用广府民俗文化，还要追溯其根源，感受更加深层次的文化内涵，并将其渗透到设计当中。这种设计方法难度较大，需要设计者具备较高的文化认知水平，但通过这个方法设计出来的产品会更有意义和艺术价值。

3. 城市环境景观设计在民俗活动中的应用

随着民俗文化日益受到国家的重视与支持，社会上掀起了"民俗热"的浪潮，各种具有独特区域特色的民俗活动在全国各地相应开展，这些活动也渐渐成为传承区域民俗文化和打造地方文化名片的有效方式，同时让市民的生活更加多姿多彩[①]。这些优秀的传统民俗文化在中国城市环境景观设计中得到广泛应用。在城市环境景观设计方面，广州设计产业可以通过塑造历史民俗文化印记，赋予景观设计生命力，使之真正形成绿色可持续发展的方向。

（1）景观设计在民俗活动中的应用现状

广州现代城市环境景观设计能够在民俗活动中搭建互动、共享的公共平台，使民俗活动的空间和形式得以延伸和拓展；此外，民俗活动在日益开放的空间和时间维度中不断革新与完善。景观设计不是单纯的景物摆放，其自古以来一直受宫廷文化、民俗文化以及文人文化的深刻影响。在竞争越发激烈的时代，受众对文化互动的需求越来越高，因此我们需要根据不同的传统民俗活动形式的场所空间来打造不同类型的特色景观。例如广州越秀公园内的"五羊石像"，设计师关注广州历史传说，通过雕塑的形式呈现岭南人文景观，以展示广州城市形象和文化底蕴（图5-4）。

（2）景观设计在民俗活动中的应用方法

对散布于一定区域范围内的典型民俗活动来说，广州景观设计可以通过建设主题公园的模式将它们集中表现起来，让人们花费最少的时间和精力就能够领略到丰富多样的特色民俗文化，享受田园乐趣。例如台湾的九族文化村、深圳的中国民俗文化村等，它们以村落等景观形式展现了

---

① 吴枫. 中华传统民俗文化在建筑设计中的应用研究［J］. 建筑与文化，2019（04）：232-233.

图5-4 广州五羊石像景观设计
图片来源：https://www.meipian.cn/2tphj2e9

农村特定的民俗风情和文化内涵，集中表现了传统民俗文化。

对民俗文化相对丰富的区域来说，我们可以选择一个具有较好交通条件且文化活动相对有特色的村落，在社会上展开广泛宣传，吸引游客前往参观村落的自然风光和村民的生产与文化活动，让人们能够更加亲近大自然，自由地与当地村民交流，活动自由度大，有真实体验感。如中国台湾的自然生态教室、日本的市民农园等，这种景观设计除了必需的基础设施外不用进行其他的加工改造，尽量保持原生态。

对现在已经消失的广府传统民俗活动来说，我们可以对它们展开资料搜集和整理，并进行再现，让人们充分了解过去的岭南传统民俗文化。而对一些民俗文化丰富独特的地区或少数民族村落来说，由于时代的发展，一些重要的民俗活动只会在特定的时期开展，那么就可以化繁为简地进行展示，让人们更加便利地了解该民族或当地的民俗文化精髓，感受其魅力。

在进行民俗景观设计时，我们要清醒认识广府传统民俗活动的现状，并通过各种手段寻求突破，例如利用高科技的手段打造动态景观，可以升级景观照明工程，把景观墙的过道改造成一条光影隧道，各种各样的传统民俗人物影像和场景会伴随着光影效果出现在景观墙的墙面上，栩栩如生。在管理方面，可成立管理委员会，全面贯彻营销理念，将前期的设计施工和后期的市场推广、经营活动结合起来，在综合运营中打造文化品牌。

此外，为了促进公众对景观规划设计和决策的参与，我们应该让设计人员与相关联的利益方进行充分、有效的沟通。现代景观设计正从"设计控制论"转向"设计互动论"，用互动性设计将"技术实践"转向"反思性实践"，使景观设计从之前简单的美化目标发展到多维可变的目标，从简单的预定式成果向动态成果转变，从设计师单方面输送设计目标到市民集体思维的形成和集体互动交流。

最后，也要注重整体风貌的控制引导。整体风貌是展现地方总体形象、彰显广府民俗文化特色的重要因素。注重对整体风貌的控制引导，能够使民俗活动不偏离规划的发展方向，形成建设中的总体原则，塑造协调统一的对外形象，这对民俗文化发展起到至关重要的作用。

4. 动漫设计在民俗文化中的应用

动漫是一门综合性的艺术，也是一种集绘画、音乐、漫画、数字媒体、文学、电影、摄影等多种艺术种类于一体的综合艺术形态。在制作flash动画和mg动画时，我们可以通过形象生动有趣的画面，将其所蕴含的信息内容传达给观众或客户。动漫是得到很多人喜欢的艺术形式，然而随着动漫业的发展，动漫不再只是以前的固有形式，现代动漫更多地融入了各种各样的元素，从而散发出不一样的魅力[①]。当初《龙珠》的单行本销量更是在全球创下了吉尼斯纪录，成为具有世界级影响力的动漫作品，可见现代动漫对人们的影响甚大。动漫设计与民俗文化相结合，可使民俗文化获得更多的目光。

（1）民俗文化在动画设计中的体现

在创作表现形式方面，动画设计艺术与民俗文化相通的地方有很多。在动画设计领域，主要有电脑动画、剪纸动画、沙动画以及木偶动画等创作方式，不同类别的动画创作表现形式存在差异，也正是这些丰富的表现形式满足了不同取向的动画艺术爱好者的观赏体验需求。因此，当代动画设计行业从业人员要意识到民俗文化对动画设计的重要性，在进行动画创作时应积极将民俗文化贯穿其中，借助民俗文化的活化来赋予动画作品更加丰富的视觉艺术形式，向大众展示动画作品中深刻的文化内涵。

在现代动画设计产业中，中国传统民俗文化常常被许多国家借鉴并巧妙利用，从而将其融入动画设计创作中，其中最为典型且最为成功的案例当属《功夫熊猫》（图5-5）。它是一部以中国功夫为主题的美国动作喜剧动画电影，结合了中国元素，包括景观、布景、服装、食物等。其设计团队还大量采用了中国传统民俗文化元素，比如十分常见的传统建筑中的图腾柱、雕龙等，传统节俗中的舞龙舞狮、烟花鞭炮、歌舞表演等，还有传统音乐、绘画、书法以及美食等。《功夫熊猫》在全球范围取得了卓越的票房业绩，成为中国大陆第一部票房过亿的动画电影。至于广府民俗在动画设计中的应用范例，可以荣获2010年北京电影学院第十届"动画学院奖"的动画《"波罗鸡"的传说》为例。该动画用艺术现象学解析"波罗诞"庙会的传说故事，是中国的意象思维

---

① 曹锋. 基于数字媒体技术的微动漫设计系统［J］. 现代电子技术，2020（19）：53-57.

图5-5 《功夫熊猫》场景
图片来源：https://baike.baidu.com/

和西方现象学跨文化的逻辑组合，也是岭南非物质文化遗产用动画的载体进行艺术再现的成果。这个作品采用岭南传统装饰颜色，用鲜亮色彩带来特别的视觉刺激，例如洋红色充满了喜悦感和强大生命力，而鹦鹉绿则具有智慧及友善的含义，红绿搭配恰到好处地展现了岭南的乡土情感，不但靓丽夺目，而且富有民俗特点。

（2）动漫设计对民俗文化发展的作用

当前正处于经济全球化的时代，要想使得广州动画设计产业发展跟上时代前进的步伐，我们就要让动画设计在民俗活动中扮演更重要的角色，发挥更大的作用，同时这也是对动画设计产业更深层次的发掘。为了达到扩大设计作品的纵向时代影响力与横向国际影响力的目的，设计师需要打破思维定式，突破原有动画设计与制作模式，学习国外优秀动画设计经验，同时发掘国产动画设计的优势，将本土特色民俗文化与动画设计有机结合，打造具有中国特色的动画作品。推动我国动画设计产业建设稳定持续发展，也让我国民俗文化更好地走向世界。

动漫对广府民俗活动的发展也起着很大的作用，主要体现在可视化的故事情节上。将民俗故事做成动画，把作者心中的场景通过动画制作呈现在荧幕中供观众观看，直观的视觉和听觉呈现更容易让人们有强烈的代入感，如身临其境般，使得民俗文化更容易为人们所接受和享受，观众也能够更直观地感受到岭南民俗文化的魅力。

广州动漫的优势是显而易见的，它不仅能够通过多样化角色神态将真实情感传达给观众，还能通过多元化场景营造出独特的艺术意境，给观者带来深刻的体验。在时代趋势的影响下，动漫产业将数字化技术引入传统动画制作中，结合岭南本土传统民俗文化特色设计出情感丰富的本土角色及引人入胜的场景等，最终融合为具有现代民族文化特色的精彩动画。比方说，可以通过提取传统民俗绘画中的民族元素融入角色外形塑造，融合中国传统山水画的特点绘制具有中国特色的画面背景，从而打造出能够充分体现中国审美特色的动画风格，并且给人带来一种与众不同的视觉享受。现代动画设计工作者要善于创新运用中国优秀传统民俗文化的艺术特色，利用色彩丰富的画面和独特的民俗艺术打造出独特的动画艺术意境，赋予动画设计作品更强的感染力，展示出动画设计作品别具一格的审美韵味，为民俗艺术文化有效注入更多的新鲜血液[①]。

（三）以设计驱动广府民俗文化产业发展的方法

1. 创新文化产业的发展思路

广州是首批国家历史文化名城，是广府文化的中心和发祥地，同时也是世界著名的东方港市，拥有丰富多样的传统民俗文化，是华南地区的政治、经济、文化、民俗和科技中心。创新文化产业的发展思路是加快广府民俗文化产业发展的最重要方法。立足广州本土，结合广州的实际情况，围绕广府文化、饮食文化、红色文化和丝路文化，进行大胆的创新，引领民俗文化产业实现跨越式的发展。同时，我们还可以在非物质文化遗产保护的前提下进行旅游文创产品研发等打造广州文化品牌，促进广州文化产业的快速发展。

广府民俗文化要从产业创意的角度进行发展，从拥有科学技术的部分行业和现代高新的信息化技术的迅速发展的经验来看，建立和完善广州文化产业大数据平台，普及现代信息化网络设施和科研优先资助方向及倾斜项目对创新广府民俗发展模式意义重大，也是建设文明城市的题中要义。我们有必要制定创新的民俗文化的发展规划，以便更好地解决民俗文化在传承与发展道路上出现的发展战略模糊、人才断层、营销策略同化等问题，可以通过举办各类文化节，将其打造成如同春节般具有传统性、价值性、吸引性的节日，并举办类型多样的节庆盛会，增加群众关注和参与文化产业发展的渠道。

另外，我们也可用平台的思维对民俗文化进行产业整合发展与创新，深化文化产业"互联网+"，探索民俗文化信息传播新模式，使民俗文化在文化产业领域中得到发掘转化和发展传播；与此同时要注重"文化+"的跨界交融，让文化为旅游业、零售业、制造业、体育产业、建筑业和信息业等领域赋能，打造出全新的内容形式与品牌。另外，互联网成为民俗文化产业的核心资源与产业发展要素整合的重要平台，深入人们生活中的民俗文化，从虚拟到现实，电影、动漫、网络文学、音乐、电商等无不涉及"互联网+"民俗文化。打造完整"互联网+"民俗文化产业链，促使文化企业快速入局并逐步形成一个复杂且密度较大的产业网络，借助互联网平台和系统思维，进行产业整合和协同创新，形成民俗文化产业生态链和产业集群，极大提高民俗文化产品和服务的创新。所以，文化企业在互联网领域需要与上、下游行业进行协商，因为上游企业的内容生产必须与下游企业的衍生品开发进行结合，而下游的衍生品生产企业也必须非常清楚地了解上游企业的创作意图方可更好地对衍生品进行开发，共同形成一个广阔的价值空间。

---

① 刘倩. 民俗文化在动画设计中的应用[J]. 传媒论坛，2020（14）：139-140.

2. 对文化产业的发展进行全面规划

近几年来，我国的民俗文化产业得到迅猛发展，相关的民俗文化产品产量也越来越大，但精品数量较少，无法满足公众愈发增长的文化消费需求已经成为一个不争的事实。作为新兴产业，文化产业是真正的绿色产业和朝阳产业。就广州来说，我们应从战略的层面对文化产业的发展进行科学而全面的规划，通过出台多项政策与措施，更好地确保民俗文化产业得到快速发展。与此同时，除了增加对文化产业的投资，扩大文化产业发展资金的来源外，相关政府部门还应全面落实各项税收优惠政策。广州的文化产业启动资金应重点扶持民俗文化，以此为基础，建设一批有文化内涵、标志性的城市文化景观来逐渐壮大我国文化产业的质量和规模。与此同时，还需要做好文化产业未来发展的科学规划，这些都是进一步发展广府民俗文化产业的途径与保障[①]。

首先，实现广州文化产业发展的根本途径是落实广州文化产业结构的调整和资产重组。为此我们需要改善文化产业结构，深化文化体制改革。文化产业管理部门要充分发挥文化产业投资基金的引导作用，吸引各类民营企业以及外资企业对广州的文化产业进行投资，以实现广州文化产业发展的多元化。同时还要充分发挥市场在发展资源分配中的引导作用，焕发市场的活力，着力培育优势文化企业。同时在数字内容、影视制作、动漫游戏、文化传媒和设计服务等多方面内容中充分体现出广州深厚的传统文化以及特色的民间艺术，推动文化产业资源的共享共建和有效利用，突出重点领域，带动广州文化产业的蓬勃发展。

其次，我们可利用现代科技对民俗文化展开营销。随着互联网深入渗透人们的日常生活，我们可以利用互联网大数据技术获取顾客数据等信息，实现精准营销，优化营销效果并创新商业模式。民俗文化产业的传统营销模式需要顺势而变，克服传统营销模式的弱点，积极培养创新"互联网+"思维，充分利用大数据、云计算等互联网平台优势，助力民俗文化产业的推广与宣传，丰富传统民俗文化的营销模式和渠道，提高营销效率的同时为大众展示民俗文化的魅力。民俗文化产业不仅是经济体系中的新产业形态，还是代表一种生活方式的产业。

最后，我们要积极融入学校的传统文化的教育中，以扩大保护和传承的方式。广府传统非物质文化遗产具有独特的魅力，对这些优秀文化遗产的传承与发展应为其注入新的血液和生命力，使我国青少年挑起传承的重担，鼓励这些朝气蓬勃的少年以我们优良的传统文化为底气向未来迈进。有关的传统文化保护机构应与教育部门合作，将广府民俗文化遗产与教学活动结合起来，这不仅有利于广府民俗文化的传承与发展，而且可以帮助青少年了解广府传统的风俗习惯，同时有效丰富他们的娱乐生活。教育部门对民俗文化传承所需要的教材要进行完善，使其符合学生的爱好，这样做有利于激发学生学习兴趣、丰富学生的情感体验，以及感受我国博大精深的文化内在，大力培养学生对我国民俗文化的热爱，进而带动人民群众去领略传统文化的独特魅力。

---

① 肖昕，韩永锐. 从制造到创造——中国文化产业发展必由之路［J］. 民族艺术研究，2022（35）：149-154.

3. 对广府民俗文化进行多元推广

全球化进程的加快和我国经济的快速发展，使得人们越来越关注经济价值，也使得我国的文化遗产不断受到冲击，许多优秀的文化遗产都处于传承断层的局面。社会现代化进程的逐步加快，工业化、城市化都对广府民俗文化遗产造成了一定的冲击，广府民俗文化遗产的保护、发扬存在着很多跟现代化进程相关的问题，由此强调国家政府在大力推动现代化进程的同时，应积极致力于文化遗产的保护[①]。现代设计产业是这个时代最具发展潜力的领域之一，文化遗产是我们这个星球富有传承价值的珍贵财富，因此，对广府民俗文化遗产的保护、继承和发扬，要与现代设计产业结合起来，满足现代人的需求。我们需要结合多个部门、尽最大努力，找到传统和现代的结合点，以大众喜闻乐见的形式表现出来，以此加强对民俗文化的保护、传承和开发，使得努力都落实到我们的实际行动上。

在现如今这个多元化时代，单一的宣传推广形式难以达到理想的效果。因此，重视和利用好多元化推广方式让民俗活动更快更好地走入人们视野及融入人们生活是个一举多得的措施。目前媒体宣传推广路径可分为线上和线下两类。线上推广不仅节省了传统推广中人力成本和印刷成本的消耗，而且具备发布与接收信息便捷、宣传范围广、传播效率高的优势，越来越受到人们的重视。在互联网时代，利用大数据和数据挖掘，实现以用户为中心，增加民俗文化的体验性、多样性、定制性，使得民俗文化产业中的数据挖掘有价值和意义。同时，利用云计算、物联网等新技术，通过移动互联网，借助手机、电脑等终端设备，实现各类民俗信息的自动感知、即时传送和发掘分析，达到操作高效便捷、信息及时准确的使用效果，为民俗活动的线上推广指明了前进的方向。另外，线下宣传方面，我们必须注意如车厢广告、灯箱广告、道旗广告、招贴海报等传统有效的宣传推广方式。此外，近几年通过创意设计后兼具美观性、实用性、趣味性、时尚性等优势于一身的文创产品，一时间受到人们的广泛追捧，文创产品被植入民俗文化的优良基因，增加了文创产品的内涵和地域特色，同时使民俗文化焕发时尚活力，让大众更好地认可、接受民俗文化，继而起到对文化的保护、继承与发扬的作用。这不失为一种有效的值得学习借鉴的民俗活动宣传推广方式。

4. 解决民俗文化产业发展的人才瓶颈问题

我们要全力提升民俗文化产业的创新实力与产业竞争力，采取多样化的手段传承，保证在不脱离传统，保留民俗文化传统特色的基础上对其进行创新。而创新的第一要素是人才。专业人才是民俗文化产业发展的主力。我们需要大量掌握互联网技术并且对民俗文化产业有正确独到见解的高端复合型人才，带领产业在互联网技术迅猛发展的时代不断发展。但是由于大众对传统的民俗文化不够重视，我们对民俗文化活动的保护不够，传统的民俗文化面临传承人断层的困境，缺乏有效传承民俗文化的方式，更别提行业内缺乏具有多学科知识背景、集多种才能于一身的民俗

---

① 汤强，陈子健. 广府文化符号与惠福路美食花街改造设计研究 [J]. 工业建筑，2019（10）.

文化产业发展人才了。民俗文化的凸显不能只依靠老一辈传承人，它需要年轻人的张扬与活力，才能使传统的东西适应新时代的发展。如今，能打破思维定式和原有模式，依靠创新时代信息技术（如大数据、云计算、物联网等），搭建信息融合共享平台的计算机方面的人才较为充足，但了解和扎根于民俗文化发展的却寥寥无几。广州民俗文化产业的发展需要具备多学科背景的优质人才，才能形成良好的行业市场环境、精准细化的市场模式、充足的文化活力和开放多元的市场竞争格局。

二、广州设计产业融合优化粤港澳大湾区文商旅产业

《粤港澳大湾区发展规划纲要》中明确提出依托大湾区资源优势，开发多元旅游产品体系，打造世界级旅游目的地。粤港澳大湾区文商旅产业的发展需要立足于文化历史的传承创新工程，坚持创造性转化、创新性发展：以文为底蕴，为商、旅提供特色和依托；以商为容器，为文、旅提供体验和服务；以旅为桥梁，为文、商提供客流和热度。文商旅作为相互依存的综合体，需要设计驱动三者融合发展。

（一）粤港澳大湾区文商旅产业发展现状和面临的问题

粤港澳大湾区具有特色鲜明、同根同源的城市群形象。它地处我国南方边缘地带，具有独特的自然景观资源。同时，粤港澳大湾区交通条件便利，经济实力雄厚，为文商旅产业融合提供了良好的基础。粤港澳大湾区在建设世界级的旅游目的地的过程中，还面临着一系列的挑战。粤港澳大湾区需要在《粤港澳大湾区发展规划纲要》的指导下和促进文商旅产业融合的过程中，立足于自身优势，解决现所面临的挑战，积极实现粤港澳大湾区文商旅产业的融合发展。

1. 粤港澳大湾区文商旅产业发展现状

特色鲜明，同根同源的城市群形象。粤港澳大湾区城市群形象特色鲜明，例如香港被称为东方之珠，在国际金融、航运、贸易等方面都发挥着重要作用；澳门作为全球著名的休闲旅游中心；广州作为岭南首府，承载着岭南历史文脉，是国家中心城市、综合性门户城市；深圳作为创意之都，是全国性经济中心城市，也是国家创新型城市。粤港澳大湾区城市群人文相近，语言相同，拥有同根同源的岭南历史文化。岭南文化作为中国最具有生命力的区域文化之一，根植于珠江三角洲，源远流长，具有鲜明的个性。岭南文化涵盖建筑、文学、绘画、戏剧、工艺、饮食、风俗等各个文化领域。粤港澳大湾区人们的日常生活浸润于岭南文化之中，其文化孕育出来的粤语、粤剧、粤曲、岭南建筑、岭南工艺、岭南民俗和岭南饮食等都带有鲜明的地域特征。同时，粤港澳大湾区历史遗址涵盖范围跨度广，从古人类遗址、海丝文化遗址一直覆盖到红色文化遗址等。这些历史文化资源为主题游、深度游等提供了设计创新的文化基石。

自然资源、地理环境和交通系统优越。粤港澳大湾区与纽约湾区、旧金山湾区和东京湾区相比面积大、人口多、经济规模大。它地处我国南方边缘地带，地势北高南低，呈现出"山水兼

备"的地域自然景观：北边是南岭一线山脉，东边是九连山和莲花山脉，西边是云开大山，南边是珠江三角洲平原，而西江、北江、东江三支水系汇流成珠江水系，形成了大湾区的八个入海口。并且，大湾区是大陆板块和海洋的过渡区域，属于热带亚热带气候，孕育出海洋文化和农耕文化。这些地理自然环境形成了粤港澳大湾区独特的自然景观。粤港澳大湾区城市间交通建设高速发展。城市间通过高铁、城际轨道交通、高速公路搭建高密度、高速度的城际交通网络，形成"一小时城轨交通圈"。粤港澳大湾区地域范围内拥有着珠三角港口群、粤东港口群、粤西港口群等众多港口，还拥有广州白云国际机场、深圳宝安国际机场、香港国际机场、澳门国际机场等干线机场[1]。粤港澳大湾区内城际交通、港口、机场等立体的交通网络系统，促进了粤港澳大湾区内部与内部区域的经济交流合作。航空、海运、物流等体系的基层设施建设和现代化产业体系的溢出效应，让粤港澳大湾区成为亚太地区最重要的国际大都市群，获得独特的地缘优势。

粤港澳大湾区作为商业活动的集中区域吸引了更多类型的游客。粤港澳大湾区城市群由于城市功能与定位的不同，其旅游人群也存在差异。其中，香港是国际金融和贸易中心，拥有着成熟的旅游服务资源，吸引了大量商务公干和度假观光的国内外游客。珠三角地区是外商投资的集中区域，其入境游客各有特点：东莞的台资企业较多，赴东莞的台湾游客较多；惠州对韩国招商引资的举措，吸引了大量韩国商务游客和探亲访友游客；江门作为"第一侨乡"，其旅居北美等地的华侨成为江门主要的入境游客[2]。广州展览行业发展位居全国城市前列，根据《2021年度中国展览数据统计报告》，广交会作为国家重点展会之一，恢复线下举办，仍为中国商品出口贸易的最大平台。广州依托会展行业，形成了以会展业为中心、上下游产业和相关配套产业聚集发展的格局，拉动了周边旅游经济的增长。

2. 粤港澳大湾区文商旅产业面对的问题

文商旅融合度不强。文商旅融合牵涉多个政府部门，有的甚至没有现成的、可参考的政策公式。发展文商旅缺少有效的协调管理机制，牵头负责部门不明确，部门各自为政，特别是粤港澳大湾区涉及三个独立的市场体系，它们在经济制度、行政体制、财政体系、货币发行制度以及经济发展规划的制定等方面都完全独立[3]。这对粤港澳大湾区文商旅产业的协同发展提出了更高的要求。文商旅项目融合发展度有待提升：传统旅游业基本围绕景点线路、观光游览展开，体验度单一；商业以贩卖低端旅游商品的景区商业街店面为主，商业同质化现象突出；文化资源和文化脉络没有充分发掘，岭南特色的历史文化展现度有待提升。

业态丰富度、产品开发度有待提升。粤港澳大湾区城市群之间旅游景区资源分布不均衡，从空间上看主要形成了两个聚集区——广州区域和港澳区域，其中A类旅游景区主要集中在广州、

---

[1] 邵源，黄启翔，易陈钰，等. 粤港澳大湾区综合立体交通网战略构思[J]. 城市交通，2022（02）：90-98.
[2] 保继刚，叶晓旋. 粤港澳大湾区入境旅游空间格局与新态势[J]. 中国房地产，2019（08）：22-31.
[3] 毕斗斗，田宛蓉. 高质量发展背景下粤港澳大湾区"文商旅"融合发展：模式创新与优化路径[J]. 城市观察，2021（05）：44-51.

惠州等地①。从交通流和信息流数据分析结果可以看出，粤港澳大湾区城市群之间，广州、深圳是城市群内部联系的主要核心城市，粤港澳大湾区对外联系的城市以香港为主，深圳、广州、澳门为次一级重要的城市②。香港旅游入境游市场多样性最强，因为其覆盖近远程国家，外国游客市场发展较为成熟。澳门旅游入境游市场多样性下降，入境人员来源国主要为近程的东南亚、东亚国家。珠三角旅游入境游市场多样性低于香港和澳门，但近年来逐渐上升并超过澳门③。粤港澳大湾区城市间所蕴藏的联系度和关联度还有待发掘。在各自地域分工和定位的基础上，大湾区旅游市场的生产要素流通、共建、共享之间存在壁垒，尚未形成深度协同的运作体系。边缘化的城市与核心城市的对接能力和联动能力有限，还未形成围绕核心城市的组团片区。同时，粤港澳大湾区与全球联系的城市主要为香港，整体城市群之间与世界城市网络的融入度还有待提升。

整体环境可参观性、体验性有待提升。旅游线路一般是由旅游经营单位利用交通线串联若干旅游点或临近旅游城市（镇）所形成，具有一定特色的合理走向。它是让游客在最短的时间内获得最大观赏效果的产品组合，是旅游目的地综合开发实力的体现。以广州为例，广州打造多元化旅游业态，依托广州资源开发红色旅游、乡村旅游、康养游、珠江游等，根据市场消费需求发展，深化文旅跨界融合，打造消费新亮点。但粤港澳大湾区旅游体验还存在一系列问题，如旅游地管理水平、设施建设、旅游服务等发展不均衡等。一些景区周边配套欠缺，存在如厕难、停车难等问题；景区信息咨询困难，景区导览图、导向系统设计不完善；主要景区之间与交通枢纽未形成贯穿区域的连接通道，旅游全域空间的有效覆盖不足。

（二）设计产业与文商旅产业融合发展的已有经验

设计产业为文商旅产业融合过程中的产业业态、产品体系提供了新的创意思路、设计规划和产业支撑。设计能发掘原有地区的文化神态、规划街区形态、打造商业业态和提升环境生态，将地区文商旅产业有机融合在一起，形成良性的经济文化生活圈。上海南京路步行街的改造可以说是我国设计产业促进文商旅产业融合的重要缩影。下面将以该步行街的改造为例，分析其在设计产业与文商旅产业融合发展中的改造背景、具体策略和可参考亮点。

1. 上海南京路步行街改造背景

2019年年初，商务部印发《关于开展步行街改造提升试点工作的通知》，决定力争用2～3年时间将试点步行街进行提升改造，搭建满足消费升级需要的重要平台，培育扩大城市消费的有效载体，塑造代表城市形象的靓丽名片。南京路步行街是中华商业第一街，1998年至今已开街超过20年。然而，南京路步行街很多业态发展落后，并且由于国有企业物业比较集中，创新的力度不

---

① 周琳，王树根，龙晓怡，等. 粤港澳大湾区A级旅游景区空间结构研究［J］. 地理空间息，2020（18）：9-18.
② 邱坚坚，刘毅华，陈浩然，等. 流空间视角下的粤港澳大湾区空间网络格局——基于信息流与交通流的对比分析［J］. 经济地理，2019（39）：7-15.
③ 保继刚，叶晓旋. 粤港澳大湾区入境旅游发展差异及其影响因素［J］. 南方建筑，2019（06）：46-51.

够，它的整个管理能级还需要进一步提升。

上海南京路步行街作为首批试点步行街之一，这项工作被划归于上海市商务委牵头研究制定的《全力打响"上海购物"品牌加快国际消费城市建设三年行动计划（2018—2020年）》（简称《三年行动计划》）中8个专项行动中的"商业地标重塑专业行动"——重点是通过升级软硬件水平，打造世界级地标性商圈商街，重塑"中华商业第一街南京路"形象。

2. 上海南京路步行街改造的具体策略

在步行街改造提升的专项行动中，南京路改造"四态并举"：街区的形态、商业的业态、文化的神态和环境的生态。南京路改造的"四态"是立足点，可以将很多步行街改造的内容嵌入进去，将商业地标赋予时代新的内涵。

在街区的形态方面：街区作为建筑景观的实体，需要考虑与整个城市更新改造、城市总体规划建设相匹配。街区通过交通与城市其他区域融合在一起，因此，街区形态的规划需要考虑交通，综合考虑街区的静态和动态交通，让人流动线更加顺畅。

在商业的业态方面：《"上海服务"三年行动计划》明确指出，上海要成为优质产品和服务"首发地""首秀""首店"。南京路的目标是集聚国内外知名品牌，伴随全新的体验、消费业态和模式，体现线上与线下互动。南京路步行街既可以欢迎知名电商企业在南京路开实体店，也可以呼吁本土实体店设立网上店。南京路步行街商业业态分布多样，将传统餐饮、服饰、服务等店面进行跨界、升级改造，形成了各种新型商业业态模式。

在文化的神态方面：上海文化部门提出南京路步行街联合旁边几十家上海剧院资源开展演艺大世界。南京路和文化部门的演艺大世界紧密联合起来，把消费者购物和文化消费结合，从白天到晚上，消费者都能在南京路找到购物、消费、体验的地方。上海市商委副主任刘敏介绍，跨界联结是南京路原来规划中比较缺失的：以前是在行业范围内规划发展，这次在规划过程中强调跨界，文化创意产业和商业业态紧密结合。商务委员会与文旅局一起启动了上海艺术商圈打造，将包括音乐剧、戏剧和表演在内的文化和文艺节目请到了商场、购物中心和街区，还在周末设有表演，形成了购物的风景线。

在环境的生态方面：一是硬环境，整个城市的街区绿化、灯光、店招、店牌，这些需要与现代的环境建设相匹配。二是软环境，启动南京路步行街作为诚信建设的试点街区，让商家亮出诚信的名片，承诺推动实施七天无理由退货，采取积极的措施保护消费者的权益，真正营造一个法制化、便利化的营商环境。

3. 上海南京路步行街文商旅建设中的可参考亮点

在政府方面，多部门跨界联合行动为商业街改造提供了政策保障。商业街作为城市建筑景观、商业中心和文化展示地，其消费产业涉及商务、会展、旅游、文化、餐饮等各类服务消费，可以发掘节庆、展会、餐饮与购物消费联动。全新商业模式、多业态形式牵涉多个政府部门，有的甚至没有现成的、可参考的政策公式。这需要各级政府管理部门主动跨前服务，推动制度创新、优化制度供给，为商业圈的规划更新落地，清扫体制机制障碍。

在商家方面，新商业模式、新技术支撑为商业街改造提供创新活力。商家融合线上线下空间，打破体验、零售、餐饮、服务等各类业态的商业模式，为新消费、新体验提供更多消费空间。新商业模式不仅来自国际品牌的成熟经验推广，也由本土企业自发创新实现。另外，移动互联技术应用能提升消费的体验度、沉浸度。通过移动互联技术为商家提供人流数据分析，帮助商家更好地找准定位、实施策略。同时，推动移动互联服务在商家店内的使用，为消费者提供了更多消费体验途径，如机器人服务、无人便利店、虚拟家居体验馆等。

在媒体方面，传播民俗文化、商业活动为商业街提供宣传推广服务。商业街通过媒体传播民俗文化、商业活动能打造城市形象的名片，塑造商业街的品牌形象，同时为商业街品牌带来更大的影响力。不同媒体对于商业街的宣传各有侧重：传统媒体，如报纸、电视等，能集中展示商业街的历史、文化与民俗，以及报道商业街的大型展会、活动；新媒体，如微信公众号、微博等，能定期更新商业街的宣传、促销、活动等信息。

（三）广州设计产业融合优化粤港澳大湾区文商旅产业发展的策略

以设计产业融合优化粤港澳大湾区文商旅产业发展可以依托设计业态、特色产品和新媒体技术使用这三方面，从文商旅新业态、新模式打造、旅游产品体系开发与设计和旅游体验度提升入手，全面立体、多维度地推进粤港澳大湾区建设成为世界级的旅游目的地。

1. 以设计产业形成文商旅新业态、新模式的支撑

"粤港澳设计走廊"战略从2010年推行以来，已经形成了以广州、深圳为核心的覆盖珠三角区域的城市群，而香港的设计院校和设计公司也逐渐参与进来，使粤港澳大湾区形成了独特的设计资源和设计特色产业[1]。在推进"广东创造"战略方针时，广东引入了创新设计战略，将设计产业融入传统制造业，全面升级了产品品质、品牌，提升了广东本土制造业品牌的产业影响力[2]。粤港澳大湾区利用设计产业资源，结合其在文创、影视、数字科技、休闲娱乐、商业金融等方面的优势，形成了文商旅新业态、新模式。粤港澳大湾区应立足于全域旅游优势，优化旅游资源组合，丰富旅游产品类型，开发旅游产业新业态。当前旅游体验、消费业态与模式不断创新发展，在乡村游、海岸游、美食游、游艇游、养生游等新业态层出不穷的背景下，消费市场呈现出新消费、新体验的特征。文商旅跨界联合越发紧密，旅游、购物和体验更密不可分。旅游景点是城市景观、商业中心和文化展示地，其涉及商务、会展、旅游、文化、餐饮等各类服务消费。政府在城市规划过程中应注重多功能跨界组合，将旅游产业、文化创意产业和商业业态紧密结合。当然这也需要各级政府管理部门主动跨前服务，推动文商旅相结合的城市规划更新。

---

[1] 陈文玲. 粤港澳大湾区：打造世界级战略性创新高地［J］. 开放导报，2022（03）：40-47.
[2] 方海，安舜. 粤港澳大湾区设计与相关产业融合发展的战略研究［J］. 城市观察，2019（02）：7-15.

以文创产业联结文商旅，创造新业态、新模式。立足文商旅有机融合，利用文创主题形成综合性产业生态圈。粤港澳大湾区的民俗文化、历史脉络、风土人情等为文创产业提供了丰富多彩的设计资源。比如，文化体验旅游的南粤古驿道串联粤港澳大湾区中具有特色的古村落，形成了主题线路、文创大赛、行走驿道等文化旅游项目，开发了定向大赛、徒步运动、骑行运动等户外运动体验项目，将南粤古驿道这一历史人文景观进行修复、保护、利用和活化。可见，设计产业可以作为文商旅融合的引擎，活化文化传承与传播的方式，创新消费为支撑的商业模式，提升主题旅游线路规划，形成集自然生态、文化神态、商业业态和社区形态于一体的文商旅融合的新路径。

设计产业链需要重点发展价值链微笑曲线的两端。一是大力发展设计产业链的前端文化创意设计业。立足粤港澳大湾区设计人才与设计院校资源，吸引高端文化创意人才打造集聚创新要素、创新模式和创新产业的粤港澳设计产业创新圈。立足本地文化资源形成粤港澳大湾区各类设计成果，引领文创商业产业发展，展现城市群地域特色。二是大力发展完善设计产业链后端的高端服务业。将各类创新设计成果应用在服饰、餐饮、家居等现代生活之中，让设计回归生活本身，特别是需要推动本地传统工艺通过再设计回归大众生活。通过设计产业提升文商旅融合的产业能级，打造特色鲜明、良性循环的新业态。

2. 以设计思路打造业态丰富、区域特色鲜明的产品

将服务设计理念引入文商旅资源整合、设计和调整的过程中，以设计思路打造业态丰富、区域特色鲜明的产品。服务设计是从消费者需求出发，分析消费者在不同情境下的需求和痛点，通过系统性、完整性、全面性的设计满足消费者的需求。《粤港澳大湾区发展规划纲要》指出，可以通过城市群中的重要节点城市的发展，辐射带动周边城镇立足资源、协调互补、共同发展。可从粤港澳大湾区旅客类型、出游目的等入手，结合粤港澳大湾区城市群的功能定位和区域特色，分析不同区域的旅游资源，形成跨区域的旅游精品线路。旅游精品路线需要按照消费者出行动机和需要，发挥好旅游资源丰富的核心区域的枢纽作用，辐射和带动周边旅游资源相对薄弱的地区，形成跨区域的组团片区。同时，周边旅游资源相对薄弱的地区需要发展培育自身独特优势，积极与核心区域形成对接。旅游精品路线规划需要完善、优化旅游资源配置，多方检验旅游服务过程，避免旅游线路中出现断头路、回头路。加强粤港澳大湾区城市群之间跨区域旅游资源的合作与建设，形成旅游中心区域拓展、引领周边城市的旅游资源配置与发展，提升区域间旅游景点、旅游产品的联结度，形成各区域特色明显，区域间旅游资源协同发展，跨区域旅游资源合作开发的全区域旅游格局。

以现代设计文化策略理念为思路，探索粤港澳大湾区特色城镇的建设。广东工业大学城乡艺术建设研究所在广东顺德青田村的艺术乡建实践形成了中国乡村文明复兴的"青田范式"。它修正了多年来一些基层政府秉持的"文化搭台，经济唱戏"的理念，形成了"经济搭台，文化唱戏，艺术推动乡村复兴"：以艺术共创的方式，修复当地的历史肌理空间和人际关系空间，在艺

术家、政府与当地居民互动中重建乡村社会的理想家园。艺术乡建需要尊重当地城镇的传统以及居民的诉求，强调用情感融入和多主体互动的温和方式，复苏当地文脉与精神[①]。通过对生态、文态、业态和形态的提炼形成项目和产品的独特概念，使这概念成为当地文商旅的核心吸引力。当地的历史文化和街区风景需要通过景观设计转变为可被观赏与理解的场所和物品。景观设计能赋予区域形象最直观的感受，给游客提供直观的视觉形象，其需要通过明确的连接点、路径、地标、边缘和有特色的区域，让游客能看到区域复杂事物之间的关联性。以设计现代文化策略理念融入粤港澳大湾区特色城镇的建设，不仅保留了特色城镇的传统历史文脉，还凸显了鲜明的区域特色并有效地促进了乡村振兴。

3. 以新媒体技术应用设计提升粤港澳大湾区文商旅的体验性

在城市现代化建设和发展的过程中，城市功能、城市规划和城市设计的趋同使城市历史文化的"光韵"逐渐消失。城市空间呈现出千城一面的景观：相似的城市建筑物和街道、标准化的广告招牌和大型购物商场、密集且快节奏的都市交通。这使得城市文脉在趋同的城市空间中开始隐匿甚至消失。承载城市历史文化的摄影、纪录片等具有"光韵"的物品，是展示城市景观历史文化的重要渠道。它们从城市空间中被剥离出来，被保留在城市博物馆和收藏馆中供人们观看。而大数据、云计算、基于移动位置服务（LBS, Location Based Service）和增强现实等技术，能够将城市空间回归到具有"光韵"的地点，也能够将城市空间中的日常生活节律以可视化的形式展示出来。我们可以依托新媒体技术应用突破城市空间展示的限制，将城市空间以实时、动态、交互的方式呈现，让城市文脉和城市日常生活从城市空间中浮现出来。

城市空间的体验展示可以依托新媒体技术展示城市空间中被隐匿的文脉，讲述城市空间中曾居住过的人们、发生过的历史文化事件，让城市历史文化的"光韵"重新回归到城市空间之中。移动互联技术的移动性、定位性和互动性能定位城市空间，同时可以借助增强现实技术将线下空间与虚拟空间叠加在一起。而历史文化事件则可以模拟仿真叠加到现实城市空间之中，提升人们对城市历史文化的体验感。上海的思南露天博物馆则是通过电子地图与二维码的结合，帮助参观者寻找城市线下空间中的展品，并让参观者通过二维码进入虚拟空间获得城市特定空间中的历史文化资料。通过城市景观交互视像，参观者能在城市线下空间获得城市文脉的信息，使城市历史文化的"光韵"从隐匿之处重新凸显出来[②]。城市景观交互视像也拓宽了城市博物馆和展示馆的空间，让参观者从集中的展品陈列处，回归到城市历史文化发生的现场，与城市历史文化对话，体验身在城市历史文化中的感觉。

城市景观交互视像不仅仅是城市景观的展示和推荐，还是城市服务、城市文化和城市经济汇集的平台。城市景观交互视像围绕用户的需求而产生，同时也是用户需求数据挖掘整理后的呈

[①] 渠岩. 艺术乡建：中国乡村建设的第三条路径[J]. 民族艺术，2020（03）：14-19.
[②] 杨红. 遗产保护与文旅融合：关于露天博物馆模式的探讨[J]. 民族艺术，2022（01）：105-112.

现。通过分析移动应用程序的浏览、收藏、点赞、评论、搜寻等行为数据，可以获得旅游者对城市特色空间、特色文化和特色产品的喜好、需求等。这些数据能为用户精准推送城市具有特色的参观场所。同时，这些数据还能为城市商业提供用户需求的精准预测，为城市服务提供及时、高质量的服务体验。通过线上线下空间的定位服务，打造服务、文化、经济相互连接的平台。用户数据生成特色参观场所的前提是参观场所需要在虚拟空间中呈现出来。对于依赖移动互联网寻找位置的用户而言，没有被虚拟空间记录的承载着城市历史文化和特色产品的空间，可以说是一种消失的空间。因此，城市景观推广者和宣传者需要将城市空间中有特色的场所呈现到线上空间，形成线上与线下空间连接的定位服务，为城市景观交互视像的生产打下基础。

三、广州设计产业融合优化纪录片产业

从中华人民共和国成立开始，我国便借助纪录片进行对外传播与国家形象的塑造。广州作为国内设计产业的领先城市，可以结合国家"一带一路"倡议、粤港澳大湾区发展战略和广东省"文化强省"的发展目标，将纪录片产业发展建设纳入国家发展战略和广东省文化发展规划之内，使之成为中国纪录片产业发展和文化国际传播的重要平台，将纪录片产业建设成为国家级纪录片产业基地。从顶层设计出发，把纪录片作为城市发展中文化创意产业的领军者，将为广州实现创新驱动与转型发展提供一种新路径。鉴于此，本节将以全球视野、中国现状、广州格局为主体框架，对广州设计产业融合优化纪录片产业建设提出相关构想与措施。

（一）新世纪以来世界纪录片的发展与品牌设计

站在2020年的全新起点上，真正的"内容为王"时代才刚刚掀开序幕。世界主要的几大纪录片品牌都聚焦核心竞争力，展开激烈的角逐。品牌是价值观、品质、美学以及外在形式的精神总和，是一种无形资产，是国际市场竞争的软实力。

英国广播公司BBC、日本放送协会NHK、探索公司（Discovery Inc.）、国家地理频道（NGC）、德法文化频道（ARTE）等机构的纪录片已经形成世界纪录片品牌，具有不可替代性。比如，英国BBC将"告知、教育与娱乐"定位为不能改变顺序的三项宗旨；日本NHK作为以公共收视费为主要收入来源的电视台，致力于关注公共性话题，体现出一种人文关怀和对事实的尊重；美国最大的纪实内容提供商探索公司诞生于美国商业电视激烈的竞争环境，以知识型、教育型、娱乐型纪实节目为立身之本，使纪录片在全球获得前所未有的传播疆域。

新世纪以来的二十几年，全球媒体生态格局发生了巨大变革，呈现出特征鲜明的变化趋势。前十年是商业电视全球扩张的黄金时代，2010年美国探索公司已通过全球卫星覆盖全球185个国家和地区；以BBC为代表的公共广播备感危机，寻求与商业资本合作以扩大自身影响力；纪录电影大规模重返院线，在极度娱乐化的全球媒体生态中保持一份冷静的观察与反思；法国、韩国对纪录片采取开放生动的政府支持模式，为纪录片发展提供了强大的助力。

第二个十年，以Netflix和亚马逊为首的流媒体巨头以深刻和迅猛的速度重塑全球媒体格局，年轻一代脱离了传统媒体的观看习惯，喜欢即时随机地观看网络内容，成为网络视频流强大的势力，因此，在线观看业务成为各大视频网站抢滩登陆的主战场，大有颠覆传统电视模式之势。传统公共电视和商业频道在重重危机下全力迎战，在维护全球传输网络扩张的同时，纷纷开拓自己的新媒体业务。院线纪录电影虽然没有出现前十年的"爆款"，但是在类型、题材方面都出现多元化、深度化的趋势。新媒体以攻城略地之势全面重塑了纪录片的制作传播系统，所有内容都可通过互联网在全球传输，眼球不再以订户形式被渠道垄断，而变成了由内容来分配。而随着多家新媒体平台激烈竞争带来的观众分流和内容流失，曾在全球范围内纵横捭阖的Netflix也不得不面对前所未有的挑战。

在全球媒体生态格局深刻变革的当下，BBC、Discovery等知名品牌纪录片不再局限于电视等传统媒体的传播路径，而是在互联网的冲击下，开始从资本、技术、市场等不同领域进行战略性重组、调整、发展。

（二）广州纪录片产业发展基础优势及定位内涵

广州是粤港澳大湾区核心城市，是岭南文化中心，也是国内唯一的专业纪录片节展举办地，其文化、经济和区位优势十分明显。从2003年到2022年，经过20年的精心建设，中国（广州）国际纪录片节跻身"国际八大纪录片节"之列，使得广州得到了"中国最懂纪录片城市"的美誉。因此，从以上经济、文化、产业优势来看，广州具备通过纪录片这种文化产业形式进行城市形象建构与提升和文化传播的优势。

广州在我国经济发展中一向名列前茅，为文化产业发展提供了坚实的基础。广州统计局的相关数据显示，2019年全市地区生产总值23628.60亿元，按可比价计算，比上年增长6.8%，增速比上年提升0.6个百分点。其中，第三产业增加值16923.23亿元，增长7.5%。产业结构不断优化，三次产业比重为1.06∶27.32∶71.62[①]。当下全球发达经济体的经验表明，当人均GDP在5000~10000美元时，拉动城市经济增长的主要动力是科技创新、创意产业、高技术产业和服务产业。广州的新一代信息技术产品产量增势良好，高技术制造业中的医疗仪器设备及器械制造业工业总产值增长53.5%；培育成长中的生物药品制造业、智能消费设备制造业和工业机器人制造业产值分别增长23.7%、9.6%和9.8%。传统行业转型升级持续推进，健康时尚类的化妆品制造业产值增长19.1%；智能化、个性定制类的家用电力器具增长稳定，增速为8.1%。全市工业新旧动能接续转换，产业结构不断迈向高端化[②]。

---

① 广州日报.广州统计局发布2019年经济运行情，广州人民政府网，2020-1-24，http://www.gz.gov.cn/xw/jrgz/content/post_5642965.html.
② 广州日报.广州统计局发布2019年经济运行情况》，广州人民政府网，2020-1-24，http://www.gz.gov.cn/xw/jrgz/content/post_5642965.html.

广州加大了文化产业的扶持与投入力度。文化软实力已经成为当今竞争白热化的世界中极为重要的组成部分，文化产业已成为21世纪的新兴战略产业。2019年，广州市人民政府印发了《关于加快文化产业创新发展的实施意见》，提出"要使文化产业成为引领支撑经济社会发展的强大引擎和重要增长极。未来5年，全市文化产业增加值努力实现年均增长12%，稳步提升文化产业占全市生产总值比重；到2035年，文化产业成为全市重要的战略性支柱产业，文化产业的综合竞争力明显增强，基本建成国际性文化产业枢纽城市。"[①]在20年前，中国（广州）国际纪录片节还只是一个学术研讨会，如今已发展成为国内唯一具备纪录片投融资交易功能的国家级纪录片节。广州的纪录片创作氛围浓厚，将纪录片产业打造成广州重要的文化产业组成部分是很有希望的。

岭南文化兼容并蓄，优势明显。南派纪录片注重表现现实生活，具有岭南文化重商务实、进取开拓的特征。近年来，广东各地的纪录片创作团队纷纷成立，例如广州、中山、佛山等，形成了地域特色鲜明、文化特征独特、题材类型多元的创作集群。10年间，广东纪录片获得省部级以上奖项558项，国家级奖项近百项，国际级奖项十余项，涌现了一批各具特色的领军人物，制作推出了一大批在全国乃至国际上产生较大影响的精品，在纪录片领域影响力上升的趋势比较明显。从全国纪录片格局看，这批纪录片借助岭南文化优势，提炼岭南文化精神，传播了岭南文化内涵。

基于以上基础优势，建议广州从纪录片节、岭南文化特色、海上丝路国际传播网络、纪录片创意文化产业园等方面发展纪录片产业的定位与内涵。

1. 广州城市文化名片——中国（广州）国际纪录片节

从戛纳到柏林，从威尼斯到釜山，这些以城市命名的国际电影节已成为一场场吸引全球目光的星光盛宴，不仅是盛大的文化节展，更是重要的经济事件。以世界知名的戛纳电影节为例，其展厅面积达到1.3万平方米，设立30多个电影交易展厅，每年吸引全球200多个国家和地区与1万多个参展商，超过4000多部电影在此交易。电影节期间，戛纳市区接纳的人口从平时的7.4万剧增至约20万人，电影节可直接创造3000多个就业岗位，两周内创造的直接经济价值可达2.5亿欧元，间接经济价值超过7亿欧元。戛纳从法国南部一个普通的渔港小镇发展为欧洲著名的旅游胜地，戛纳电影节立下了汗马功劳。如今，戛纳电影节已经成为戛纳乃至法国的形象宣传窗口和经济火车头。

中国（广州）国际纪录片节是我国唯一一个国家级、国际纪录片专业性节展。自2003年创立以来，历经15年发展，两次更名；经历了从学术研讨会、纪录片大会到纪录片节的功能转变；承担着文化传播和商业交易两大职能，影响力逐年增强。中国（广州）国际纪录片节承担着文化传播和商业交易两大职能，引进方案预售（Pitch）国际模式，搭建具备国际化水准的集合融资、

---

① 广州人民政府办公厅. 广州人民政府办公厅关于加快文化产业创新发展的实施意见，广州人民政府网，2019-1-7，http://www.gz.gov.cn/zwgk/fggw/sfbgtwj/content/mpost_4759428.html.

制作、发行于一体的文化产业平台。纪录片商店、发行商大会等销售平台有效地促进了中国纪录片市场国内外版权交易的流通。2021年，纪录片节收到来自世界各地的3000多件参展作品，来自"一带一路"沿线国家的参赛作品数量创下新高。粤港澳大湾区提交了100多件作品参加评审，注册地区包括香港、澳门、广州、深圳、珠海、佛山和中山，展示了当地的纪录片实力，以纪录片为载体，带动国家与地区之间的文化、商务交流。

中国（广州）纪录片节仍有一定的提升空间，需要从国际格局看，思考其如何在专业纪录片节中塑造自己的个性，打造行业地位。从国内情况看，如何将纪录片的影响力扩展到社会，首先是广州，其次是广东，最后是全国。如何将中国（广州）国际纪录片节建设成为中国纪录片的文化品牌、产业基地和传播平台，最终发展成为广州、广东省乃至全国的一个文化名片。这是下一步需要面对的课题。

对于成长中的中国（广州）国际纪录片节来说，文化与资本的力量都是不可或缺的。"最具国际销售潜力纪录片方案"预售培训和交易模式，"中国故事"预售方案，中外机构参与联合制作、海外销售和版权交易等项目已经成为纪录片节的特色。但是，与已经成熟的世界科学与真实节目制作人大会、阿姆斯特丹纪录片节、阳光纪录片节，美国圣丹斯电影节等国际节相比，提升空间仍然巨大。首先，需要打造关于中国题材纪录片的交易中心，争取把中国题材纪录片的相关资源（投资方与购买方）集中在广州节，让国内外制作人与运营人获得实实在在的资金支持与市场交易。其次，力争打造国际纪录片交易的亚洲中心，把亚洲纪录片资源集中在广州节。最后，需要在国际格局里打造独特的品牌，让广州节成为世界A类纪录片节。

2. 广州/广东文化品牌基地——"南派纪录片"

品牌是一种识别标志、精神象征和价值理念，是品质优异的核心体现，品牌先行是纪录片营销的重要策略。Discovery、BBC、NHK等国际知名纪录片机构都十分注重全方位立体的品牌提升和维护。中国虽然开设了几个专业电视纪录频道和数目可观的电视纪录片栏目，但尚未出现具有国际影响力的纪录片品牌。

借助广州节平台，力争打造广州/广东的纪录片品牌。"南派纪录片"经过十多年的探索，发展出一定的地域特色，成为本土化纪录片的代表现象，并且具有成为广东文化名片的潜力。经过十多年的探索，"南派纪录片"成为本土化纪录片的代表现象，并有潜力成为广东文化名片。10年间获得省部级以上奖项558项，国家级奖项近百项，国际级奖项十余项，推出了《大抗战》《信仰的力量》《百年粤韵》《我们的青春》《夺金》《真实成长》等一大批在全国乃至国际上产生了较大影响的作品，在纪录片领域影响力上升的趋势相对明显。

不过，从全国纪录片格局看，"南派纪录片"尚未具备支撑起文化品牌的力量。怎样更好地发挥岭南文化特色，呈现岭南文化精神，提升岭南文化内涵，仍是需要深入探讨的课题。

3. 海上丝路文化传播中心——海上丝路纪录片传播联盟

作为国家倡议，"一带一路"已经成为当下中国的经济文化焦点。广东是海上丝绸之路历史最长、港口最多、航线最广的省份，历来与海上丝绸之路沿线国家经贸往来密切，具有无可替代的独特优势，应该在21世纪海上丝绸之路建设中发挥重要作用。文化认同是推进海上丝绸之路建设的核心要素，应充分发挥文化引领作用，集合国际媒体、制作机构、纪录片基金等的力量，形成包容开放的纪录片制播合作机制，实现中国故事的国际传播。

以广州节为组织架构，以广东台为基地，建立海上丝绸之路传播联盟。邀请海上丝绸之路国家和地区的电视台、新媒体，一起组建海上丝绸之路传播联盟。联盟成员在自己的电视台设立海上丝绸之路节目带，如每周一期，播出海丝国家和地区的纪录片。

以海上丝绸之路传播联盟为载体，建立海上丝绸之路国家和地区的节目交易、制作与播出市场。海上丝绸之路传播联盟成立后，可逐步扩大、提升，从播出向联合制作、投资、交易发展，打造一个海上丝绸之路的纪录片市场。还可组织国内相关纪录片生产与传播项目。联合各省纪录片专业机构，将零散的产业资源进行有效整合，形成合力，制作出具有产业价值、国际水准的纪录片作品，有效实现中国纪录片在国际传播。

广州可以纪录片产业体系为基础，打造中国文化海外传播平台，形成对外推广的市场机制，吸引具有国际影响力的媒体、制作及发行机构参与，实现国际资源的有效整合，促使中国纪录片积极融入国际文化与市场体系，建构中国纪录片跨文化传播体系。

4. 中国纪录片产业中心——纪录片产业园

纪录片产业园作为国家级文化产业园区，基本功能定位是通过政策导向和资本推动，打造中国纪录片产业平台，进而吸引知名品牌进驻，形成中国纪录片的品牌集群，带动整体产业系统迭代。而广州可从以下两方面打造中国纪录片产业中心。

（1）建立中国纪录片核心品牌集群

园区的品牌集群是以纪录片产业为核心，包括金融资本、专业设备、标准制定、运营销售、咨询会展、技能培训等相互联系、相互支持的机构，覆盖纪录片的全产业链条，是具有专业化分工的品牌集群。多品牌集聚园区形成的集群效应主要表现在三个方面：一是品牌力量带动产业系统升级。《舌尖上的中国》品牌开发就实现了从广告向产业拓展，将纪录片的产业链从传统广告、音像、图书等拓展到电商销售、电影，甚至拉动了相关行业的股票价格；二是通过共享资源、行为协同，容易实现品牌创新和提升，体现园区品牌的整体优势和独特竞争力；三是形成品牌多、产品全的纪录片国际传播有效路径。多品牌协同更能精准地响应和满足全球不同地区市场的多样化需求。在纪录片产业园空间内，不同品牌主体利用线下或线上通路进行资源和产品交换，并与融资、宣推、研发、培训等外部生态环境之间共同组成品牌生态系统。

从生态系统内部，园区明确不同品牌机构的生态定位，明确不同生产主体在纪录片产业链中的时空位置和相互功能关系。可通过品牌的专业化分工，有效降低生产成本，提高生产效率，促进内容、版权、创意、技术、教育、旅游等多种产业的共生及融合。科学精准的生态定位，更有利于创新要素的协同和创新过程的集成，实现集群品牌生态系统的持续运行和纪录片产业结构升级。

从生态系统外部，凸显纪录片园区的区位优势、文化资源、科技水平和发展机遇对集群品牌成长的显著作用。广东省文化产业基础厚实，竞争优势明显，文化产业的产值、增长率和占GDP的比重等都处于全国领先水平。良好的文化产业基础和丰厚的历史文化资源成为园区品牌生态系统运行的重要外部环境，更有利于塑造以高新技术为支撑，以真实内容为主体，以自主创新为核心的纪录片品牌企业。

（2）构建"纪录片+"业态集群

近几年，中国纪录片产业进入快速发展时期，传统纪录片行业增长方式和运作模式不断被突破，在融资方式、生产组织、传播空间、衍生产品等方面进行着持续性的业态创新，形成了以纪录片创意、生产、传播、销售等为主线，以适应观众消费心理、满足市场需求为目的的新内容、新视听和新服务。

"纪录片+"作为纪录片业态可持续发展的创新战略，是用纪录片的真实禀赋和蕴涵的社会意义、历史文化、人文情怀、科学知识等创造价值链条，为公众提供更加丰富的真实文化产品。具体地说就是将纪录片的内容价值与外部产业相融合，从传统的单一真实内容生产转向为社会提供多样真实文化产品服务，如与金融服务、电子商务、信息服务、教育培训、旅游休闲等相互融合，产生诸如纪录片众筹、VR体验、文创产品、创意旅游等新型业态形式。"纪录片+"是对传统纪录片行业的发展与突破，是纪录片产业的转型升级，也是提升文化软实力和凝聚力的重要路径。

广州是新闻出版、广告、动漫等产业的主要集聚地。可将园区的品牌产品、服务和相对成熟的文化产业资源进行嫁接融合，构建起以数字内容生产、文化旅游、创意产业、动漫游戏等集聚的真实文化产品服务平台。"纪录片+"业态集群显示出成熟品牌的开发和延伸价值，为社会提供更加多元化的真实文化产品体验，也是纪录片市场化、产业化发展成熟的主要标志。

（三）广州设计产业融合纪录片产业发展路径

以纪录片作为城市文化品牌的重要特征进行建设是一项重大决策。广州设计产业融合纪录片产业的发展需要政府支持、市场驱动、文化融合三个至关重要方面的配合。政府支持是基础，其作为管理和政策制定部门，有着天然的强制力，且对产业有着重要的引导作用；而市场驱动不仅是产业发展的主要推动力，而且是促使其产业内容转化升级、产业链构建的重要平台；文化融合则是产业的价值导向，是产业成为内容创作、理论升华、对外传播的重要支撑。在很大程度上，只有当这三者密切配合，广州设计产业融合纪录片产业的发展才能稳定而有效地向前发展。广州设计产业融合纪录片产业的发展分为以下三个阶段。

第一阶段：奠基——科学论证，产业布局

奠基阶段的主体任务是培育纪录片产业发展基因，构建未来的产业发展格局。要全盘规划、科学论证，通过政策引导和理论指导，为纪录片产业建设提供方向性、长远性和总体性的发展蓝图。坚持市场运作机制和多元主题发展模式，奠定立体多样、融合发展的纪录片产业体系基础。

科学规划，形成纪录片产业发展的理论模型，结合国家"一带一路"倡议、粤港澳大湾区发展战略和广东省"文化强省"的发展目标，将设计产业融合纪录片发展纳入广东省文化发展规划，使之成为中国纪录片产业发展和文化国际传播的重要平台，将纪录片产业园建设成为国家级纪录片产业基地。

在产业园的规划方案上，科学论证纪录片产业发展的可行性和必要性，确定建设目标、发展理念、发展步骤、保障体系、评价标准等系统的产业实践细则和方案，加强纪录片产业发展的顶层设计。

在创新活动和技术应用的支持机制上，制定对入驻产业园区的制作机构、大师工作室的政策、经济扶持，明确对园区的创新人才、知识产权创造和企业融资、上市的奖励措施。通过政策扶持、科学规划和经济激励，提升纪录片产业的服务主体、投资主体、生产主体和传播主体对产业园的发展信心和愿景期待。

建立市场体系，多元化主题配置生产资源，纪录片产业园奠基阶段，要建立开放公平的市场体系和竞争环境，规范交易规则，健全保障制度，强化监督管理。充分借助市场机制在资源配置中的重要作用，以纪录片文化、教育培训、商业交易、信息服务、旅游体验等多主题产业发展为目标，吸引金融资本、技术设备、人力资源、生产机构、科研力量等多种生产要素汇聚园区。资源配置过程中，既要有站位高端、产业突出、实力雄厚的"大而强"企业，也要助力原创水平高、成长性好的"小而优"机构。重点关注国内外主要纪录片生产机构、大师级导演和文创开发专业人才的引进，短时期内集结国内外纪录片生产的优势力量和顶级资源，形成行业领军人才和高质创作团队的聚集效应。

第二阶段：发展——整合资源，构建平台

共享服务平台是产业发展基础，人力资源平台是核心生产要素，内容生产和交易平台是运行主体，国际传播是提升文化影响力的重要途径。四个平台构建起良性互动、协调发展的园区产业生态，规模效应凸显。任何产业的发展阶段都必须遵循市场经济的逻辑，综合园区内的一切资源，构建共享服务、人力资源、生产交易、国际传播平台。

优化市场环境，形成区位优势，建立共享服务平台。"筑巢引凤"是文化创意产业园区的基本发展策略。除了政策的扶持激励，还需要建设齐备的公共设施，完善市场环境服务体系，形成产业发展的区位优势。共享服务平台应能满足纪录片产业园规模化、链条化的产业发展需求，重点围绕管理咨询、产业数据、投融资、专业技术设备、物流等，为纪录片的生产提供资金、信息、技术、运营等共享资源和公共服务，降低生产成本，提供产能效率。要充分利用互联网技术，将互联互通、共建共享的互联网特质与共享服务的内容有效嫁接、融合，使共享服务平台信息化、数据化、互联化。

专业培训，建立市场化人才合作机制。充分利用汇聚的行业资源，通过"大师工作坊""国际联合培训""主题论坛"等多样化形式，打造创新型、国际化纪录片专业人才培养平台。在人才类型上，基于纪录片全产业链发展的需求，突出"观念型""技术型"和"管理型"的多层次人才培养。在培养方式上，构建从选题征集、方案筛选、专业培训，到作品创作、展映交流的"项目制"人才培养机制。人才培养还要制订过程性监控和成果性考核方案，保证培养质量。人力资源平台应建立纪录片人力资源"大数据库"，鼓励人才的社会化、市场化，建立人才交流合作机制，促进智力资源的流动和重组。

实施头部战略，多渠道提升交易增量。汇聚园区的纪录片生产机构、大师工作室、国际制作公司、纪录片研究院，建立内容生产平台，集中优势资源，采取大制作大回报的生产策略，打造"头部"产品，构建中国纪录片核心品牌集群。利用"头部"产品的价值引领性、跨界衍生性和平台适应性，探索不同类型纪录片的生产流程、消费市场和产业模型。纪录片研究院动态跟踪国际纪录片发展前沿，研发产业新形态、内容新样态和制作新模式，将"文化资源"转化为"市场优势"的创新能力，增强市场竞争力。

构建跨国网络，提升国际传播影响力，借助海上丝绸之路的地缘优势，打造纪录片传播联盟。从传播平台、项目合作、节展交流、节目联播、人才培训等层面拓展合作领域，共同构建跨国传播网络，构建中国纪录片的国际版权交易、发行体系，提升中国文化的国际传播影响力。

第三阶段：成熟——工业化生产，全产业链构建

纪录片作为一个从创意到传播的动态过程，其产业化成熟的标志是要通过市场化运作，实现社会化投资和工业化制作，最终构建出创意、投资、制作、传播、开发的纪录片全产业链。

社会化投资，形成工业化制作模式。在政策、资本运营和影视产业升级的背景下，纪录片产量及投资都受到极大影响，这就驱使纪录片人必须开拓多元化的投资，纪录片产业市场既面临极大挑战，也得到了新的发展机遇。

构建纪录片文化产业，需要以面向大众传播的商业纪录片为产品主流，建立以制片人为核心的创作团队，在市场定位、题材选择、类型确定、投资组合、后期制作、艺术标准等方面严格把控，形成工业化、标准化、类型化的生产流程，增强对作品制作水准的控制力。

合理布局，构建完整产业生态链。遵循影视文化产业发展规律，主动对接国际纪录片市场，建立大产业链观念。依据产业逻辑关系和园区的空间布局，实现产业链结构属性最优化、价值属性最大化。

在上游利用"大数据"进行受众市场的需求分析，使纪录片的制作发行对焦市场，管控市场风险。探索金融投资与纪录片的多样合作模式，逐步建立版权抵押、预售合同融资、众筹融资等多样化行业信用体系。在产业下游环节，增强纪录片与电商经济、旅游休闲、游戏文创、教育培训的跨界融合，对产品进行系列、长线、立体式开发，构建"纪录片+"产业集群，实现品牌化发展。可以突出纪录片文化的现实性、参与性与体验性，围绕"奇妙自然""科幻太空""红色之旅"等主题打造展示体验区，让公众参与纪录片制作，体验纪录片文化。

全平台播出，多终端打造纪录片品牌，新媒体发展和纪录电影的复归，逐渐构建起"电视—互联网—影院"多维度纪录片传播体系，拓展纪录片的发展空间，获得多元化的成本回收渠道。多样化播出平台决定了纪录片制作模式和作品样态的改变。纪录片生产要根据不同媒介的播出特点，适应不同类型用户的观看习惯，实现电视纪录片、新媒体纪录片和纪录电影的多样态发展。积极探索电视版伴生纪录电影、影视剧套拍纪录片、纪实短视频、商业定制纪录片等多样作品形态，以满足全平台的播出需求，多终端打造纪录片品牌。对于已经形成IP资源的纪录片，充分利用集聚的观众口碑效应，进行多类型开发和多平台播映，扩大纪录片的公众影响力和文化贡献度。

当今世界早已不再依赖独立指标来衡量现代城市的成长和形象建构，更多的是通过多元因素融合的有机体，实现一种协调式的有机发展。从城市发展的顶层设计中，将纪录片作为推动高端服务业的重要旗帜、促进文化创意产业的领军者，通过旗舰项目的综合运作、文化演绎和资源开发，加快广州实现创新驱动与转型发展，能从更深层的角度使城市焕发生命力，将广州打造成文化之城、创新之城和开放之城。

主要参考文献

［1］郑琪，邱思为，刁洋霖，等．广州龙舟文化遗产的保护与传承——以猎德龙舟民俗为例［J］．艺术品鉴，2019（8）．

［2］李志珠．从番禺沙湾的历史文化看沙湾飘色［J］．艺术视角，2010（4）．

［3］赵晓涛．"越人好事因成俗"：广州蒲涧节（郑仙诞）传统民俗活动源流述论［J］．文化遗产，2019（5）．

［4］刘彦辰．"明亮胶东"——烟台渔灯节民俗活动视觉形象设计推广研究［J］．山东工艺美术学院，2019．

［5］渠岩．艺术乡建：中国乡村建设的第三条路径［J］．民族艺术，2020（3）．

［6］王晓红．关于建设粤港澳大湾区创新设计圈的建议［J］．开放导报，2017（4）．

［7］保继刚，叶晓旋．粤港澳大湾区入境旅游空间格局与新态势［J］．中国房地产，2019（8）．

［8］叶岱夫．岭南文化区域系统分析［J］．人文地理，2000（5）．

［9］陈文玲．粤港澳大湾区：打造世界级战略性创新高地［J］．开放导报，2022（3）．

［10］周琳，王树根，龙晓怡，等．粤港澳大湾区A级旅游景区空间结构研究［J］．地理空间息，2020（18）．

（本章执笔：钟周、周文娟、李淑娟）

第六章

基于岭南文化传承与创新的广州设计产业发展思路

广州作为岭南文化中心地，在发展设计产业方面具有得天独厚的条件。为更好地发展基于岭南文化传承与创新的广州设计产业，本章将首先提出基于岭南文化的广州设计产业发展的基本原则；然后从设计生产模式、设计消费市场、设计人才战略、高水平设计企业和明星设计品牌培育方面探讨广州设计产业发展的关键策略，在此基础上，归纳出一系列广州设计产业发展的主要举措；然后从制定利好政策和制度、优化产业结构与业态、完善科技支撑体系、加强发展宣传与推介四方面探讨广州设计产业发展的保障措施；最后，从产品与服装设计产业、建筑与环境设计产业、媒体与传达设计产业、绿色设计与体验设计产业四方面提出广州设计产业各领域的发展思路。

一、基于岭南文化的广州设计产业发展的基本原则

基于岭南文化的广州设计产业发展具有不同的原则，主要包括差异性原则、整体性原则、协同性原则和生态性原则。这些原则不仅可以推动岭南文化焕发时代光彩，还促进广州设计产业与生态的协同发展。

（一）差异性原则

从设计的角度而言，不同的地域具有不同的地理特征和历史人文特征，只有充分考虑了独特的地理特征和历史人文特征，广州设计才能在国内乃至世界设计之林脱颖而出。

设计产业的差异性取决于文化背景的差异。城市是在一定地域环境下形成的，只有注重地域特色，才能彰显城市个性，体现出设计产业的特色。广州文化资源受自然环境、经济模式、生产方式、人口和社会结构、文化心理结构、地域文化传统、日常生活方式等因素的影响，形成具有鲜明特色的城市文化特征。这就要求设计产业的发展道路必须因地制宜，彰显地域文化特色。

设计产业体现差异性是传承、发展岭南文化的要求。没有传承就没有创新，没有差异也罔谈独特。岭南文化作为岭南地区的共同文化根基，区别于其他区域文化。它既承载着广州的历史积淀，也是广州设计赖以生存、不竭发展的珍贵资源。在历史上，广州一向是岭南文化的中心城市，在文化号召力、文化影响力、文化凝聚力方面居于主导地位。因此，在现代化设计浪潮中，广州在保护和传承岭南文化方面尤其肩负重任。广州设计产业的发展战略必须依托岭南文化，走出一条富有"岭南特色"的设计产业发展模式。

设计产业的差异性能够为广州城市形象建立个性化印象。设计产品与服务最终会以商品的形式进入千家万户、街头巷尾，成为城市面貌的重要组成部分。可以说，广州设计具有特色，广州城市形象便具有特色。城市景观中，城市建筑是感知城市文化的最直观且易读的载体，尽管广州岭南文化的资源丰富，广州设计对岭南文化的融合与运用还存在不足，例如，广州传统的建筑极富特色，这些建筑适应了岭南独特的气候环境，既有中国传统建筑的特点，又吸收了西洋建筑的某些元素，从而构成了清新、明快、实用的岭南建筑特色。改革开放后，一些新建筑逐渐失去典

型的岭南建筑风格特征，甚至不伦不类，或者千篇一律，没有特色。再如，在广州发达的饮食产业背景下，一些餐馆的装修设计也存在俗气、雷同、缺乏个性的问题。

因此，发展广州设计产业需要遵循差异性原则。具体可以做到：第一，要明确认识到设计产业与其他产业之间的差异性，界定广州设计产业的范围，为广州设计产业单独制定发展规划与目标，如出台《广州设计产业发展规划》和《广州设计产业第一个五年计划》等；第二，要结合地方文化特色、文化资源状况、城市科技水平、市民文化水平等因素制定设计产业发展战略，不可盲目跟风，照搬他国或他省的设计产业模式；第三，制定设计产业政策时，要充分考虑不同设计主体的特性，采取各有侧重的针对性措施，如对设计企业的扶植政策要侧重企业生存与商业成功导向，而对设计教育的扶持则要侧重于科研、实践成果导向；第四，推进广州设计与岭南文化的融合，打造"广州设计"品牌。通过建立广州设计流派、岭南特色设计理论体系，深耕岭南设计文化，产出岭南风格的设计产品与服务，并培育崇尚岭南文化的设计消费市场。在差异性原则指导思想下，广州设计才能体现岭南精神内核，在国内乃至世界设计之林中展现地域魅力，脱颖而出。

（二）整体性原则

设计产业的覆盖面十分广泛，是一个包括设计市场、设计政策、设计人才、设计机构、设计企业的有机整体，设计主体之间联系紧密，缺一不可。因此，设计产业的发展策略要遵循整体性原则，全面覆盖设计主体，把握整体，有的放矢。

根据整体性原则，首先，要把每个设计主体置于宏观环境中，并且将设计主体视为整个设计产业的有机组成部分。其次，必须整合广州设计产业的发展，形成广州设计的指导体系。把握广州设计当前发展状况与总体发展目标之间的差距，对发展战略，规划等因素进行全面审视，并提出针对性的、系统性的、前瞻性的解决方案。最后，要把握设计产业发展过程的整体性，即产业发展的总体思路应当建立在贯穿设计产业的所有发展阶段、层次、步骤的基础之上。

具体来说，根据整体性原则发展广州设计产业可以重点从以下三个方面考虑。

1. 完善设计产业链

设计产业发达的国家均具备完整的、商业化的设计产业链。产业链描述的是一个具有合作关系的企业群结构，产业链中的上下游及相互之间的价值交流十分丰富，而上游则是将产品与服务运送到下游，下游环节则反馈信息给上游环节，形成环环相扣的、强调创造价值的链条。应使产业内所有企业能在产业发展目标下实现协作经营，并竭尽所能汇集更多元素到"网链"，为其创造更多商业价值。

设计产业是一种创新活动，其价值不仅体现在积累物质财富，而且体现在创造精神财富上，创造可以传承的文化符号。随后，经过研发、生产、销售、消费等各个领域的有机整合，使人们的创造力直接对接产品生产与文化生产，从而形成不断增值的设计产业链。在这个循环运行的过程中，设计产业链孕育出强大的经济能量。

为了构建完整的设计产业链，广州已经在行动。目前广州正在竭力建设的设计产业集聚区"广州设计之都"，致力于打造"全业态、全方位、全链条、全要素"的文化与创意设计产业生态集群，期望为城市创新发展助力，为美好生活赋能。除此之外，可以强化以创意设计为主导的产业特色，建立以市场为导向，以艺术设计、制作和衍生产品系列开发的产业链条为基础，以企业为创新主题的生产和创作机制。

2. 促进设计企业集聚发展

设计已经成为一种职业、方法和业态，是为产业创新需求而服务的。产业的发展，往往会受到资源和支持、配套企业的制约，从而形成产业集群，这种产业生态，不仅产生了大批同质化的产品开发以及设计创新的需求，而且有助于集中设计产业的资源，吸引有兴趣的设计公司到该地区建立设计公司，并吸纳设计师、工程师等创新型人才入驻。

要促进设计企业的集聚，需要政府从土地使用、项目创新、科技开发等方面制定一系列配套政策，引导相关企业和个人形成合力集聚发展。创意产业集聚发展一般应依托创意产业示范园区的兴建。可利用旧有的工业用地和厂房等，也可在已形成设计产业集聚发展趋势的地区因势利导兴建示范园区。对于没有集聚基础的园区，应制定相关的优惠税收政策吸引创意企业和个人入驻；对于有集聚基础的园区，应制定相关激励措施进行产业优化，提档升级，延伸产业链，扩大规模发展。园区的经营管理应符合国家的相关法律法规；保证设计产业的收入达到园区总收入的60%以上；扶持园区内龙头企业的发展，形成良好的企业培育和集聚作用；建设优良的基础设施和良好的服务体系，发挥企业孵化和壮大经营规模的服务平台作用。如上海嘉定中广国际广告创意产业基地，由世界知名设计公司精心打造，集中度高，基地由中国广告协会主导，整个基地围绕着广告业，形成了一条比较完善的产业链，因基地内企业可享受税收优惠以及人事配套政策，对企业极具吸引力。另外，基地搭建了公共服务、产业支持以及创意交流平台，协助企业培养人才、办理工商税务，并牵头举办国际广告大会、广告节等，建立了一个全面的服务平台，为基地内企业的发展提供支持[①]。

3. 整合文化与科技的力量

设计产业是"文化"与"科技"兼具的综合体，发展设计产业既不能忽略文化的传承与创新，也不能忽视科技的运用。2019年，科技部等六部门印发了《关于促进文化和科技深度融合的指导意见》，为贯彻落实该文件，广东省科技厅、省委宣传部、省委网信办、省财政厅、省文化和旅游厅、省广播电视局于2021年共同研究制定并印发了《广东省促进文化和科技深度融合实施方案（2021—2025年）》，以推动广东省科技与文化深度融合，促进文化科技综合实力的提高，

---

① 孙媛媛，殷宝宁，刘长春. 两岸文化创意产业园区之比较研究——以上海和台北为例［J］. 科技管理研究，2019，39（20）：176-181.

文化发展模式转型，更快更优地发展文化事业和产业，建设文化强省。高新技术产业的蓬勃发展为文化内容与科学技术的深度融合提供了技术条件，可以有效地促进具有东方文化特色和中国智慧的"文化+技术"的创造，帮助城市树立具有差异化特色的品牌，从而有效避免与其他国家的同质化发展。"智能+设计"可以利用人工智能和大数据来显著提高设计生产率，并实现设计行业本身的优化和升级。

要深入研究和挖掘岭南文化的独特内涵，提炼岭南精神的核心，与以大数据、网络化、人工智能为支撑的高科技产业保持协作，以创意设计为核心，以科学技术为动力，应用创意设计在数字媒体、互联网、数字娱乐、数字教育、通信、文化遗产数字化等新领域的优势，更加形象生动地展示岭南文化资源与特色。

（三）协同性原则

1. 岭南文化与设计产业的协同

岭南文化与设计产业的协同是构建完整设计产业链的要求。它们之间是共生共荣的关系。文化与产业共生强调的不仅是多元文化与设计产业的共存理念，而且是在此基础上发展地域文化与设计产业之间的联结关系，包括不同性质的文化与设计产业之间如何相互借鉴形成发展空间；不同文化系统与设计产业之间如何实现优势互补、协调发展，形成一种地域文化与设计产业互动发展的势态。

岭南文化与设计产业实现协同发展的意义重大。二者在发展过程中通过互相吸取对方的先进思想，可以实现互相渗透和促进。一方面，发展岭南文化特色的设计产业是促进岭南文化发展的重要经济支柱，为岭南文化的持续发展和开发本地旅游业等经济投入提供物质基础；另一方面，岭南文化的发展又能够反馈广州地区的设计产业发展状况，使消费者对设计产品和服务产生地域认同感。广州的设计产业能从其产品体现出岭南文化资源的影响结果，岭南文化的发展和改变对广州设计产业的发展方向产生引导性的作用。最终，岭南文化与设计产业的协同能优化设计产业链的构建、使城市财富涌流。

2. 政府与设计产业的协同

政府可以通过自身的公众影响力来营造一个对设计产业的尊重的社会环境，引导社会力量参与到设计产业中来，通过多种渠道宣传设计成果，推动设计策略的实现；同时，制定相关的法律法规，促使设计企业遵循基本的职业道德。设计作为新兴产业在我国尚处于起步阶段，设计产业的发展，必须在特定的行业发展阶段和现实条件下，由政府引导、规范、协同配合。

中国政府拥有强大的执行力，政府一旦认识到设计产业的重要意义，会比其他国家更积极地促进设计产业。2014年至2022年7月，我国共出台了155项国家设计政策及相关文件，其中影响重大的有2016年出台的两项国家战略规划《"十三五"国家战略性新兴产业发展规划》和《国家创新驱动发展战略纲要》，以及2019年出台的专项设计政策《制造业设计能力提升专项行动计划

（2019—2022年）》，在一定程度上反映了我国在设计领域的政策制定上的阶段性成绩。

广州政府与设计产业的协同发展，可以着力加强以下这三个方面的支持：

在财税方面，为设计服务公司提供税收优惠。通过改革生产性服务企业的税收制度，缓解我国设计行业发展的税负。健全外贸管理系统和关税征缴制度，鼓励设计服务类企业走出国门。由于设计服务类企业的主要资本为知识产权，缺乏实物资产，因此，在融资、贷款等方面要有针对性的政策，为解决中小企业的融资难题设立专项基金。

在土地政策扶持方面，设计园区的建设将对推动当地设计服务业的发展、辐射周边区域具有显著助推作用。在产业园区建设和用地政策方面，政府应为设计企业提供一个优质的孵化场所，并优先优惠相关企业使用现存的存量土地。广州可以学习上海经验，即通过对旧街区、旧厂房及其配套设施的再改造，以优惠的价格租售给设计服务业的个人或公司。

在强化知识产权保护方面，广州的知识产权法院等机构应针对保障知识产权等问题采取必要的措施，完善知识产权支撑设计创新的体制机制，加强对侵犯知识产权违法行为的执法力度，建立知识产权维权机制，举办设计产权宣传活动，引导企业增强知识产权意识，及时申请和维护其知识产权，为设计创新保驾护航。

3. "政、产、学、研"关系的协同

在我国科技创新不断深化、创新边界不断变得模糊、创新主体日趋多样化的今天，政府与企业的"政、产、学、研"协同创新模式正逐步形成。企业、政府、高校及科研机构、中介机构是创新主体，理念创新、技术创新、体制创新等属于创新的内容，市场环境、技术环境、政策环境以及社会文化环境都对协同创新系统产生了一定的影响。

波士顿湾区中的麻省理工学院是美国首批实行高校联合政府、企业合作的世界一流大学，可以说是创新创业型学院的典范。东京湾区为促进科技成果转化，建设竞争性创新生态系统，聚集创新型人才，建立了产学研协作创新平台。广州应当积极整合设计行业资源，构建"政、产、学、研"协同创新发展体系，推进发展粤港澳科技创新走廊、粤港澳产学研创新联盟，引导粤港澳大湾区内部企业与高校、科研院所协作共同建设一批技术创新中心、产业创新中心、制造业创新中心、技术转移机构等，促进研发、成果应用及宣传；要突破高校与科研院所创新成果转化的壁垒，引导和激励高校与科研院所之间建立创新的合作交流模式，搭建成果转换平台，形成适宜的成果转化利益分配制度。2020年，相关部门发布了《关于提升高等学校专利质量促进转化运用的若干意见》《2020年深入实施国家知识产权战略加快建设知识产权强国推进计划》《关于进一步推进高等学校专业化技术转移机构建设发展的实施意见》等文件，标志着我国在科研成果转化上又迈出了实质性的一步[①]。"政、产、学、研"的结合，既帮助科研院所和学校的研究成果落地，

---

① 贾雷坡，张志旻，唐隆华. 中国高校和科研机构科技成果转化的问题与对策研究[J]. 中国科学基金，2022，36（02）：309-315.

又帮助企业不断提升发展，在创新过程中双方共同享受到了协同所带来的结果，同时也能为人才的培养与储备提供一定的条件。

（四）生态性原则

1. 从历史渊源来讲，广州设计产业发展需要遵循生态性原则

广州生态文化历史悠久，始终主张人与自然的和谐相处。最有代表的生态文化之一便是广州的水文化。所谓水文化，就是人类社会历史发展过程中积累起来的关于如何认识水、治理水、崇拜水、欣赏水的物质和精神财富。

广州的江河湖海是广州水文化的重要主体，是伴随广州城市发轫、成长和发展起来的。在自然经济条件下，市民的生产和生活都依赖于水，因此一直以来注重保护水资源，恢复水生态，发掘水文化，创建水景观，形成了"以水为财"的独特文化观念。

广州的生产生活有赖于水。生产方面，广州地区受惠于珠江干支流覆盖的广域性，以塘为田，发展出独具特色的生态农业，沿着水路运输保证了农产品的外销和贸易，由此带动了地区经济富饶。因此，珠江被广州人民称为"母亲河"。生活方面，广州地区炎热，除了人们用水做饮用与浣洗，还习惯在水边纳凉、在水中嬉戏，由此与水产生的频繁互动使人们产生了对水的亲切感。

广州的水文化指导设计。水文化渗透到造物思想中，水景观也具有了岭南文化特色。番禺区余荫山房是岭南四大园林之一，山水相依，临水建园，在山地多又湿热多雨的岭南地区可以起到良好的消暑纳凉效果。同时水景还可以种植荷花，用于观赏，展示出人与自然和谐共生的友好局面。

历史悠久的水文化影响了广州人的性格、心理特征和文化认同，影响了城市文明。在水文化的熏陶下，广州人善于变通、勇于冒险、敢于创新、积极进取，广州呈现兼容并包、低调务实的商业文明。在广州方言之中，水还往往是金钱的代名词，比如掠水、扑水、傍水、渡水、抽水、回水等就是同钱财有关的，再次体现了广州人"以水为财"的观念。

水文化塑造了人文景观与自然景观互相融合的广州，指导人们敬畏自然、保护环境。今天的广州在设计中贯彻生态观，是传承岭南优秀文化传统的必然要求。

2. 从现实意义上，广州设计产业发展需要遵循生态性原则

首先，可持续设计是全球环境问题恶化情况下的国际设计趋势，以岭南文化的包容性，当敞开怀抱拥抱这一设计潮流。20世纪中期，随着发达国家陆续完成工业革命，环境问题突出，严重威胁着人类的身体健康，恶化了人类的生存环境。这些环境问题警醒了设计师，推动了可持续设计思潮的诞生，其中就以维克多·帕帕奈克的著作《为真实的世界而设计》最为振聋发聩。随着更多人加入倡导"保护环境的设计"的队列，可持续设计思潮逐渐影响到政策内容乃至设计的概念更新。"绿色产品"这一概念是20世纪70年代美国政府在起草环境污染法案时第一次提出的。绿色产品也称为"环境协调产品"，是指在产品的整个生命周期中，符合环境保护要求，不会对

生态环境和人体造成危害或危害极小，同时具有很高的资源利用率和较低的能耗。2006年，国际工业设计联合会评价设计的任务其一便是增强全球可持续化发展和对环境的保护；2009年，美国工业设计师协会对工业设计进行定义，提到"工业设计乃一种专业，其服务宗旨为保护大众安全、增进大众福祉、保护自然环境，以及遵守职业道德"。2016年我国出台"十三五"规划纲要，把"绿色"列为五大发展理念之一，体现为绿色发展、绿色经济、绿色生产、绿色体系、绿色生活、绿色建设六个方面。总而言之，注重生态环境保护的设计观念正在成为一种设计共识。2021年工信部印发的《"十四五"工业绿色发展规划》指出，"十四五"时期是我国应对气候变化、实现碳达峰目标的关键期和窗口期，也是工业实现绿色低碳转型的关键五年。面对新形势、新任务、新要求，要提高政治站位，迎难而上，攻坚克难，坚定不移走生态优先、绿色低碳的高质量发展道路。广州设计周早于2007年就推出了一个有关气候议题的"气候酷派，设计先行"的大型展览，可以说是全国首个倡导低碳设计和可持续发展的设计平台。多年以来，广州设计周持续对可持续发展设计进行深入思考。在2021广州设计周上，更是以"可持续发展"为主题进行了一系列的设计实践，并在开幕典礼上，启动了"可持续发展设计实践计划"战略，发布了关于"可持续发展设计大奖"的最新进展。2022广州设计周联合多位设计师、设计院校，以及同样坚持"可持续发展"设计理念的企业，连续两年践行"可持续发展实践计划"，相关展品在展会期间集中亮相多个主题策展。广州设计周通过各种奖项和比赛，号召更多的设计师加入环保的行列中，为世界环保事业贡献一份力量。

再者，广州在产业发展中环境问题突出，而设计产业的"三高两低"的特点，即高技术、高知识、高附加值，以及低能耗、低污染，对广州的产业结构优化升级、建设生态文明社会、发展低碳经济具有重要推动作用。目前，广州对垃圾的治理更注重废弃物管理链条的末端，特别是收集、运输和终端处理环节，而忽视了对于整个产品生命周期的管理。在设计的过程中，一些企业本身缺乏生态设计理念，又由于利益驱动以及市场竞争的压力，在设计时没有充分考虑对环境的影响。在运输过程中，快递过度包装问题显著。消费和使用方面，生产经营企业对回收的责任意识不够，垃圾回收利用率较低。日本于2000年颁布了《循环型社会形成推进法》，其宗旨是建立循环型社会，明确社会所有成员的职责与义务，并依法推进垃圾的正确处置与环境再生，以实现全生命周期的资源循环，并为市民编制详尽的垃圾分类与投放指南，将垃圾回收过程系统化、标准化，构建一套完备的产业链，形成以基本法、综合性法、专项法为依托的垃圾分类回收的法律体系，对我国垃圾回收工作具有一定的借鉴意义。

企业发展循环经济是贯彻生态性原则的重要途径，既能为企业节约成本，也能促进传统制造企业向清洁型、低污染型转型升级。广州设计产业应大力号召发展循环经济，倡导新技术、新工艺、新材料的应用，降低制造成本、减少环保风险、提高经济和社会效益；鼓励垃圾分类、无害化处理、资源化利用等技术及设备的研究开发，支持企业进行相关的技术创新，培育一批绿色发展企业，促进重点领域的综合性资源利用产业联盟的建立。

二、基于岭南文化的广州设计产业发展的关键策略

《粤港澳大湾区发展规划纲要》指出,广州作为国家中心城市和综合性门户城市,要充分发挥其前导作用,全方位加强广州作为国际商贸中心、综合交通枢纽的功能,培养提高科教文化中心的功能。同年十月,广东省委印发广州推动"四个出新出彩"行动方案中明确指出,广州要全力打响岭南文化品牌,争做建设社会主义文化强国的城市典范,推进广州城市文化综合实力的出新出彩。

岭南文化是广州设计产业的发展基础,广州应以岭南文化为本,出台保护政策,打造创新设计生产模式,培养崇尚岭南文化的消费市场和相关人才,传承与创新岭南文化,同时推进新时代文化的创造,培育传承岭南文化的高水平设计企业和明星设计品牌,多方联动,完善广州设计产业发展举措。

(一)打造支撑岭南文化的设计生产模式

1. 政府专设设计管理机构

政府建立设计管理机构。总结设计大国的成功经验,很容易发现一个共性——政府认可设计对企业和公众的价值,并专设了一些管理设计的机构以促进设计产业的发展。1944年,英国政府在伦敦创建工业设计委员会,目的是在产业中推广优秀设计,向制造商、政府部门等传播设计建议和信息,组织展览并向设计教育和训练提供建议,向大众普及优质设计的重要性。1972年,该委员会被正式更名为英国设计委员会,是一个独立运营的非营利性机构。在1994年重组后,其主要功能也随之发生了变化——从一个顾问机构和产品及服务供应商,转变为一个战略组织,并确立了机构宗旨,即"促进全世界广泛使用'英国设计',从而振兴英国经济"。如今,该委员会与英国商业创新与技能部共同负责英国设计政策的制定,在2014年与2015年相继颁布了《英国政府科学与创新战略》和《英国2015—2019年创新战略设计》,两项国家战略的发布再次明确了设计在国家创新体系与创新经济发展中的重要性。1947年,波兰建立了美学生产监管办公室,目的是在战后提高民众审美意识,鼓励设计行业发展。丹麦设计中心于1978年创立,是推动丹麦设计发展的一个主要力量,同时也负责执行和支持国家设计政策[①]。起初,机构以扩大出口、增加工业产值为核心目标,专注于将丹麦设计理念推广至全世界。近年来,机构则更关注环境、文化、科技等问题,并与多方机构部门进行合作。丹麦设计中心是一个将政、产、学、研等各个领域的利益相关方整合起来的平台,共同协助国家设计政策的发布与实现。另外,丹麦设计中心以及其下属单位丹麦设计委员会共同组成了一个国际化团队,帮助促成丹麦建立国际新视野,为丹麦设计输出并建立新的灵感。丹麦还把设计提高到了"设计立国"的战略层面,早在1997年,商务部就发布了丹麦首个设计政策,也使得丹麦成为世界上最早发布设计政策的国家之一,随后的2003

---

① 李敏敏. 从"无设计政策"到"战略设计政策":丹麦设计政策研究[J]. 装饰,2020(08):18-22.

年、2007年、2013年，丹麦都出台了国家设计政策。日本在1969年也建立了工业设计促进会，负责地域性产业的设计发展项目，资金由国家和地方政府鼎力资助。1981年，日本筹建日本设计基金会；1992年，他们又斥资1亿建立国际设计中心名古屋股份有限公司，目标是联合社区、产业和设计职业，将其建设成为一个面向业界、产业和公众的研发中心、设计资源中心、设计博物馆。日本政府会针对当前的国际贸易和产业发展需要，有目的性地加大资金与相关政策的引导力度，以有效推进设计产业的发展，协助自主品牌崛起[①]。日本商务和服务集团于2017年成立酷日本政策部，负责总体规划和推广"酷日本"政策及与设计相关的政策。今天看来，各国政府为发展设计产业的投入收效显著。

广州设计产业发展起步较晚。因此，广州政府有必要参考与借鉴当下设计大国和设计之都发展设计产业的策略与经验，比如，由政府提供专项财政支出，专设设计管理机构，任命设计专家管理，将不同领域的设计专家组建成智囊团等。而设计管理机构主要服务对象是广州设计企业，以推广岭南文化、促进设计产业发展为宗旨，服务内容包括但不限于筹建设计基金会、举办设计展览赛事、颁布设计行业规范等。

2. 建设和完善设计公共服务体系

设计产业关联的角色众多，其中设计人员与企业、企业与市场、企业与技术的关系尤为错综复杂，加之广州设计产业在设计成果转化、知识产权保护、产业沟通与合作等多方面缺乏经验，也遭遇设计市场不成熟、产业链尚不完整的状况，因此，设计产业的发展需要第三方平台的调节和维护，服务于设计产业的公共服务平台亟须建立。公共服务平台的建设必须由政府牵头建设，使其具备高效的制度体系，包括管理条例、管理办法、法律法规、标准等，确保为设计产业提供专业化、综合化的服务。

一是针对基础设计研究不足，设计成果转化程度不高的问题，政府要致力于为设计师、设计机构以及企业的设计研发、产业转化提供政策性公共服务平台；二是针对社会大众对设计认识不足、消费动力不足的问题，要致力于提供设计产品、设计理念的展示、交流、普及教育的生活化商业平台；三是针对设计市场不成熟、小微企业生存压力大等问题，要致力于建设投融资对接服务平台，保障企业的可持续运营。未来，三个环节互联互通、有机协作，为设计师、设计机构以及企业设计研发提供政策支持、设计孵化、设计商业、金融服务等全方位的线上线下系统服务，为设计产业提供畅通发展的环境。

3. 普及设计教育，优化广州设计氛围

首先是教育消费者，这是提高设计产品品位的重点。为了提高产品的品质，最关键的是让大众在平日的消费中了解到怎样才是好的设计，如果消费者不选择也不使用"好产品"，那么产品

[①] 熊兴，陈文晖，王婧倩. 我国设计产业政策发展现状、趋势分析及未来思考[J]. 价格理论与实践，2021（10）：20-73.

品质就会止步不前。可见，市场消费是一切设计的动力与归宿，普通消费者对"好产品"的信任、青睐决定了产品品质的提升。因此，培养消费者对于产品的审美意识十分必要。日本知名设计教育家平野拓夫认为，只有直接向消费者展示好产品才能让他们获得关于"好设计"的认知。1958年，日本政府肯定了他的提案，通商产业省设立了"优良设计奖"（Good Design Award）本部，即现在广为认知的G-Mark大奖，其使命在于共享好设计及其显示出的价值。如今，日本进行设计生产和发展贸易就会以获选G-Mark的设计产品为品位参考，形成了消费者审美与产品品位协调发展的良性循环。

其次是开设设计启蒙课程，培育青少年的美学和设计意识。在中小学教育体系中引入设计美学和创造性思维，设立创意思维课程，利用逆向思维、思维脑图等工具进行趣味性展示，培养学生的创造性思维能力。鼓励中小学生积极参与艺术与设计相关展览，尤其是岭南文化主题的设计展览，通过观看、体验和实操，培养青少年对于设计作品的审美情趣，拓展青少年对岭南文化的认知和认同，提高青少年对设计创新的兴趣。

（二）培育崇尚岭南文化的设计消费市场

设计与消费是相辅相成的辩证关系，设计消费市场的繁荣是设计产业雄厚发达的保证，培育崇尚岭南文化的设计消费市场是发展岭南特色的广州设计产业的需要。

文化消费是指用文化产品或服务来满足人们精神需求的一种消费，主要包括教育、文化娱乐、体育健身、旅游观光等方面。进入21世纪，世界各国愈加注重文化创意在生活和经济发展中的特殊地位，逐渐步入物质富足、服务应有尽有的消费型社会，具有文化和艺术符号的产品在消费结构中占据着越来越重要的地位。据《广州蓝皮书：中国广州文化发展报告（2021）》显示，广州的文化消费水平逐年增长，文化产业园区规模不断扩大，市场主体进一步壮大，文化上市企业不断增加，文化新业态发展势头迅猛。2020年，广州采取有力措施，大力推动文化企业复产复工，促进文化产业的资源聚集。全市文化及相关产业实现营业收入4026.42亿元，广州文化产业总体表现稳定，总体发展态势逐步回稳向好，人均文化消费水平稳居全国前列。这说明广州消费者对文化产品的消费需求大，支付能力强。消费需求与设计目标紧密相关，文化消费市场庞大，广州设计产业必须重视本土的文化消费需求。

1. **利用设计营销手段获得市场**

设计营销即将市场营销理论引入设计行业，目的是更好地满足社会大众的需要，解决设计作品和市场的结合问题，提高其设计的市场竞争力，拓展设计的市场份额。

近年来，在传播技术、消费文化、行业形态等众多因素的推动驱使下，设计营销方式也有了新变化，2020年，直播营销、短视频营销、私域流量平台营销与个人品牌营销方式成为营销趋势，设计营销同样需要关注和把握新趋势，为设计"带货"。

品牌跨界联名营销是近年持续保持营销活力的手段，即通过"强强联手"的形式，利用相同的事件或活动,将两个或多个著名品牌的形象元素巧妙地放置在商品包装或其他视觉载体中。将各种领域的协作或本来不相干的事件有机地串联起来,产生联动,可以体现一种创新的态度,使人们感到新奇、别致,产生消费欲望。跨界联合营销还能够同时扩大合作双方的影响力,实现"1+1>2"的整体效果。成都杜甫草堂与肯德基携手,打造了第一个以"天府锦绣"为主题的餐厅,简约大气的大门上,用线条勾勒了传统祥云纹样,餐厅中放映这草堂相关的动态视频影像,将博物馆文化带入餐厅,让消费者在就餐的同时沉浸于杜甫的"诗情画意"中,既营造了一种有趣且富含文化内涵的就餐氛围,也对肯德基的主要的年轻消费群体传播了杜甫草堂文化[①]。

未来,企业要关注营销环境动向,关注VR、AR、人工智能在营销中的应用机会,找准设计营销机遇。重视消费者的购物体验与便捷性,利用大众社交媒介,如微信、微博、手机App等进行设计营销,与传统线下营销途径形成互补,构建起立体化的营销体系。

2. 利用文化资源激发市场活力

文化资源具有共享性、重复消费性、资本增值性等特性,应充分利用岭南已有的文化资源,积极对接全球创意创新资源,进一步发挥创意创造对城市发展和竞争力提升的关键驱动作用,扩大岭南文化的消费市场。

例如,广州拥有底蕴深厚的饮食文化,与之对应的是广州在餐饮业方向的巨大发展潜力,通过实施"文化+"战略,以设计驱动餐饮业的发展,有助于提升广州城市的影响力和知名度,传播城市文化特色与内涵,加速将文化资源转化为现实生产力,通过有效的载体和方式将其转化为文化遗产、文化资本、文化产品及服务、文化产业和文化品牌,激发市场活力,推动城市更新。

3. 发掘潜在的崇尚岭南文化的设计消费市场

设计具有引导消费、培育消费的功能。设计的产品首先作为商品进入市场,进入流通渠道,然后进入人们的生活。市场需求的大小在一定意义上反映了设计的成败,而成功的设计又总是把市场调研作为设计的一个重要环节,在充分进行市场调研的基础上进行产品的开发设计,才能设计出好的产品。

一方面,粤港澳大湾区以岭南文化为共同根源,在其影响下三地民众有着相似的审美情趣与消费选择,是岭南设计的潜在消费市场;另一方面,开辟全国与全球市场需要用独特的设计文化来打开市场。设计师需要创造既有岭南文化特色又有世界文化共性的设计,通过引导人们的审美趋向,培养理性的消费观念,开发符合岭南文化审美需求、心理需求和功能需求的独特性设计,进而创造和拓展设计消费市场。

---

① 刘佳,张春晓. 文化联名品牌设计的融合与创新[J]. 美术大观,2020(03):114-115.

（三）实施传承岭南文化的设计人才战略

设计产业是一种知识密集型产业，人才是设计产业发展的核心。实施传承岭南文化的设计人才战略，既有利于岭南文化资源的传承活化，也是增强设计产业自主创新能力的必由之路。

李砚祖认为，没有文化的设计师，会"毁灭"一个产品，"毁灭"产品的使用者[①]。设计师的文化素质和修养很重要，培育设计师专业能力的同时必须重视设计师的文化素质的教育。

高校是培养设计人才的摇篮，肩负着传承文化的任务，是创新文化的诞生地和载体，高校对文化的重视程度将直接影响着设计人才的文化素养、创新能力。在校内，可以启动有关岭南文化传承的课题立项，并在资金、政策和人力方面给予承担岭南文化传承课题的老师一些支持；给予承担岭南文化传承相关课题的学生政策激励，如学分兑换。学校需要定期或不定期对岭南文化传承项目进行评价与考核，并为今后的发展提出策略。在校外，则可积极引入岭南文化传承项目，促进学校与岭南文化传承相关方的合作，重视产、学、研的融合。广东高校要发挥自身的地理优势，保护、开发以及应用岭南文化，并在岭南文化传播途径和方法上进行创新。同时，要与文创企业合作，以市场为导向，使设计人才在市场中得到充分的检验，提高人才的竞争力。激励教师与学生参与岭南文化传承的相关项目，促进岭南文化传承与推广，打造传承岭南文化的学术与人才培养品牌。

在职业技能培养上，着重强化设计人员的专业技能，加强继续教育。制定有关的支持政策，以激励设计师强化自身业务技能与文化素养。对设计教育市场进行监督，整设计培训机构，提供在业人员优质的技能培训课程。对于专业技能培训的课程设置，要鼓励设计从业人员进行跨学科的学习。此外，构建专业职称评定系统和设计人才的信息库，促进设计人才队伍技能的提高，并健全设计产业人才信息系统。

1. 鼓励原创设计与发扬工匠精神并举

工匠精神是岭南文化创造过程中的一种精神，是指工匠对手艺活的热爱、专注、严格、求精。广州作为岭南传统文化重镇，以"三雕一彩一绣"为代表的岭南工艺品之繁复绚烂、精雕细琢，无不体现优秀工匠的精湛技艺，融汇着工匠对质量精益求精、对技艺追求卓越的精神。

工匠精神具有鲜明的"现代性"特征，正如理查德·桑内德所说："制造就是思考，工匠精神不会因为社会或科技的发展而被削弱或消失。"当代的工匠精神，是敬业精神与专业态度的象征，是敢于创新、一丝不苟、精益求精等专业素养和精神品质的载体，弘扬工匠精神有利于为设计从业者赢得尊重、打造"广州设计"艺术名片。

工匠精神的人文意蕴与价值意义，早已跨越了行业和时代的限制，对设计界的思维方式与行为模式产生了深远的影响。将岭南文化中的工匠精神运用在设计行业，意味着要鼓舞设计师发挥原创精神、工匠精神，敢于开拓创新。企业、社会、政府应予以鼓励和支持，建立"工匠"设计

[①] 李砚祖. 设计的文化与历史责任——李砚祖谈"设计与文化"[J]. 设计，2020，33（02）：42-46.

师评价考核体系，大力培育并宣传典型企业、工匠人物，发挥榜样引领作用；为"工匠"设计师创造更好的职业发展和薪酬待遇，提高"工匠"设计师社会地位，打造良好的职业发展前景。

2. 多方面促进广州设计与国际设计教育、与市场接轨

文明因交流而精彩，广州要善于把握经济全球化带来的优势，立足本土，面向世界，为我所用。在本土设计教育层面，要强化以设计创作为核心，不断优化广州高校设计学科结构，凝练学科发展方向，突出学科建设重点，创新学科组织模式，着力建设高水平设计学科群，深化改革高校教育与市场需求接轨；在人才交流层面，设立国际创意人才交流机制，扩大高水平设计专业学生留学、交换、访学等项目规模，同时可借鉴国外设计产业发展成功的相关经验，将设计、文化、艺术以及新媒体等文化、信息技术等融入各阶段的教育中，为设计产业发展输出拔尖设计人才；在人才资源引进层面，要引入世界各地的创新设计资源，建造世界一流的设计专业学术联盟，邀请其他国家的优秀设计师、设计教育专家、学者来广州讲学，拓宽教师与学生的国际交流学习渠道，拓宽国际设计教育合作，增强自身影响力。

（四）培育传承岭南文化的高水平设计企业和明星设计品牌

随着消费者品牌意识的增强，越来越注重品牌消费，缺少了品牌思维的产品、个人或机构在市场中的竞争力便会削弱。2016年国务院办公厅《关于发挥品牌引领作用推动供需结构升级的意见》（以下称《意见》）出台，《意见》指出，要团结全社会的力量，坚持正确的舆论引导，积极支持自主品牌的发展，培养与建立消费者对自主品牌的情感与信心，促进市场供求结构的优化。《意见》的出台对中国诸多品牌来说，意味着"发挥品牌引领作用"上升到了前所未有的高度，品牌的重要性可见一斑。2017年，国务院印发了《国务院关于同意设立"中国品牌日"的批复》，决定从2017年开始，将每年的5月10日定为"中国品牌日"。从此，中国的品牌建设有了实质性的载体，全民推进品牌发展的时代就此拉开序幕。2022年，工业和信息化部办公厅印发了《关于做好2022年工业质量提升和品牌建设工作的通知》，进一步强调了加强品牌建设的重要性。

1. 发挥设计企业的主体作用

要坚持以市场为导向，充分调动企业主体的主动性。

首先，可以通过培训增加设计从业人员的品牌知识，用凸显差异化、专业化、独特性的品牌思维指导设计从业人员，更有利于形成接受度高、大众喜爱的设计品牌，同时也能极大地减少设计与市场之间成本，缩短相关流程。

其次，设计公司可吸纳专业品牌管理人才，委托专业的品牌战略研究机构，对其进行全面定位、品牌规划，制定品牌营销策略，加速品牌的成长。同时，联合设计品牌与传播媒体，充分展示设计品牌，在做好宣传推广的同时，根据不同领域的需求制定针对性的传播形式，影响受众。

再次，设计企业要打造具备文化内核的设计品牌。设计文化作为一种显性的文化力，极易获得城市居民的文化认同感。将岭南文化融入设计品牌，可以促进岭南文化的传承和发展，增强品

牌的文化内涵，取得消费者的情感认同，从而扩大品牌消费。广州设计品牌要不断创新，突出岭南文化特色。加强品牌文化的表达和宣传，以丰富多彩的形式和活动塑造品牌文化的内核，构建品牌文化的逻辑框架，形成独具特色的品牌理念。

2. 发挥政府和其他社会主体的推动作用

要强化政策导向，更好地发挥政府职能。着重于品牌发展环境优化、公共服务平台建设、企业在资源集聚，建立健全相关法律法规，加强对自主知识产权的保护，制定行之有效的鼓励政策，打破体制机制的局限性，为中国品牌建设添砖加瓦。鼓励和引导设计品牌关注和参与"中国品牌日""世界知识产权日""广州设计周"等设计节庆日、展会活动，广泛开展设计品牌公益宣传活动，为品牌建设营造良好氛围。

同时，要发挥社会组织、专业机构、新闻媒体和消费者的推动作用。利用大数据、新媒体等新型传播技术和手段，从推进设计品牌评价、加大品牌培育力度、加强设计品牌展示传播和舆论引导、发挥消费者的监督和反馈作用等方面提升设计品牌活力。

3. 发挥设计活动的品牌推广作用

广交会和广州设计周一年一度，是广州促进设计交易的大型平台。

第134届广交会于2023年10月15日至11月4日在广州举办，同时全年常态化运营线上平台，主题为"服务高质量发展，推进高水平开放"。第134届广交会是历史上展览规模最大、参展企业最多的一次广交会。展览总面积扩至155万平方米，比上届增加5万平方米；展位总数7.4万个，比上届增加近4600个；参展企业28,533家，比上届增加3135家，来自43个国家和地区，其中"一带一路"共建国家参展企业占比60%。线下出口成交223亿美元，比133届增长2.8%，呈现恢复性增长态势。广交会新闻发言人、中国对外贸易中心副主任徐兵表示，本届广交会持续丰富业态，拓展功能，着力打造集资讯交流、创新发布、产业推介、贸易服务等多功能综合平台。广交会是中国对外开放的标志、缩影和窗口，为参展商展示其自主品牌、业内交流提供了一个很好的平台，目睹了无数默默无闻的公司发展成为具有自主品牌的行业龙头，助力中国企业实现自主品牌化，为中国制造、中国公司、中国品牌走向世界做出了巨大的贡献。

第一届广州设计周于2006年举办，由广州市人民政府主办，近年来已经通过搭建设计师与品牌商的合作通道，对广州设计起到了巨大推动作用。2022广州设计周由于疫情延期至2023年3月3日至6日举办，以"热爱PASSION"为主题，共计20多个国家和地区的逾千家企业参展，发布上万件设计新品。汇聚了来自全球逾千家设计、艺术领域的企业，涵盖文旅、IP、软装等范畴，更有国内外400多名设计精英云集的设计论坛，分享前沿独特的设计理念。但在设计品牌推广方面，广州设计周亦有可提升空间：一是涉及的设计领域广度有限，目前单一地集中在展览室内设计、建筑设计领域品牌，今后可以拓展到包括社会创新设计、城市设计、乡村设计、生态设计、服务设计在内的大设计领域，给不同设计领域的设计品牌以展示机会；二是对设计新生力量的扶植不足，对标"设计上海"展会，广州设计周今后可以与广州本地高校如广东工业大学、广州美术学院进行合作，为新生设计力量单独开设展区，发掘年轻、优异的设计力量，孵化新星设计品牌；三是广州设计周面向的群体以设计师和供应商为主，对普通公众门槛过高，因而对品牌推广力度有限，此后应在布展方面做出相应调整；四是广州设计周自身国际品牌影响力不足，要不断提高眼界、打造展会亮点，打响"广州设计周"国际品牌，从而为参展的设计品牌背书。

三、基于岭南文化的广州设计产业发展的主要举措

根据上文所提到的基于岭南文化的广州设计产业发展基本原则和关键策略，本节提出以下主要举措，即整合文化资源产业，加强设计产业与相关产业的融合；营造新媒介环境下城市文化氛围，构建创意设计产业生态系统；促进广州国际知名品牌展会与活动的整合，建设文化创意社区；构建以文化传承为中心的设计教育系统。

（一）加强设计产业与其他文化资源产业融合

粤港澳大湾区有着深厚而独特的历史和文化底蕴，悠久的岭南传统文化是大湾区设计的基石，在此基础上大力发展设计产业，有利于促进文化资源转化，加强相关产业的融合发展，引领粤港澳大湾区不断发展[1]。广州发展设计产业，要加速推进岭南文化设计与相关产业的相互渗透，抓住转型升级新契机的同时，将广州打造成国际化大都市，带动粤港澳产业升级和转型，为广州的设计产业添砖加瓦。广州应以岭南文化作为设计产业推手，发挥岭南文化中心地的优势，将"文化与设计融合科技与产业"作为核心思想，积极发展设计产业，促进科技、设计、文化、生态与经济发展和城市建设结合，提升广州的设计文化产业的核心功能。

在发展广州设计产业的策略中，有效整合岭南文化中的优质资源，增强设计产业与其他相关产业的融合，有利于岭南文化资源与广州设计产业的协同发展，有利于促进文化与设计相关产业的联合，促进政、产、学、研资源的相互协作。

1. 整合岭南文化资源，以设计创建旅游、文创等相关产业的融合模式

广东是旅游大省，其文化及相关产业增长值已连续18年稳居全国第一，旅游总收入、外汇收入、入境过夜旅客等各项指标继续保持在全国前列。在设计产业的发展中，可以强调岭南文化的文化基调，打造具有岭南文化特色的创意旅游城市品牌，带动城市的旅游纪念品文创产品的发展。以设计驱动岭南文化资源转化，加强文化与旅游相互融合发展，提升旅游、文创等相关产业的内涵，促进旅游中的文化消费传播。广州是一座具有浓厚历史以及文化印记的城市，作为广府文化的发源地，拥有着多姿多彩的文化资源；同时也是千年商都的核心，拥有着从商、经商的商业头脑以及海上丝绸之路的开放包容的精神。2022年8月9—10日，由广东省文化和旅游厅、广东省地方金融监督管理局联合主办的"2022广东文化和旅游产业投融资对接会"在广州东方宾馆举

---

[1] 方海，安舜. 粤港澳大湾区设计与相关产业融合发展的战略研究［J］. 城市观察，2019（02）：7-15.

办。大会上，多位专家表示，新经济与新科技相结合将成为未来旅游产业发展的主要方向，通过与元宇宙概念的结合，打破线上线下壁垒，实现虚拟与现实的融合交汇。旅游景点的构造不再局限于传统的自然资源和历史人文资源，还有科技景观，如成都的梵高星空美术馆，将梵高经典画作通过科技手段进行展示与再创作，营造可触摸、可进入、可交互的沉浸式空间。在设立广州精品旅游路线时可以结合历史老城区如南越王墓、黄埔古港、粤海关大楼、陈家祠等，新建筑如广州塔、珠江新城、博物馆等。把文化资源通过设计手段结合创意想法进行转化，推进广州文化资源与文旅资源的结合，强化文化遗产地及非遗的维护利用及创新规划，以设计为载体促进文化资源转变为文旅纪念品，把广州这座古老与现代融合的城市进行包装宣传，打造出特有的旅游以及以岭南文化为主的文化设计产业。

2. 以岭南文化作为支撑，设计产业与艺术社区产业进行融合与发展

近年来，艺术社区建设逐渐成为推动、展现设计与产业融合发展的重要输出方向之一。艺术社区作为一种表达当地文化最基础、最本真的表达方式，彰显的是乡镇居民对艺术以及文化最淳朴的表达，传递出一种普世的价值观。如此，广州发展设计产业应强调艺术社区对文化资源的阐述，在岭南文化的基础上进行最具有本地特色的生态呈现，强调自身以后的文化属性以及居民的价值观属性。在此基础上，进行城乡艺术社区规划与创作，促进岭南文化活化与传承。

比如，广东工业大学城乡艺术建设研究所选取了广东佛山顺德青田村落，通过引入艺术与设计力量，在保留村落多样的自然与文化遗产的同时，将古村落建设为"艺术之村"，实现历史文化传承与当代产业化发展的衔接，促进乡村振兴[①]。

3. 用设计的手法促进文化资源的转化，推动广州设计博物馆产业发展。

第一，以现代设计博物馆为载体，展示与推广具有地方特色的文化。博物馆作为一个对城市的文化底蕴具有代表性的一个载体，在宣传和传播岭南文化上具有重大传播意义，广州当代博物馆除了要展现历史文物、历史文化以及历史史实外，还给公众提供了一个开放与交流的平台，结合现代设计进行地域文化的设计衍生品，打造富含鲜明地方特色的设计博物馆。

第二，以广州设计博物馆产业为依托，打造广州设计人才高地。《粤港澳大湾区发展规划纲要》提出要打造粤港澳大湾区教育和人才基地，要求推进教育协调合作发展，建设人才培育基地。支持产业-教育-研究体系一体化的设计教育模式。在广州发展设计博物馆产业中，需要健全和完善产学研教育制度，满足市场以及设计产业对设计相关人才的需求，结合广州各大高校进行人才战略的培养，共同打造设计人才高地。

第三，结合广州海上丝绸之路的历史发展潮流构建设计博物馆。在中国建设21世纪海上丝绸之路的伟大蓝图中，作为海上丝绸之路的开端、世界级经贸文化中心地位的广州十三行将会发挥千年商都的优势和传统。广州十三行的兴衰与广州的前期发展有些密切的联系，可以通过广州

---

① 渠岩. 艺术乡建：中国乡村建设的第三条路径［J］. 民族艺术, 2020（03）：14-19.

十三行的发展史讲述广州作为千年商都以及经济贸易文化中心的地位。当代设计博物馆去讲述当时广州十三行的繁华与昌盛，历史的发展趋势也给广州的发展奠定了坚实的文化基础，两者之间相互铺垫，为城市发展提供具有深厚文化底蕴的基石。

（二）构建广州新媒介创意设计产业生态系统

在加快新型基础设施建设背景下，传统媒介和新兴媒介互相融合发展，发挥5G、虚拟空间等新一代网络技术的发展优势，大力发展以微博、微信小程序、H5等新媒体中心营造新媒介环境下城市文化氛围，构建创意设计产业生态系统。城市文化氛围是城市文化思想、文化沉淀以及文化素养的表达方式。在整个城市文化氛围的烘托下，可以快速地了解城市的发展状态以及历史的痕迹等。本节将从营造新媒介环境下城市文化氛围、构建创意设计产业生态系统的维度对广州创意设计业生态系统提出建设性意见。

广州设计产业于20世纪80年代兴起，在最初的政策支持以及地域的先天优势的情况下，广州的设计产业发展趋势良好。从改革开放的起步时期到20世纪90年代的加速发展时期，再到2000年以来的调整扩张时期，广州的设计产业取得了一定成就，也在部分设计产业中形成了自己的发展优势，却缺少了属于自己的文化内涵。文化作为设计的核心以及根基，只有以醇厚悠久的历史文化作为文化底蕴的支撑，设计才能发挥出巨大的引领以及辐射作用。

1. 增强以岭南文化为主的城市文化氛围意识

文化氛围是构建品牌城市的必然选择，城市建设需要文化的支撑，文化需要依靠一座城市或者一群人进行传承。在构建以岭南文化为主的城市文化氛围意识的建设中，需要通过其文化含义、历史价值以及与城市发展的协调性综合考虑，用其独特的文化属性、历史标识以及独特的文化调性的塑造，全面实施营造城市文化氛围战略。在广州发展设计产业的同时，应扬长避短，大力发扬、传播岭南文化，彰显浓厚的历史文化氛围，彰显城市文化软实力，以此全面带动广州设计产业的发展。

2. 结合多元新媒介形式进行城市文化宣传

新型媒介的出现使传统纸质媒介的"二维"平面向"三维"立体空间转变，不再是从单一地发送信息到接受信息的过程。在科学技术的大力发展下，多种学科如数字媒体、交互设计、体验设计以及虚拟技术等相互学习、相互融合。在新时代、新社会、新技术的共同作用下，新媒介的出现逐渐影响设计产业的发展以及城市文化的渲染。首先，在文化与新媒介的结合中可以考虑在城市文化布局上结合流行的新媒介方式，如结合虚拟技术重现岭南文化的发展历史印记，通过VR技术感受传统民俗以及广绣、广彩、通草画手工艺等，让受众不只是观看文化而是置身于当下的文化创造中。如2022年第十一届的广州国际灯光节中，深度应用AR、XR以及UE虚幻引擎等技术，以灯光艺术的形式实现岭南传统文化的数字化与融媒化，使岭南传统文化、广州城市历史借助数字场景更巧妙地进入人们的日常生活与精神世界，成为人们文化生活的一部分。其次，城市文化氛围需要本土文化作为润色并凸显出地域特色文化效应，结合新媒介推出有影响力、有权威性的文化传播平台，邀请专业研究人员以及岭南文化传承人进行知识内容的设计与构建，拓展公众了解岭南文化的渠道。在新媒介的推进下，在岭南文化与城市文化氛围构建中实现高雅通俗互补、传统现代互融的艺术生产方式，推动广州城市文化建设。

加强设计产业生态系统建设，积极呼吁广州全民参与岭南文化传承与发展，提倡文化传承的多样性和文化的宽容精神，尊重非物质文化遗产的传承人以及尊重知识和设计创新人才，在这样的城市氛围下，有利于广州构建坚持以岭南文化为支撑的设计产业的生态系统，凸显广州作为粤港澳大湾区先锋文化的引领者地位。同时政府或协会可以举办多样化的文化与设计相互交融活动，并使之常规化、生活化以及品牌化。

（三）促进广州国际知名品牌展会与活动整合

广州设计产业的发展要注重改革创新，依照专业化、市场化、法制化、产业化和国际化的要求，建立和形成科学、高效、有序的组织管理体系，以多种形式整合会展资源，发展各类综合及专业文化会展，重点支持覆盖全国并具有国际影响力的文化会展，办好每年的广州设计周、广交会等相关文化活动。建设文化创意社区可以通过举办多种品牌展会、公益讲座以及设计大赛等对岭南文化进行有效的传播，开设以广州设计为中心的设计文化产业的交流与学习平台，打破产业之间的行业壁垒，激发设计与其他产业融合的创意，打造设计品牌设计活动，如广州设计周、省长杯、广东服装周、广州国际服装节等会展的同时，不断创新办展模式，以质取胜，规模经营，力争建成一批全国甚至世界性会展品牌，把广州建设成具有国际影响的文化会展中心。中国会展经济研究会在线发布的《2022年度中国展览数据统计报告》显示，2022年全国举办线下经贸展览2572场，展览总面积为4721万平方米，成为疫情三年以来的谷底。广东长期保持全国展览面积第一大省的地位，2022年仍以850万平方米居首。其中，广州超过400万平方米，位居全国首位，雄踞全国办展领头羊地位。2022年，广交会展馆四期建设工程项目投入使用，新增室内展览面积近13万平方米。扩建后，广交会展馆可供展览总面积达62万平方米，成为全球可供展览总面积最大的展馆。

设计作为一种文化软实力竞争的典范，是产业发展中的核心，设计可以是创新设计、改良设计、绿色设计、可持续发展设计以及文化资源转换的重要形式。借鉴深圳以及西方国家的强市、强国之路基本上都是以设计为基本点进行科技创新，设计创新。用"设计立国"作为国家大力发展软实力的一项基本国策。在设计产业的发展过程中，政府以及设计人才都扮演着重要的角色，政府应大力倡导设计与其相关产业协同发展，在此过程中强调人才培养以及产业转型的重要性，积极响应国家发展绿色设计政策的方针，可持续发展设计以及人性化设计等新兴设计领域[①]。

---

① 刘峥延，毛显强，江河."十四五"时期生态环境保护重点方向和任务研究［J］.中国环境管理，2019，11（03）：40-45.

创造具有国际国内影响力的创意品牌并形成品牌链，对提升广州城市综合形象和文化软实力的竞争具有重要作用。

一是应区别对待资源和不同层次的文化消费需求，实施市场细分和差异化经营，形成文化产品的不同风格和比较优势，为创建品牌奠定良好基础。

二是要推动文化产品生产的多元融合，充分发掘和利用本地特色文化资源，借鉴国际文化生产的新形态，积极推进文化产品创新，形成一批辐射全国的名牌文化产品。

三是要通过大力集聚人才、资金和企业，建立一批创意产业集聚区，形成具有较高知名度的创意产业园区品牌。以广州具有优势的传媒出版、网游动漫、广告、演艺娱乐、文化会展等行业为重点，扶持一批重点企业的发展，加强文化产业链的前期创意、营销推广和延伸开发，创建国内和国际名牌，整合广州国际品牌展会和活动，共同建设文化创意园区。

（四）构建以文化传承为中心的设计教育系统

在设计产业的人员素质的培养与选取方面，建立以文化传承为核心的设计教育体系是发展设计产业的核心之一。

1. 整合广州以及周边优秀的教育资源，广泛吸收粤港澳大湾区以及国际上的优秀教育资源

采用高校联合的方法进行设计教育的布局以及设计教育的课程安排等，共同开发适合广州设计产业所需的设计人才以及文化研究人员，实现高校与高校之间的友好合作以及相互促进的设计教育课程体系。灌输坚持文化传承的教学理念，提高专业人员的文化资源转换的技能。广州位于粤港澳大湾区的核心位置，具有先天的地理优势，可广泛吸收粤港澳大湾区的优秀教育资源进行广州设计人才的培养。如香港大学、香港科技大学、香港理工大学、香港中文大学、澳门大学、澳门科技大学、澳门城市大学等一批知名院校，国际上的皇家艺术学校（英）、伦敦艺术大学（英）、米兰理工大学（意）、芝加哥艺术学院（美）等国际上的优秀教育资源。国际湾区的成功案例如旧金山湾区的硅谷、东京湾区的筑波科学城以及波士顿–纽约湾区128号公路，都证明了合作与交流是湾区建设世界一流大学的最佳途径[①]。协作与交流将打破高校单打独斗的封闭局面，加强高校内部的流动性，使其形成具有区域内和跨区域结构特点的高校协作关系，使湾区高校的优势得到充分的整合，从而提高湾区高等教育的综合竞争力。

2. 设计业与相关产业结合，促进"政、产、学、研"资源的深入融合

设计是一个融合各个产业以及政策相互促进的领域，如地方高校承担着为区域培养人才以及为地方经济发展和社会效益服务的功能[②]。高等教育是大湾区经济发展的新动力，而湾区经济又对高等教育持续性"反哺"，形成良性循环，以此催发与缔造世界一流湾区高等教育院校集群；

---

① 许长青，岳经纶. 新发展理念下粤港澳大湾区世界一流大学建设：国际经验与路径选择[J]. 高教探索，2021（12）：5-13.
② 张学东. 设计类专业的创新创业教育体系构建[J]. 创新与创业教育，2019（05）：46-196.

政府对设计产业的发展提供政策支撑以及思想引领；各大研究机构及其研究所提供是市场导向，通过"政、产、学、研"四方协作，放大和扩散大湾区的产业、技术创新和设计资源优势，推动政府、企业与高校协同开展基础性、引领性的设计研究，以及研发基于新政策、新媒体、新技术、新装备、新材料等的设计成果，促进设计服务发展为更高端更具综合性的行业，在"中国制造2025"战略中起到带头作用。

四、基于岭南文化的广州设计产业发展的保障措施

当前，广州设计产业发展进入一个全新的阶段，因此在广州设计产业的发展中也需要一系列的措施保障，主要体现在政策、产业结构与业态、科技支撑体系以及宣传与推介几方面。良好的保障措施能够促进岭南文化资源向设计资源转化，促进广州设计产业发展。

（一）制定利好政策和制度

2019年中共广东省委全面深化改革委员会关于印发广州推动"四个出新出彩"行动方案中指出，要全力提升文化引领功能，打响属于广州的文化品牌。打造红色文化、岭南文化、海上丝绸之路文化、非遗文化相关的知名品牌，为建设广州岭南文化中心和对外文化交流门户添砖加瓦，打造广州文化综合软实力[①]。2021年，广州市人民政府发布了《广州市促进文化和旅游产业高质量发展若干措施》，提出要打造"广式服务"新品牌、形成以科技赋能的新业态、创建国家全域旅游示范区，以推进广州文化和旅游产业高质量发展，实现城市文化综合实力出新出彩。在广州设计产业的战略布局上，要制定有利于岭南文化传承与设计产业发展的政策和制度，促进其快速发展，同时协调好文化继承与设计创新的相互作用关系，与时俱进，勇于创新。

1. 出台岭南文化的保护传承政策和制度，助力设计产业高质量发展

没有创新就没有发展，用现代设计方法加强岭南文化传承和发展岭南文化，创造新的表现形式，重新塑造文化知识，创造出新兴产品，为保护和发展岭南文化提供更多的可能性[②]。对于不可再生的历史文化资源，保护它们应为先决条件。2020年2月，广州文化广电旅游局制定发布了《广州发展振兴非物质文化遗产三年行动方案（2020—2022年）》（以下简称《方案》），《方案》提出，到2022年，我国的非物质文化遗产保护与传承工作水平应有较大的提高，文化遗产的传承环境也得到显著的改善，岭南优秀文化的创造性转化和创新性发展得到了有力的推进，文化遗产的保护成果应更好地惠及大众。在文化的发展中既需要保护，也需要传承，在保护中传承，在传承中保护，传承与发展之间相辅相成，相互成就。粤港澳大湾区设计产业发展的灵感源泉为岭南文化，要积极发挥文化的根基作用，为广州现代设计产业发展夯实文化基础。

---

① 中共广东省委全面深化改革委员会. 广州推动"四个出新出彩"行动方案. 广东省政务服务数据管理局网，2019-10-28.http://zfsg.gd.gov.cn/xxfb/fzzc/content/post_2654820.html.
② 黎细玲. 基于数字人文的岭南文化传承创新初探[J]. 粤海风，2020（03）：55-61.

2. 健全保障机制，重视岭南文化传承人才以及设计人才的培养

传统文化的传承、保护以及发展都是一个道路漫长且传承艰辛的过程，既需要保护传统文化不受破坏，也需要文化与现代产业进行融合发展，共同前进。目前，针对岭南文化的传承与创新的保障机制的欠缺主要是岭南文化传承人的保护与奖励机制的欠缺，缺乏完善的人才吸引与奖励机制融入到岭南文化的创新发展中[①]。在岭南文化的传承中，需要在自愿的情况下考虑培养他们为岭南文化传承人，通过奖励以及吸引的机制，激发他们保护传承文化的使命感，通过营造有利的社会环境，为传承人提供良好的环境，延长岭南文化的生命力[②]。根据新闻报道，到2020年7月止，具有代表性的广州级非遗传承人已经达到了208名，达到了2016年年底广州出台《广州培养非物质文化遗产保护人才工作方案》中提出的非遗人才数量目标，为广州非遗保护和传承提供了强大的人才支撑。目前，非遗文化在一定的程度上有一定的突破，但岭南文化传承人已面临青黄不接、后继乏人的困境。应积极扶持非遗文化的相关传承人，支持传承人从事岭南文化相关工作。同时也要加强培养非遗文化设计相关的人才，相关高校加强对岭南文化、文化创意设计产品的开发研究。让岭南文化研究人员以及设计师相互学习，相互资源共享，还可以吸引国内外高层次设计企业和优秀的设计人才到广州进行文化研究以及设计成果转化，共同促进文化的传承与发展。

3. 充分发掘、整理和利用岭南文化资源来发展广州设计产业

岭南文化资源具有可观的经济价值，以及巨大的社会价值，要把它列入各级政府文化事业和产业的发展规划中，这就需要政府从财政上对岭南文化资源的研究、保护和开发提供支持。资本方面，广州政府可以与文化企业进行协作，建立多元化的设计产业筹资体制和投融资平台，以扶持广州设计产业的创新发展。研究方面，要发挥广州市有关岭南文化研究的平台作用，深入推进岭南文化传承与创新的重大课题研究取得学术成果，充实岭南文化设计素材库。市场方面，一是立足于民族特色，利用国际化的平台，拓宽国内及国外市场。以多元化的市场途径，使其产业化，实现岭南文化资源的最大价值。二是整合文化资源。文化资源整合，即"根据市场的需求，将原本分散的、零散的、不成系统的文化资源进行有效地加以集中、凝练和提升优化，最终形成具有一定的经济价值的文化产业资源的形式"。因此，如何整合文化资源，是开发、利用和保护文化资源的关键。创意设计介入城市文化遗产改造，对城市文脉的延续、城市特色的塑造具有特殊意义。可以将散落在广州各地的历史文化资源，通过设计、策划，使最能体现广州特色的建筑、街道、街区等形成关联；挖掘城市地标历史价值，通过良好的保护、展示和传播，讲好岭南的故事。

---

① 谭玉甜，刘淑兰. 对新时代岭南文化传承与创新的思考[J]. 探求，2019（03）：111-116.
② 姚宇钊. 我国非物质文化遗产研究现状及保护对策[J]. 文化创新比较研究，2020（14）：71-73.

（二）优化产业结构与业态

结合广州经济社会发展的新形势，研究设计产业结构与设计产业的业态形势，给予基于岭南文化的广州设计产业发展一定的政策以及现实的保障措施，促进广州设计产业的升级及优化，具有重要意义。

1. 优化设计产业的发展环境

设计产业发展的环境的优劣是制约和影响设计产业结构体系优化和产业竞争力提高的重要因素。要给设计产业的教育培育、政策支持、设计人才的培养以及引进一个良好的发展空间，在这一点上可以学习邻近的深圳市。作为中国首个、全球第6个入选"设计之都"的城市，深圳十余年来以"设计城市"的身份融入国际设计产业对话圈。深圳之所以能从一个小渔村慢慢发展到现在的"设计之都"，首先是深圳发展设计产业有本地政府的大力支持，其针对发展设计产业政策、方针的颁布，稳定了设计在深圳在设计产业发展的核心地位。其次是良好的设计产业的设计环境，深圳设计周暨深圳环球设计大奖到中国设计大展再到粤港澳大湾区设计展，深圳每年会开展多个以专业、国际潮流、设计趋势为主的设计展览、会议、讲座以及比赛等，共同构建起深圳与国际的平等交流以及推广深圳本土品牌，强化设计服务以及提升大众审美的娱乐平台。

广州可参考深圳经验，优化设计产业的发展环境，给设计产业提供良好的氛围。

2. 提高设计产业相关人员的自主创新能力

近年来，广州在设计产业创新以及设计人才的创新意识和研发能力逐步渗透，但在创新绩效方面仍然较弱。因此，必须坚持以文化为源泉，以创新为基础，产、学、研助力设计产业，夯实广州发展设计产业的基础。一是要不断强化设计产业相关企业以及人才创新意识。二是研究广州设计产业发展的实际情况，指定符合广州设计产业发展的战略目标。三是要在设计创新以及发明专利等方面加大用于激励的经费投入，为广州设计产业人才的科研奠定物质基础条件。

3. 完善知识产权保护制度

党的二十大报告提出，要"加强知识产权法治保障，形成支持全面创新的基础制度"[①]。近几年，广州以成为国际化大都市为其目标，全方位提升知识产权的创造能力、全力维护知识产权，提高设计产业以及设计人才的产权以及创新意识，广州的科技创新能力逐步增强，对知识产权的保护效果也日益显现。但广州在发展知识产权的保护中也存在一些困难：全社会的知识产权保护意识和认识水平都比较落后；没有系统性的战略策划及有力的政策引导知识产权的保护；与科学技术创新的融合、互动还比较浅层；拥有的知识产权数量不足，设计研究开发的核心竞争力较弱，与广州的经济发展以及建设国际化大都市的目标不匹配。2022年4月25日，广东省高级人民法院发布了《2021年度广东法院知识产权司法保护状况》白皮书。白皮书显示，2021年广东省法院新收各类知识产权案件19.6万件，约占全国总量三分之一，司法领域知识产权的"严保护、大

---

① 刘春田. 筑牢实施国家知识产权战略的根基［J/OL］. 暨南学报（哲学社会科学版）：1-9［2023-04-12］.

保护、快保护、同保护"格局需不断完善。所以，加强广州知识产权体制的建设，对提升自主创新能力，优化广州产业布局具有十分重要的意义。

要完善广州的知识产权体系、提高相关企业以及人才的自主研发技术是一项长期复杂且艰辛的系统工程。当前，需做好以下几个方面的工作：一是大力开展宣传推广知识产权讲座，加强全社会对知识产权的保护意识。充分运用各类媒介，营造对知识产权充分尊重与保护的社会氛围。充分利用广东省"4月26日知识产权宣传周"系列活动的品牌效应，以公布知识产权司法保护状况白皮书、参与南方新媒体平台网络访谈、评选十大知识产权案件等形式，宣讲知识产权司法保护工作成果。增进公众对法院审理知识产权的认识，增强公众信心。二是根据建设创新型国家的总体要求，结合广州的现实基础，制定《广州市知识产权纲要》，对广州市知识产权的维护、管理和监督进行合理有效的规划。三是应尽快出台广州市知识产权战略并落地落实。目前，应着重于制定广州的专利、商标、商业机密和原产地相关战略。四是推动相关政策规划落地落实。《广州知识产权保护和运用"十四五"规划》（下称《规划》）于2021年年末发布，《规划》坚持贯彻落实中共中央、国务院印发的《关于强化知识产权保护的意见》《知识产权强国建设纲要（2021—2035年）》《"十四五"国家知识产权保护和运用规划》等部署要求，结合广州的现实基础，强调宏观引领与具体指导的有机统一，《规划》与广州知识产权事业发展"十三五"规划之间实现了有效衔接，确定了"十四五"时期广州知识产权事业发展的指导思想、目标任务和重大举措。为保障《规划》顺利推行，应加强组织领导、落实资源保障、持续监测监督，推动广州知识产权工作再上新水平，建设引领型知识产权强市。五是加强知识产权人才队伍培养。通过各种形式的业务学习、研讨和培训，持续深化院校合作，联合开展课题调研，培育懂得WTO知识产权协议的主要形式以及内容，熟知国内知识产权相关法律法规，对广州实际的知识产权人才政策结构有一定认识的知识产权人才，以加强对知识产权的保护，以及提高知识产权人才培养的质量[1]。

（三）完善科技的支撑体系

1. 科技人才培养机制的形成

首先，不断提高自身的科技创新能力要求。丰富知识理论储备和提高实践能力，培育设计人才的终身学习意识。其次，完善培养科技人才的路径和实施办法。学校和教育组织完善学科交叉融合体系，建立因材施教培养体系，以市场需求为导向，以发展广州设计产业，培养科技人才。最后，不断丰富科技人才培养机制的内涵。坚持以人为本，梳理自由发展意识，充分利用学习资源进行创新意识的培养。

2. 从科技创新到成果应用的转变

科技创新是设计产业发展中的重要引擎，要积极实现以科技带动产业持续发展的战略，增强

---

[1] 武文霞. 粤港澳大湾区城市群协同发展路径探讨［J］. 江淮论坛，2019（04）. 29-34.

核心技术发展水平。政府以及相关政策需正确引导企业加强科技创新，实现从"广东制造"转变至"广东创造"。增强其创新能力以及知识产权的保护意识。坚持市场为导向，科技创新为技术支撑，促使设计产业能在原有的基础上实现自主创新能力，增强其核心竞争力。科技创新到成果应用的转变，建立企业、研究所以及各大高校的三位一体的设计产业人才融合发展示范基地，强调从学生到设计人才的转变，需满足市场以及技术的考验，坚持把理论与实践相结合，进而利用群体之间的创新优势，充分增强其自主创新能力，实现由集群构建到创新能力的良性互动，始终坚持把科技创新转变到应用上设立为设计产业的结果导向。

3. 改善科技的软硬件设施

广州发展设计产业要打造好软硬环境，增强对人才的吸引力。硬环境就是要让这个城市更适宜居住更适宜创业，软环境关键是制定政策、创造条件，使这些关键人才和创新团队能够发挥作用，加强多个创新团队的引进或整合。对设计行业而言，转型具有必要性，即从长时间单独奋战的设计企业向总体资源分配、协同创新的产业集群转变。这就要求我们突破传统"占山为王"的固有思维，提倡并推行公司间的协作共存、共发展的全新模式，这也是增强产业竞争力的核心理念。

综上所述，本章节围绕广州设计产业发展的基本原则、主要路径、主要策略以及保障措施等综合论述了基于岭南文化的广州设计产业发展思路。具体来看，广州设计产业发展思路应以"岭南文化"为根基，以产业政策、制度建设、人才养成计划、文化科技融合、公共服务、品牌活动、设计教育和创意设计生态系统为切入点。确立以设计促进文化资源的转化、文化与设计产业协同的发展思路，加强人才培养和产业服务的行动计划，解决广州设计发展的文化资源动力、设计产业提升空间和优势特色设计文化等关键问题。充分发挥岭南文化的引领作用，促进广州设计产业转型升级。促进大湾区设计文化和设计产业的发展，进一步提升广州文化创意和设计产业的竞争力，推动广东制造向广东创造发展，打造更多享誉世界的"中国品牌"，同时促进广州城市文化综合实力出新出彩，带动大湾区协同创新和共同发展。

主要参考文献

［1］熊兴，陈文晖，王婧倩. 我国设计产业政策发展现状、趋势分析及未来思考［J］. 价格理论与实践，2021（10）.

［2］张学东. 设计类专业的创新创业教育体系构建［J］. 创新与创业教育，2019（5）.

［3］黎细玲. 基于数字人文的岭南文化传承创新初探［J］. 粤海风，2020（3）.

［4］谭玉甜，刘淑兰. 对新时代岭南文化传承与创新的思考［J］. 探求，2019（3）.

［5］姚宇钊. 我国非物质文化遗产研究现状及保护对策［J］. 文化创新比较研究，2020（14）.

［6］李培峰. 新时代文化产业高质量发展：内涵、动力、效用和路径研究［J］. 重庆社会科学，2019（12）.

［7］纪德君，曾大兴. 广府文化［M］. 广州：中山大学出版社，2016.

［8］李砚祖. 设计的文化与历史责任——李砚祖谈"设计与文化"［J］. 设计，2020，33（2）.

［9］张其学，陆志强. 广州蓝皮书：中国广州文化发展报告［M］. 北京：社会科学文献出版社，2019.

（本章执笔：王娟）

第七章

广州设计产业与粤港澳大湾区设计产业协同发展机制

本章将广州设计产业视为整个粤港澳大湾区设计产业的一个重要的有机组成部分，探讨其应当如何发挥核心引领作用，以带动粤港澳大湾区设计产业的发展。我们将首先对粤港澳大湾区设计产业的发展现状和趋势展开分析，得出联动机制的现实基础，继而探讨促进粤港澳大湾区设计产业联动的具体思路，最后再从机制建设、支撑平台、人才培育等方面，探讨广州设计产业与粤港澳大湾区设计产业整体协同发展的具体发展策略。

（一）粤港澳大湾区设计产业的发展现状与趋势

广州、深圳、香港、澳门这四大湾区城市在地理区位、历史文化、经济发展等方面具有独特优势，在粤港澳大湾区设计产业的发展过程中起着主导作用，为湾区城市设计产业发展提供了雄厚的支撑基础。此外，大湾区城市产业优势互补性强，设计市场需求广阔，设计资源协作优势明显，不同城市间拥有良好的合作基础。在此发展现状下，粤港澳大湾区设计产业呈现出如下趋势，即广州、深圳、香港、澳门这四大城市发挥核心的引领作用，带动其他城市的发展，并且湾区城市联动趋势明显，交流日益密切。

1. 粤港澳大湾区设计产业的发展基础和现状

粤港澳大湾区是由广东省珠江三角洲的九市（广州、深圳、佛山、东莞、珠海、惠州、江门、中山、肇庆）及香港和澳门两个特别行政区组成的世界级城市群，是我国开放程度最高、经济活力最强的区域之一。其中，广州是国家重要的中心城市、国际商贸中心和综合交通枢纽；深圳是中国经济特区、全国性经济中心城市和国际化城市；香港是全球第三大国际金融贸易中心，也是自由贸易港；澳门是全球著名旅游业、酒店业等高度发达的国际自由港。这些大城市在地理区位、历史文化、经济发展、政策支持和人才数量方面均具有独特优势，在粤港澳大湾区设计产业的发展过程中起着主导作用，为粤港澳大湾区设计产业提供了雄厚的支撑基础。

不可忽略的是，粤港澳产业优势互补性强，设计市场需求广阔，设计资源协作优势明显，已具备良好的合作基础[1]。珠三角制造业规模实力雄厚，庞大的加工制造业构成了广阔的设计服务市场，吸引香港设计企业落地生根并向内地延伸发展。同时，日益开放的营商环境，特别是南沙、横琴、前海自贸试验区政策的实施，为推动大湾区创新设计圈建设提供了先行先试的体制创新空间。广东设计服务业发展居国内领先水平，其围绕推动"广东制造"向"广东创造"转变的思路实施创新设计发展战略，有效地促进了设计与制造业融合，推动了华为、中兴、美的、格力、大疆、广汽等一批设计引领型创新企业的出现。目前，广东工业设计企业超过2100家、从业人员超过15万人、设计创意园区100多个、设计类院校（所）近100家。2010年，广东提出打造"粤港工业设计走廊"的战略，使大湾区形成以广州、深圳为中心，向珠海、东莞、佛山、中山等城市发散的设计产业城市群。

---

[1] 王晓红. 关于建设粤港澳大湾区创新设计圈的建议 [J]. 开放导报，2017（04）：29-31.

正如本书第一章的分析所指出，广州设计行业在粤港澳大湾区处于领先位置，其从业人员和专业机构众多，并且其设计产业园已形成规模和效益，产生了集聚发展效应，各类设计专业活动频繁，辐射面广，影响力大。并且，广州拥有良好的设计产业发展服务平台，为推动粤港澳大湾区设计产业的整体发展和成果转化等提供了服务平台。诸如广东文投创工场基地、羊城创意产业园、289艺术园区、广州设计港、越秀区创意产业园、T.I.T创意园、天河区羊城创意产业园等广州设计产业园区具有相当大的影响力，为带动粤港澳大湾区设计产业的发展奠定了产业基础，也为粤港澳大湾区设计产业的集聚发展输入源源不断的动力。而这些服务平台和设计企业研发的一大批"广州设计"产品，为海尔、康佳等位于除广州以外之湾区城市的多家知名企业提供了良好的设计创新服务。此外，广州各大高校与科研机构所拥有的丰富的设计教育与科研资源，通过产学研一体化路径，不仅不断地健全粤港澳大湾区设计产业的专业化发展，还持续地为湾区各大城市提供大量设计专业人才。

作为中国首个、全球第6个入选"设计之都"的城市，深圳自2011年以来已经以"设计城市"的身份融入国际对话。联合国教科文组织认为："由于深圳本地政府的大力支持，深圳在设计产业方面拥有稳固的地位。它鲜活的平面设计和工业设计部门，快速发展的数字内容和在线互动设计，以及采用先进技术和环保方案的包装设计，均享有特别的声誉。"[①]2018年，以创意设计业为龙头之一的深圳文化创意产业保持健康快速发展态势，文化创意产业实现增加值2621.77亿元人民币，占GDP的比重超过10%。深圳的发展史，就是一部城市的"创新史"，"自主创新"是深圳发展的主导战略，而创意设计是创新驱动的根本要素。2018年，全社会研发投入超1000亿元，占GDP比重4.2%，深圳市PCT国际专利申请1.8万件，连续15年位居中国各城市首位，占全国总量的34%。从深圳设计周暨深圳环球设计大奖到中国设计大展再到粤港澳大湾区设计展，深圳每年会迎来多场专业化、高端化、国际化的设计盛事，搭建国际文化交流、城市品牌推广、设计成果展示、设计服务和普及的平台。以设计为引擎，深圳正发挥着国家创新型城市的引领作用。

香港设计业基础稳固，全球辐射力强。具体地说，香港的设计教育体系发达，国际化设计人才众多，拥有数量庞大的国际化设计公司和近10万设计师，有香港大学、香港科技大学、香港中文大学、香港理工大学等一批名校，有6个国家工程技术研究中心香港分中心和香港科技园等国际化一流科技园区。并且，香港是重要的国际商港服务城市，其与国际商业市场密切接轨，市场制度完善、经济自由、低税收、注重知识产权保护等，营商环境一流[②]。此外，香港文化创意产业发展较为成熟，形成了艺术品、古董及工艺品，文化教育及图书馆、档案保存和博物馆服务，表演艺术，电影及录像和音乐，电视及电台，出版，软件、电脑游戏及互动媒体，设计，建筑，广告，娱乐服务11个门类体系，其中设计类产业是其核心产业。2018年，香港文化创意产业

---

① 韩望喜. 设计为"深圳奇迹"提供源源不断的生产力[J]. 艺术市场，2019（12）：36-37.
② 田少煦，夏文英. 粤港澳大湾区设计产业的发展趋势[J]. 湖南包装，2019（02）：11-14.

增加值为1106亿港元，占GDP比重达4.5%，接近5%的地区支柱产业标准[1]。香港特区时任行政长官林郑月娥在2018年施政报告中明确提出大力支持设计业发展，如向"创意智优计划"注资10亿港元，用作推动设计业和其他各创意产业的发展。随着香港与珠三角设计服务交流日益密切，越来越多的香港设计服务企业在珠三角设立分支机构、研发机构和产业化基地。近年来，珠三角出现了"香港技术、内地转化""香港资金、内地发展""内地资金、香港上市"等多样化合作互动范式。

近年来，澳门将文化创意产业发展与创意阶层培育作为其经济发展和产业升级优化的重要途径。澳门文化创意产业主要由创意设计、文化展演、艺术收藏和数码媒体四个领域组成，涵盖多个门类，其中创意设计领域涵盖了品牌设计、文化创意产品设计、展览设计、时装设计、广告设计、工业设计、建筑设计等服务。澳门统计暨普查局最新数据显示，2018年创意设计领域有营运机构共1265间，以广告业的服务收益（9亿元）最高[2]。澳门文化产业基金从2014年开始，就在影视、出版、创意设计、时装时尚等领域建立了综合服务平台，促进行业孵化工作，同时提供了5.06亿澳门元专项资助，支持了创意设计、数码媒体、文化展演、艺术收藏等领域的256个文创商业项目。此外，于2019年落成的珠澳设计中心大力推动了澳门设计创新产业的对外交流合作与优势资源互补，助力了澳门产业的多元发展。

此外，粤港澳大湾区城市联动趋势明显，交流日益密切。粤港澳大湾区文创设计产业研究院的正式启动和粤港澳大湾区文化创意产业促进会的正式成立将融合政府、媒体、金融、智库等各方优势，集聚专家、人才、信息、资金等高端资源，为该地区设计文化的建设提供强有力的资源支撑。

2. 粤港澳大湾区设计产业的发展趋势

未来粤港澳大湾区设计产业有如下发展趋势：

（1）文化、科技和金融的多元融合催生新业态，以数字文化为重点，打造具有国际竞争力的大湾区文化创意知名品牌和产业集群。立足大湾区作为我国近现代中外文化交汇地、当代流行文化发源地、文化发展国际化程度高的优势，充分发挥数字技术对内容创作、产品研发和模式创新的深度渗透和核心支撑作用，利用5G技术的增强型移动宽带所具有的低时延、高可靠的特点，推动云游戏加速发展，深化VR/AR/MR（虚拟现实/增强现实/混合现实）、人机交互、3D（三维）等数字技术在教育、游戏、视频、会展、旅游等领域的渗透，鼓励跨行业跨领域合作，推进大湾区文化和科技深度合作，全面建设体现湾区特色、具有世界影响力的数字文化中心。

（2）文旅融合持续升级，文创之风愈演愈烈。"大湾区的城市文化非常丰富，在世界上都比较少见。大湾区中的四个重要城市各有特色：广州充分体现了传统与现代相结合，香港是中西文

---

[1] 丁梓懿. 香港文化创意产业方兴未艾乘粤港澳大湾区东风振翅高翔［N］. 新华社，2019-9-17.
[2] 王玥. 澳门文化产业基金会代主席朱妙丽：助力文创产业多元发展［N］. 经济日报多媒体数字报刊，2019-12-20.

化融合地,深圳是创新与快速发展的典范,澳门则是典型的休闲消费型城市。"①在此丰厚的文化底蕴上所衍生的旅游产业、展会盛事以及文创发展拥有源源不断的活力和广袤的生存空间。以佛山为例,在文创产品设计方面,佛山祖庙博物馆"充分融合粤港澳大湾区文化创意产业的各种资源,通过组织举办文创设计大赛等模式开展设计工作。通过香港版权博览会、广州版权交易会、深圳文博会等大湾区文化产业融合平台,寻求与文创产品设计领域有影响力的企业合作。"②而每年在佛山举行的佛山秋色民俗文化活动,是粤港澳大湾区内的非遗盛会,在形成长效机制后,或将成为粤港澳文化交流甚至国家级非遗展示交流平台。佛山借助广州、深圳、香港、澳门的国际化、高水平工业设计,对接大湾区各市丰富的制造业业态与庞大的消费市场,推动形成"佛山非遗+港澳设计+湾区市场"创新发展之路,推动区域文化产业合作。

(3)组建大湾区协同创新发展智库,推进各城市产业互补与资源共享,共建优质生活圈。广州作为中国最早对外开放的城市之一,交通便利,高校相对集中,具有强大的辐射力。深圳创新能力强,高新技术人才高度集聚,在引领大湾区文化产业结构、科技与制度创新上应发挥作用。香港文化产业法律法规健全、发展成熟,可以为内地提供先进经验,注入国际元素。澳门与葡语国家联系密切,是湾区文化对外展现的重要窗口。这四个地方各有优势,如何实现其良性互动和高效互联互通是我们一直以来的探索。当前,随着广深港高铁、港珠澳大桥、南沙大桥相继开通,深中通道等项目正在加快建设,大湾区基础设施互联互通加速推进。粤港澳大湾区城际铁路建设规划于2020年8月4日获得国家发展改革委的批复,规划建设13个城际铁路和5个枢纽工程项目,届时可实现大湾区主要城市间1小时通达。基础设施"硬联通"助力人流、物流、资金流、信息流等要素便捷高效流动的同时,三地体制机制的"软对接"也捷报频传,推动投资便利化、贸易自由化、人员车辆往来和通关便利化等都在有序推进,出入境签注、人才落户、粤港澳车辆往来等便利措施相继出台。相信在未来可探索出粤港澳三地跨区域创建模式,探索建设湾区文化小镇,塑造独特的文化气质。

(二)粤港澳大湾区设计产业联动机制建设的思路

粤港澳大湾区设计产业是由互相联系、分工不同并提供生产物质产品和劳务活动的诸多相关行业的集合体,它们通过不同的经营方式、经营形态,以共同的"产品"为目标,构建产业业态循环。当前,受到传统利益格局和资源配置的影响,产业、行业之间关联度低,难以形成产业链支撑关系,也无法形成产业之间要素组合和产业的深化合作,导致产业的规模小、科技含量低、产业结构与需求结构不相适应,这种现象造成了资源浪费,这显然与当下产业结构创新融合的发

---

① 宋金绪,周豫. 文化湾区:推动粤港澳文化合作共赢. 南方网,2018-12-25. http://news.southcn.com/gd/content/2018-12/25/content_184585484.htm.
② 童丹,刘鹏飞,王纳,等. 人文湾区:地域相近文脉相亲. 人民网,2019-5-6. http://gd.people.com.cn/n2/2019/0506/c123932-32909179.html.

展趋势相背离，以全面、综合的系统观为理念的工业设计，去协调产业创新中的相关要素及其相互关系，发挥系统的整体创新效应，可成为产业创新走出困境的有效方式。粤港澳大湾区要抓住建设机遇，将设计创新与相关产业融合作为该地区发展的战略核心，发挥核心增长作用带动大湾区共同发展，向国际一流湾区迈进。

1. 由"成本驱动"向"价值驱动"转变

制造业发展完全依赖"成本驱动"只是权宜之计，初级阶段，做不大、做不强，这是制造业界的共识。来样加工装配（OEM）仅仅是以成本作为竞争的首要因素来求发展，当这一阶段的竞争过于泛滥、过于剧烈，处于饱和状态时，企业发展就困难重重、难以为继。制造业的实践说明了来样加工装配阶段应尽快步入原设计加工生产（ODM）的阶段，而制造业真正从制造迈向创造，应不断提升企业的设计能力，令其迅速进入品牌管理（OBM）和战略管理（OSM）的高层次阶段，实现由"成本驱动"向"价值驱动"转型，只有这样企业才能不仅"大"而且"强"，在国际市场中才有话语权。在这一观念指导下，一些著名企业在技术与设计的次序上也发生着明显的变化。过去是以有多少成本决定使用什么技术，而现在是围绕品牌发展的价值，再通过创新的设计与技术去实现。

2. 以创新设计提高附加值

设计可以提高产品的附加价值，从根本上提高企业的效益。从某种意义上说，设计是一种知识密集型的创造性活动。设计意味着附加价值的提高。同样的产品，同样的功能，同样的制造成本，由于设计的差异而导致销售价格相差几倍乃至几十倍。电子时代的到来，更引起产品造型结构发生很大变化。如何以设计赋予产品特殊的魅力，让消费者觉得安全、可靠、舒适，如何注意产品细部符号特征的开发，追求设计给予人的精神内涵，向消费者传递一种友好、优雅的情感，如何注重功能开发，提供使用方便的前提下，给予人更多微妙的精神上的关怀。这一切都需要在设计中进行考虑以提高产品附加价值。

中小企业贴近市场，可根据消费市场需求加强高附加值产品设计的竞争策略，设计生产有新意的特色产品、新概念的产品或有现代趣味、有情感的新产品。多样化的需求，多样化的设计，吸引与满足消费者，以小投入获取尽量大的价值，是制造型企业必须重视的定位策略。可通过创新设计提高附加值，保持自己在特定市场的优势。

3. 依靠品牌突围抢夺制造业的突破点

偏离核心技术研发，追求短期规模效益的低成本领先战略，产品只能停留在价值链的底端位置，这直接导致制造业缺乏强势品牌。不少制造企业习惯将广告作为发展的灵丹妙药，没能在核心——产品设计方面通过创新，增强产品功能与质量，提升品牌知名度，快速传播影响力而处处受挫。把资金与时间花在品牌开发上，恰恰是国际企业常用的法宝，以创新设计作推广品牌的核心策略。

4. 依托设计创新的差异化战略

随着社会经济和科学技术的发展，人们的消费呈多样化、个性化的特征，中国地大物博，南北生活习惯、人文背景、季节气候等都存在巨大的差异。产业集群中的企业尤以中小企业为甚，企业之间互相跟风，互相影响，生产的材料、生产线的设备、工艺、技术，甚至营销手法、专卖店的装饰等都没有大差距，发展方向、产品品种、经营战略大同小异。

采取差异化战略可选择补缺战术，即寻找制造产业的"空隙"，让自身优势得以充分发挥，弥补市场需求的不足。企业避开目前已比较成熟、热销的产品设计，将其他厂家不重视的产品作为设计开发的重点，为该市场开发理想的产品，同时也确立了设计的突破点，并实行高度专业化的生产和销售。例如残疾人专用的卫浴产品，卫浴空间的各类专用扶手、坐具产品。由此可以把精力集中到设计、质量、服务等方面的创新，不与对手展开价格战，扩大自身的竞争优势。差异化是企业形成独特的工业设计能力的表现。

5. "产业集群"向"品牌集群"的过渡

产业集群即相关产业集中度非常高，并形成密集型的产业簇群。大部分以适用简单技术的应用为主，产品的技术含量不高，产品开发、设计能力不强，产品同质化日益严重，产品档次低，国内大多数企业都是生产基本相同的产品，处于专业化分工发展的初级阶段。随着经济的快速发展，专业镇企业面临着严峻的考验，需要考虑如何加强设计管理体系，完成由"产业集群"向"品牌集群"的转变，改变以往专业镇企业密集型、劳力型、低层次、低档次的形象，逐步提升中小企业的设计竞争力，以适应新形势下发展的需要。这也成为集群企业的新方向与新课题。

6. "经营产业"向"经营城镇"的转化

市场开发策略短视，急功近利，缺乏科学的开发设计决策机制。为了经济的发展而不顾人文环境、自然资源的消耗，结果经济上去了，GDP上去了，但地方环境变糟糕了，久而久之人才也留不住了，企业投资也撤了。产业集群发达了，环境、人才、管理以及各项费用等压力也加大了。"经营城镇"的理念就是提倡注重专业镇大环境的设计系统问题，改变以往专业镇企业密集、人口多、镇容脏、治安乱的形象。城镇科学建设规划，无论时尚小镇还是山水小区，生活生产两不误。

7. 发挥产、学、研结合优势，促进制造业产品开发设计

中国制造要向中国创造转型。广东省领导曾明确指出："号召和鼓励大专院校、科研院所要大规模、大踏步地向专业镇靠拢，到这里来寻求科技与经济的结合，这里才是把科研成果转化为生产力的平台。"[①]充分发挥企业与高等院校的优势互补，前者在资金与技术优势方面强劲，后者在人才与智力优势方面深厚，企业和院校产品设计创新方面产、学、研紧密结合，相互支持、互通有无。

---

① 曾锐刚. 如何更好地完善专业镇的创新平台[J]. 广东科技，2003（Z1）.

制造业，尤其是中小企业，一般均没有独立、专门的设计部门，没有完整、长远的设计计划，资金不足，计划不详。因此，它们对院校的设计支持抱有很大的期望，对设计院校组织的教学实践注入极大的期待与热情。区域性制造业的集群经济的发展，将促进产、学、研实施的可行性。

（三）粤港澳大湾区设计产业发展机制建设

机制是粤港澳大湾区设计产业健康平稳发展的保障。因此，粤港澳大湾区设计产业需要推动机制建设，为广州设计产业与粤港澳大湾区设计产业的协同发展提供制度保障。有鉴于此，本节将从以下这两个不同的重要层面促进粤港澳大湾区设计产业的机制建设，即健全设计产业发展机制的建设，加快创新步伐，强化政府职能，壮大产业力量。

1. 健全设计产业发展机制的建设，加快创新步伐

（1）建立健全的利益共享与风险共担机制。粤港澳设计产业战略联盟是多种创新主体的联合，要通过形成合理的利益联结机制，使各主体分享到参与技术创新平台建设所带来的利益。可以说"粤港澳设计产业"战略联盟合作成功与否，关键在于能否按照市场经济运行规律，建立利益共享与风险共担的机制，形成一个能够自我良性运转的利益共同体。粤港澳设计产业战略联盟的利益分配机制的核心问题是知识产权的保护和知识产权的评估，归根到底是收益的再分配问题。因此，我们要按照市场机制建立以知识产权为中心的利益分配机制，明确各方在合作中的责任、权力、利益与义务，保障战略联盟实现利益共享。但是，风险与利益是同在的。当技术创新活动发生失败风险时，战略联盟成员也应该按照签订的合作合同共同承担风险损失，而不能把所有的风险损失都转嫁给企业承担。总之，只有利益共享，才能实现持续稳定的合作，只有风险共担，才能形成合力，应对各种挑战[①]。

（2）建立相互信任的信任机制。战略联盟是一个多主体参与的合作系统，如果合作各方信任缺失，就容易出现"搭便车""棘轮效应"现象和陷入"囚徒困境"陷阱等损害合作积极性的不利行为[②]。因此，战略联盟要建立在合作各方相互信任的基础上才能发挥协同效应。第一，选择合适的合作伙伴。这是建立相互信任的战略联盟的首要任务。合适的合作伙伴的选择标准是要求合作各方具有共同的价值观，具有强烈推动科技创新、促进社会经济发展的使命感与责任感。第二，建立相互信任的产生机制。祖克（Zucker）提出相互信任的产生机制有过程型、特征型和机制型三种形式[③]。第三，加强联盟成员间多渠道的信息沟通。信任的建立是以一定的认知为基础的，通过加强沟通交流促进相互了解、达成共识和增进感情，减少因非对称信息所造成的不信任感。第四，建立和完善战略联盟内部成员信任评价制度，对成员的信任度作出准确及时的评估，

---

① 高智勇，高建民，卫军胡，等. 陕西省产学研合作创新模式研究［J］. 西安交通大学学报，2009（03）.
② 张世强. 产学研战略联盟合作的信任机理研究［J］. 科技创业，2008（6）.
③ 王蔷. 战略联盟内部的相互信任及其建立机制［J］. 南开管理评论，2000（3）.

促进联盟体对成员信任度的了解。

（3）建立快捷完善的信息沟通机制。大多数的障碍都是由于沟通交流不畅造成的。因此，为了促进粤港澳设计产业战略联盟主体间加强合作、相互沟通，及时了解信息以及信息资源的共享，有必要建立快捷完善的信息沟通机制。首先，建立各种信息沟通交流平台。比如，建立工艺品产业"粤港澳设计产业"战略联盟网站、QQ群、内部交流刊物等信息交流平台，使联盟体内各种信息能够得到及时地传递、交流和反馈。其次，开展经常性的合作交流会也是一种有效的沟通途径。如经常性地开展产业技术培训讲座、创新知识讲座、实际操作演示培训、科技咨询活动以及推介联盟成员的科技成果，从而促进联盟体各方的沟通。最后，建立联盟体成员定期联系制度也是一种有益的方法。

（4）建立体现人才资本价值的人才激励机制。科技创新，创新人才是根本，而能否建立一个吸引创新人才、调动创新人才积极性的激励机制则是关键。创新人才激励机制必须围绕满足创新人才需要与体现创新人才价值这两个基本要求进行建立。

制定完善创新人才在医疗保险、养老保险、住房补助、困难补助等方面的基本保障制度；建立与完善以创新人才资本价值实现为导向的分配制度。对有特殊贡献的创新人才奖励股份或股票期权，鼓励创新人才用技术、科技成果等入股，达到长期激励创新人才的目的；建立创新人才终身学习培养制度。选拔优秀的创新人才到国内外高等院校或科研机构培训或深造，进一步提高创新人才的素质；放宽高层次创新人才的职务选拔条件，拓宽职业发展空间，使创新人才有更多机会施展才华；建立以能力与贡献大小为导向的人才评价机制。总之，只有多管齐下才能充分调动创新人才的主动性、积极性和创造性，进一步加快科技创新活动的步伐。

2. 强化政府职能，壮大产业力量

广东并不是全国高校集中排名靠前的省份，科技和文化底蕴与北京、上海比有一定的差距。然而，广东的文化产业却能迅速发展，文化与科技有效结合，经济文化和文化经济化程度非常高。从"广东经验"中，我们可以获得这些启示：

（1）政府"有形的手"和市场"无形的手"相结合。广东文化创意产业的发展，离不开政府这只有形的"手"。文化创意产业具有散、小、弱的特点，市场化程度不高，投资高风险、高成本和产品回报率不确定导致盈利模式不成熟，市场承受能力差。在此背景下，政府的"手"按照市场规律办事，在企业的培育、市场体系的完善等方面发挥引导和服务功能。然而，产业的快速发展更多的是市场"无形的手"，即通过市场机制配置生产要素、产生市场主体和形成消费市场。两只"手"在结合过程中，政府"手"是导向，市场"手"是主体，这是广东文化创意产业发展实践的最大特点。在两只"手"的推动下，社会资本、特别是民营资本踊跃投资。全省67个文化创意产业园区，70%左右由社会资本投资建设，其中又有近80%由民营资本投资建设。

（2）文化创意与相关产业的融合。文化与科技相结合是广东文化创意产业规模化快速发展的重要途径。它不仅创造了新的经济增长点，同时也催生了新的产业形态。文化创意产业是直接建立在高科技与先进制造业基础上的，它引领着制造业的发展方向，提升制造业的附加值。这是广东文化创意产业发展实践的亮点。

经济发展进入一定阶段（人均GDP超过1000美元）后，社会消费结构将会发生新的变化，人们的消费方式由满足吃穿需要向发展型、享受型转变。那些经济条件优越的居民的消费重心开始向教育、科技、文化、旅游等领域转移。文化是旅游的灵魂，旅游是文化的载体，文化创意产业将文化和旅游相结合，将传统旅游业升级，提供了体验式的消费模式，这是广东文化创意产业发展实践的创新。

（3）文化创意与历史文化资源相结合。传统文化包括物质文化遗产和非物质文化遗产。广东是岭南文化中心地、近现代中国革命策源地之一、中西文化交汇地和改革开放前沿地，有着丰富的物质文化遗产和非物质文化遗产。如粤剧、醒狮、陶瓷、飘色、岭南园林、岭南饮食、广东音乐、客家山歌、广彩、广绣、陶塑、广东木偶戏、潮剧、剪纸、年画等。一方面传统文化为文化创意产业提供了丰富的资源，另一方面，文化创意产业的发展也为传统文化的保护与传承提供了新的途径。

（四）粤港澳大湾区设计产业支撑平台

支撑平台是粤港澳大湾区设计产业发展过程中不可或缺的重要载体。有鉴于此，本节提出广州设计产业与粤港澳大湾区设计产业的协同发展需要积极推动粤港澳大湾区设计产业支撑平台的建设与发展。而粤港澳大湾区设计产业建设支撑平台可从以下这四个方面进行，即建立孵化平台，加强对产业化管理设计的支持平台；推进设计产业示范工程的支撑平台；发展"政、产、学、研"整合平台；健全信息交流渠道，扩大国际知名度。

1. 加强对产业化管理设计的支持平台

通过政府资助，或者政府给予税收、资金、场地、人才引进等优惠政策，建立场地、资金、设备、信息、培训、技术交易、设计资源共享及管理咨询为一体的以工业设计企业为主体的工业设计创新园区，从而形成按照市场经济规律运作，形式各异，各具特色的产品设计部门与公司——孵化器。由于中小企业一般都没有自己的设计部门，又由于社会上设计公司水平的参差不齐，企业就更需要有一条龙服务的设计部门为他们出谋划策。整合设计资源，提高计划执行的成效。如广东工业大学与广东巨轮模具有限公司深入开展校企合作，通过派驻科技特派员、共建技术研究中心和博士后工作站、联合开展科技攻关等深入合作，将学校自主研发的信息化系统应用并涵盖企业经营生产全过程，帮助企业年产值由2004年的2亿元增长到2011年的8亿多元[①]。

2. 推进设计产业示范工程的支撑平台

推进工业设计示范工程是一条既适合各省工业现状，又能有效导入和开展设计创新的途径。

---

① 朱波，陈辉. 广东工业大学：深化产学研合作，新形势决定新思路[J]. 广东科技，2012（8）：48-50.

从经济发展的战略高度出发，尽快制定和实施各系统推进工业设计示范工程的工作，使其成为创新的生长点，以点带面，促进经济的发展。在企业示范工程中主要进行三方面的推广工作：第一，树立全局设计观念，经营管理。只有了解全局动向，大家才能形成一股绳，为共同目标尽全力服务。著名的Black&Decker设计总监马丁·吉耶克（Martin Gierke）先生认为："设计管理的主要职责是建立和培养一支由企业内部和外部成员共同构成的团队，在团队中成员能互动地提高彼此的设计水平，激发创造能力。"[①] 第二，企业老板要加强与设计部门的沟通，与设计师要有对话能力。正如美国奇芭（ZIBA）设计公司总裁索拉布·沃索（Sohrab Vossoughi）所说："设计管理者必须在不限制创造力发挥的前提下，发挥其指导作用。设计管理者必须协调变化和统一，必须与设计成员进行交流而不是说教。"企业让设计部门有一部分自主权。"设计师应该在设计管理的每个层面发挥个人影响力。设计的渗透力越大，企业就越强壮。""成功的设计师应该通过自身的创造力、革新力和激情对公司的各方面工作发挥积极的影响。"

3. 发展产学研整合平台

区域性簇群经济，大多以制造业为主，急需设计并与大专院校形成互补关系，为产、学、研开辟一个很有前景的天地。高等院校不仅在设计专业和产品开发方面拥有具有优势的设计专业教师，还拥有一大批敢于创新和勇于创新的设计专业的人才。而中小企业拥有资金和生产场所，将这两方面有机结合，走产、学、研结合的道路，实现科技成果向生产力转化，实现产品开发的商品化，不但可以把宝贵而又有限的工业设计人才资源充分利用起来，也有利于中小企业和高校设计人才的培养。珠江三角洲的簇群经济（专业镇）加强了创新平台的建设，即创新基础设施和创新系统建设，包括创新过程要求。创新平台的建设是将创新从理念引向实践的一个极其重要的途径。广州美院设计分院、广州大学、广东工业大学等院校工业设计专业的教学长期与企业实践设计合作，都反映出地方经济建设、社会发展与实践性教学设计工程相结合的客观需要。

4. 健全信息交流渠道

设立设计信息中心，加强专业镇内外的设计交流；通过设立设计信息中心，积极引入先进设计理念和方法，提供国外最新的资讯材料等，为企业进行一些调查研究，提高企业的设计创新能力，帮助企业、设计公司交流学习，加强行业的协作与交流，提升工业设计水平，提升产品参与国际竞争的能力。

（五）构建粤港澳大湾区创新人才教育联盟

人才是设计产业发展的核心，也是广州设计产业与粤港澳大湾区设计产业协同发展的关键。有鉴于此，本节提出构建粤港澳大湾区创新人才教育联盟，致力于培养"跨界+跨域"的创新设

---

① ［美］设计管理协会（DMI）. 设计管理欧美经典案例［M］. 黄蔚，等，译. 北京：北京理工大学出版社，2004：8-11.

计人才、加强粤港澳文化创意与设计教育师资队伍建设和加强粤港澳文化创意与设计教育资源共享与交流合作。

1. 培养"跨界+跨域"的创新设计人才

人才是产业创新最活跃的因素，世界范围正经历范围更广、层次更深的科技和产业变革，设计创新要解决的问题不仅囿于其本身的技能、艺术、功能、结构及思维、理念或方法，而且已从单纯的产品结构功能设计扩展到交互体验的设计，由造型、界面等物理性的设计扩展到服务、系统和程序的软设计，设计范畴也由有形扩展到无形的设计，设计所面向的产业领域将变得更加综合和跨界，设计以单一行业领域为服务面向的人才输送模式已经难以适应当前产业变革需要，培养具备通用、复合和"跨界+跨域"能力的设计创新人才将是未来的大趋势。设计"跨界+跨域"人才是以其扎实的专业知识能力为基础，凭借人才跨学科交叉特性和设计的创新思维优势，通过其集成、整合、创新能力与上下游产业链相关领域建立对话语境，其本质是作为产业领域之间的"催化润滑剂"。因此，在人才培养上要突出其强调设计与科学技术、设计与社会人文、设计与商业环境等方面的深度结合，加强高校、科研机构和企业研发部门的知识共享和双向交流互动，利用产、学、研联动的合作机制培养出"跨界+跨域"设计人才，这将是设计助力产业创新的另一重要举措。

2. 加强粤港澳文化创意与设计教育师资队伍建设

文化产业集聚区要在培养和造就一流的设计文化师资队伍方面起到领导作用，必须通过重新审视国际领先发展经验和重视设计的社会化价值观，颠覆性地改造师资队伍管理观念和培养模式，获得强本之源、开拓之路、领先战略，实现设计教育队伍的"技术、经营、服务一体化，现代、领先、品牌效益高"的发展目标。推动设计教育师资力量建设，驾驭好设计教育师资力量的建设驱动，对文化产业集聚区来说，是历史性的重要任务与要求。

通过加强社会化合作的力度，加大交流的层次和范围，实行设计的泛教育、泛培训、泛融合，推行以品牌影响力为绩效标杆的管理措施，在设计教师队伍管理形成多元平台。

改革设计教育教师职业发展以单元化技术渠道为主的途径，清除考核手段与设计文化的社会属性相脱节、针对性不强，致使管理方式落后于社会需求等痼疾。需要在文化产业集聚区发展规划基础上与时俱进，大胆改革，营造和谐多元的发展机制环境。

实施设计教育教师队伍建设差异化管理途径。将设计教育职业化程度的观测点设置为管理基础，改变以往以操作技术水准判别为主的单一化且封闭程度高的评级现象，打造集市场与技术效能复合"双效"型教师群，使其形成与设计价值实践的"无缝对接"优势。具体方法是：首先，把培养设计教育的职业化方向进行分类管理。由原从事美术或计算机教育的设计教育者与设计行业技术和项目开发推广能力进行师资能力组合。制定相应的分层差异化管理模式，执行强化、细化的职业发展方向，搭建设计教育教师差异化的职业发展通道。其次，不同的师资发展通道实现分方向管理，如经管职系为市场岗位，专业技术职系现场、设备和工艺改造岗位等。最后，通过不同入职岗位上的培养、锻炼、交流、角色转换等实践，在发挥自身优势的入职通道中，确立由"专家"到"行家"再发展为"大家"的复合型方向发展途径。

应用型人才是指能够把成熟技术和理论应用到实际的生产、生活中的人才。目前社会对高素质应用型人才需求量较大，因此其成为当下高校人才培养模式研究的核心。针对实际需求为目标，重点打造学生的基本知识、掌握与灵活应用知识的能力，同时注重实践性教学环节，这些是高素质应用型人才的培养核心。因此要突出高校办学特色就需要将地方文化融入实践培养模式中，提升地方文化的品牌价值与影响力。

主要参考文献

[1] [美] 设计管理协会（DMI）. 设计管理欧美经典案例 [M]. 黄蔚，等，译. 北京：北京理工大学出版社，2004.

[2] 曾锐刚. 如何更好地完善专业镇的创新平台 [J]. 广东科技，2003（2-3）.

[3] 高智勇，高建民，卫军胡，等. 陕西省产学研合作创新模式研究 [J]. 西安交通大学学报，2009（3）.

[4] 王蔷. 战略联盟内部的相互信任及其建立机制 [J]. 南开管理评论，2000（3）.

[5] 张世强. 产学研战略联盟合作的信任机理研究 [J]. 科技创业，2008（6）.

[6] 朱波，陈辉. 广东工业大学：深化产学研合作，新形势决定新思路 [J]. 广东科技，2012（8）.

（本章执笔：黄蓓）

结 语

中共中央办公厅、国务院办公厅印发的《"十四五"文化发展规划》中指出:"贯彻新发展理念,构建新发展格局,推动高质量发展,文化是重要支点,必须进一步发展壮大文化产业,强化文化赋能,充分发挥文化在激活发展动能、提升发展品质、促进经济结构优化升级中的作用。"岭南文化为广州设计产业的发展提供了内在动因,文化的传承与创新是提高岭南地区人民文化自觉的方式与驱动力。在广州设计产业的发展中,应使岭南文化得到良好延续,构建文化的传承价值,将创意与文化资源相结合,为岭南设计产业的发展提供新的路径与思路。

正如第一章对广州设计产业的现状与存在问题的考察所指出,目前广州的设计产业在国内发达城市中竞争力仍然相对不足。在第二章中,我们以参考国内外城市发展设计产业典型范例的经验为章节主旨,比较分析了国内的著名设计城市深圳、上海、北京、武汉、香港以及芬兰赫尔辛基、德国柏林、美国底特律、日本神户、韩国首尔等地发展设计产业的理念与措施,借以反观并赋能广州文化创意和设计产业的发展。在第三章,我们继续将广州设计产业的发展置于全球视野,联系现当代设计前沿中日益强调地域色彩和传统文脉的文化转向,在此背景下,将岭南文化的历史来源、民系结构和地域特征等与广州设计产业的发展的关系进行分析,探讨基于岭南文化的设计产业对广州发展的重要意义。

与目前广东省高度重视岭南文化遗产的保护工作相对应,设计学界也日益重视对本土文化资源的再利用、再设计。在第四章,我们以广彩、广绣、通草纸画、古法造纸等文化资源为例,探索了以现代设计驱动岭南传统文化资源创造性转化的实践模式,考察如何借由艺术层面的分析推进应用层面的现代转化,进而实现产业层面的品牌传播。在第五章,我们进一步探讨以现代设计产业融合优化粤港澳大湾区传统文化产业的多种实践途径,分别从民俗文化传承与创新、文商旅产业优化融合、纪录片产业发展等具体方面,分析如何促进广州设计产业与文化创意和相关产业融合发展,提升自主创新能力。

我们认为,广州设计产业理应充分把握当前粤港澳大湾区建设浪潮所带来的机遇,通过实现自身与科技、文化的高度融合而促进区域经济建设和湾区城市发展。因此,在第六章,我们尝试清晰而具体地归纳出广州设计产业发展的基本原则、主要路径、关键策略以及保障措施。而在第七章,我们将广州设计产业视为整个粤港澳大湾区设计产业的一个重要的有机组成部分,探讨该部分与整体协同发展在联动机制、支撑平台、人才培育等方面的发展思路与建设策略。

"美术、艺术、科学、技术相辅相成、相互促进、相得益彰""要增强文化自信,以美为媒,加强国际文化交流"。粤港澳三地文化资源丰厚,设计产业基础良好,互相协作的优势明显,应该说,在种种有利条件下,广州设计产业只要顺应世界经济文化的发展大势,明确自身的"文化品牌",找准发展方向与策略,并根据具体情况调整与推进恰当的建设措施,就不难获得一个相当可观、可喜的前景。而正是有鉴于此,本书力求从设计学科的角度,为粤港澳大湾区建设与广州发展提供部分思路,为基于岭南文化的广州设计产业发展构建一个不仅兼具人文意义与发展远景而且切实可行的战略蓝图。当然,囿于本书作者在知识结构和经验见闻等方面的欠缺,这一蓝图必然在许多方面仍存在许多不足,有待各行各业专家的指点,也有待在具体实践中不断地修正。

(结语执笔:王娟)